社会工作与社会理论

Social Work and Social Theory：Making Connections

[爱尔兰] Paul Michael Garrett 著
黄 锐 译

华东理工大学出版社
EAST CHINA UNIVERSITY OF SCIENCE AND TECHNOLOGY PRESS
·上海·

图书在版编目(CIP)数据

社会工作与社会理论/[爱尔兰] Paul Michael Garrett 著;黄锐译.—上海:华东理工大学出版社,2015.12
(社会工作流派译库.第二期)
ISBN 978-7-5628-4421-1

Ⅰ.①社…　Ⅱ.①Paul…　②黄…　Ⅲ.①社会工作-研究　②社会学-研究
Ⅳ.①C91

中国版本图书馆 CIP 数据核字(2015)第 248150 号

社会工作流派译库(第二期)

社会工作与社会理论

Social Work and Social Theory: Making Connections

著　　者:[爱尔兰] Paul Michael Garrett
译　　者:黄　锐
项目负责:刘　军
责任编辑:刘　婧
责任校对:金慧娟
整体设计:袁银昌设计工作室

出版发行:华东理工大学出版社有限公司
地　　址:上海市梅陇路 130 号　200237
电　　话:(021)64250306(营销部)　(021)64253797(编辑室)
网　　址:press.ecust.edu.cn
印　　刷:上海中华商务联合印刷有限公司
开　　本:710 mm × 1000 mm　1/16
印　　张:18.75
字　　数:337 千字
版　　次:2015 年 12 月第 1 版
印　　次:2015 年 12 月第 1 次
书　　号:ISBN 978-7-5628-4421-1
定　　价:75.00 元

联系我们:电子邮箱　press@ecust.edu.cn
　　　　　官方微博　e.weibo.com/ecustpress
　　　　　天猫旗舰店　http://hdlgdxcbs.tmall.com

译库学术顾问委员会

社会工作流派译库

总序

这是我们与华东理工大学出版社合作的第二套译著丛书。本世纪初，我们所推出的18种一套上海市重点图书“社会工作名著译丛”获得了学术界的热烈反响和高度认同。本套译库与以往不同的是，更加聚焦于介绍西方社会工作的理论流派，但又不局限于理论流派的译介。西方的社会工作历经一百多年的发展，已经形成了诸多视角、理论、模式与方法。知识转移与全球共享是当代社会工作发展的一个重要特点。熟知并批判性地借鉴西方社会工作理论，对于建构兼具国际规范与中国特色的社会工作理论、制度、实务模式，无不具有重要的理论意义和实践意义。唯其如此，中国社会工作学界方有可能参与全球专业知识库的建构，以推动国际社会的公平与正义。

需要强调的是，中国社会工作的制度设计与发展经验具有本土的特点，不能简单地照搬西方的理论框架去加以解释。这就要求我们，在学习借鉴西方社会工作专业知识的同时，应警惕本国专业共同体因理论的“不自觉”“不自信”而在全球知识界处于失语状态。因此，必须立足和扎根于我国社会体制改革、新社会组织、新社会服务和现代社会工作制度建构的实践，积极进行中国社会工作的理论建构与知识创新。唯其如此，中国的社会工作学界才有能力提升在全球的话语权，从而为全球社会工作贡献中国的力量。

衷心希望本套译库能为中国社会工作的发展提供新的知识支持，以进一步推动国内的社会工作理论研究与知识建构。须知，没有系统强劲的社会工作理论的科学支撑，就不可能有系统强劲的社会工作发展实践。

本套译库的出版得到了国家出版基金的大力资助，为此我的感谢与感激之情难以言表！这里，我要向所有参与翻译本套译库的同仁表示感谢，因为他们的奉献体现了社工学人的专业精神！感谢华东理工大学出版社，因为他们始终对我们充分信任及对社会工作学科建设鼎力支持！我还要特别感谢何雪松教授，因为他持之以恒的追求、坚持和奉献，我们才有了本套译库的中文版！

是为序。

华东理工大学中国社会工作研究中心

徐永祥

致谢

本书中的主要观点已经在欧洲各种场合的学术会议中提出和讨论过。因此，十分感激 Siniša Zrinščak 和 Marina Ajdukovic 邀请笔者在 2011 年 1 月到萨格勒布大学发表学术论文《儿童和家庭社会工作的理论与实务》。2011 年 12 月，Griet Roets，Rudi Roose 和 Lieve Bradt 真诚地邀请笔者出席在根特大学举行的“没有理论，你将无法进入社会工作之门：重思社会工作理论和实务之关系”研讨会。最后，一些特定的议题来自笔者 2012 年 3 月在杜伊斯堡—埃森大学举办的研讨会上提交的《社会工作“转型”的说明》论文，后来又经过与博士生的讨论才最终确立。Fabian Kessl 的贡献在于负责联系前往德国访问交流的事宜，促进学术讨论。感谢所有同仁的关心和盛情款待。

笔者还要感谢匿名审稿人，他们不辞辛劳地提出修改意见。这些意见有些是关于本书的写作提纲，还有一些是在审阅论文时提出的。Stephen Webb 和 Stan Houston 长期致力于将社会理论应用于社会工作诸领域，因此本书在某种意义上是希望和他们的研究进行对话。

感谢 Declan Coogan 和戈尔韦爱尔兰国立大学政治科学与社会学学院的同事给笔者提供便利，让笔者可以在 2010 和 2011 年休假。而笔者也正是利用这段时间，按时完成了这一学术研究。John Cunningham 的意见也有助于本书的写作。在“转型中的儿童服务”与“福利话语”课程中，社会工作专业本科生和笔者的研究生也为本书贡献良多，他们的热情促使笔者在新自由化的背景下将社会工作和社会理论连接起来。

这是笔者在政策出版社出版的第二本书，感谢 Karen Bowler 和她的同事们像以前一样高效，并且总是那么乐于助人。对于本书的内容，尤其是存在的问题，由笔者完全负责。此外，感谢 Valeria Ballarotti，如果没有她的敏锐细致，也许问题会更多。

2012 年复活节

于戈尔韦

目录

第一章

绪　论

引 言

2004 年，戈尔韦爱尔兰国立大学在爱尔兰西部实施了第一个社会工作培育计划。在那些满怀热情的学生中，有一名第一组的成员坚持理论在社会工作实务中的重要地位。在参与一系列社会工作的相关服务活动并优先成为一名研究生之后，她充满信心地宣称："没有理论将无法进入社会工作之门。"安吉拉（Angela）简洁的宣言旨在促进社会理论和社会工作相互吸纳，在社会工作专业内外引起共鸣。在某种程度上，她的观点是有说服力的，并且与我们的直观感受以及社会工作的"常识"（或个人经验）也是相通的。[①]然而，当社会工作者在家访时询问令人不安的问题或告知令人担忧的消息时，理论似乎并没有多大的帮助。虽然在课堂上理论可能引发激烈的讨论，但在现实的社会工作实务中理论如果不是一种麻烦，起码也是多余的。

我教授安吉拉的某些课程内容和她的立场似乎是冲突的。我的学生怀疑布尔迪厄（Bourdieu）那些细密而复杂的讨论的有用性，这是可以理解的。布尔迪厄从未绘制应用于社会工作实务的理论地图；他从未在周五的深夜完整地访问一个儿童遭受虐待的"未知"家庭；他从未经历过爬出汽车在昏暗的房子里寻找一个标准数据时的恐惧、口干和恶心（Ferguson，2010a）。尽管如此，本书将以案例检讨社会理论的意义，包括布尔迪厄的贡献。本书认为，理论可以帮助社会工作者理解那些"不确定的实践领域""复杂性和不确定性的情况"以及所依附的政治和权利的问题（Schon，1992，pp 51，53）。

本书并非诋毁安吉拉的观点，而是可以解读为对以上观点的回应。更具体地说，本书希望达到以下目的：

• 将社会理论置于社会工作教育的核心，强调"社会学的想象力"（Wright Mills，2000）是创意性（creative）社会工作实务的中心议题。

• 在近年来社会工作学术文献基础上创建一个主流理论框架（被吉登斯、贝克所提倡，与鲍曼很接近）。

① 葛兰西对"常识"的具体理解，详见第六章。

• 鼓励读者批评，并且超脱于既有的社会工作课程。

• 为社会工作教育提供支持，促进对社会工作实务中有争议主题和“全局性”议题的反思和讨论。

• 是一种挑战、参与，为社会工作者探寻一种新的、激进的社会工作理论与实务样式。

• 在批判性社会理论和社会工作之间建立桥梁，引起社会学以及社会政策相关学科学者和学生的关注。

一份适合“退休银行家”和“前保险经纪人”的工作？

Bob Mullaly(1997, p 99)认为：

> 一提到理论，社会工作者要么直接忽视，要么嗤之以鼻。理论是深奥的、抽象的，也只有在大学教育中才会被提及。而实践则被认为是常识，是具体的，是发生在现实世界之中的。其实，社会工作被许多人视为一个以实务为中心的专业。理论与社会工作没有直接关系，甚至还使得社会工作实务的本质变得模糊不清。理论远远没有社会工作者的应急反应和个人品质重要。

据称，这是因为“做社会工作比思考什么是社会工作更为重要”(Gray 和 Webb, 2009, p 6)。事实上，一些社会工作者甚至可能还倾向于认为“无视理论是一项专业美德”(Mullaly, 1997, pp 99－100)。虽然社会工作这一概念长期以来被理论家所主导，但在官方的声明中也一再强调社会工作的“实践”属性。最具代表性的是英国政府，他们甚至认为，社会工作是一份适合“退休银行家”和“前保险经纪人”作为志愿者的职业(*The Guardian*, 2010a；Department of Education, 2010, p 2)。[①]在 2010

① 必须承认，英国是一个分化的社会和政治实体，包括苏格兰、威尔士和北爱尔兰。

年的大选中，虽然保守党(2007)试图获得这一职业的青睐，但部长宣言背后的假设是，社会工作——被视为一种组织松散的“常识”——可以是一份便宜的、善意的(显然经济舒适)的非专业性工作。在“(财政)紧缩”期间，当政府有意削减公共服务时，这一含蓄议程之用意尤其阴险(Elliott， 2010)。此外，提到退休不仅富有意味地暗指一种露骨的阶级偏见，而且强调生活经验是对社会工作者具有最为重要影响的因素。在此，体验意味着“某种特定经验，无中介的理论，反思、推断、争论等。体验是优于其他类型的，因为它植根于现实，经验是‘真正的’——理论则是‘空想’”(Hall 等，1978， p 152)。

在这一示例中，理论和理论建构并没有相关性。尽管如此，“所有实践是理论的基础”(Mullaly， 1997， p 99)，理论往往是隐式的或不言而喻的。Gray 和 Webb(2009， p 5)断言：

(每一次)社会工作实务总是或多或少地呈现出理论渗透(theory-laden)的理念。事实上，即使是那些试图通过宣称社会工作仅仅是一个“好的常识”而驳斥理论价值的人，也是从哲学理论中建构常识的。

“理论欠缺(theoryless)的社会工作”实务之“谬误”

所有的社会工作实践是基于理论而开展的，而理论欠缺(theoryless)的社会工作实务则是一个“谬误”(Thompson， 2010， p 5)：

即使理论并不能直接指导实践者，但依旧具有重要的价值。实践者将从一系列因素中建立假设(比如，人类行为的属性和动机，社会的运作机制，社会问题的本质和原因，如何有效地沟通，如何识别情绪反应等)，进而在假设的基础上发展概念。因此，概念框架在理论上是不可避免的(Thompson， 2010， p 7)。

在 Thompson 看来，理论和实践是“一枚硬币的两面。社会工作实务并不是在理论与实践之间选择，而是两者的融合——实践是被知识和理论形塑而成的”（Thompson，2010，p xvi）。

问题的关键在于，社会工作依靠的是“实践智慧”，而“多年公认的智慧来自当年聚焦于个人主义的社会工作实务，而很少或根本没有考虑到人们生活中的区隔”（Thompson，2010，p 5）。而且，正如舍恩（Schon）（1992，p 61）所观察到的，“直观信息系统（systems of intuitive knowing）是长期保守的，是积极抵制变化的”。事实上，可以进一步阐述为，“实践智慧”或毋庸置疑的“常识”在社会工作的特定领域或特定机构占据主导地位，实际上促成了“护理腐败”、滥用实践的安装和验收（Wardhaugh 和 Wilding，1993）。

从更广泛的意义上而言，英国的社会工作在社会如何构成、应当如何构成以及个人和社会变迁的性质等方面形成四种相互矛盾的理论视角。这些理论视角并不是静止不变的，而是随着时间的变化呈现不同的路径。虽然产生于英国，但也可以应用于其他国家和文化背景，不过应用的优势及潜在困境可能会有所不同：例如，在爱尔兰共和国，即使坚持“社会主义—集体主义视角”（socialist-collectivist perspective），在历史上，难以确定任何一个主流的理论视角。然而，英国则与之不同，即使受到“管理主义—技术主义视角”（managerialist-technocratic perspective）的影响，也一直试图保持“治疗视角”（therapeutic perspective）。

治疗视角

治疗视角是“一种精神分析取向的社会工作……其科学的外衣和内容对于社会工作的专业认可至关重要”（Jones，C.，2011，p 33）。一部分社会工作者试图重新将治疗视角置于社会工作理论和实务的中心，甚至有人重申“以情商（emotionally intelligent）关系为基础的社会工作和心理动力学的社会工作实务”（Ferguson，2010b，p 136）。在弗格森（Ferguson）（2010b，p 130）看来，精神治疗工作似乎可以根据这一理论视角展开，而心理咨询则被视为与服务对象建立关系的重要方式。这一理论视角也极为强调“权威人士”（Ferguson，2011，p 97）、感觉和触觉等，否定以集体方式解决社会问题。而这是与1950年代末1960年代初的怀旧情绪密切相关的，并且当时的资本主义似乎正在朝着更为良性的方向发展，“问题家庭”极易被识别、管理和控制(Spinley，1953)。

在1970年代末期的一段时间，强调自我实现、专注于使人们获得情感的力量，以及生活方式等的精神分析视角是一个替代选择。后来，这一趋势被卡尔·罗杰斯(Carl Rogers，1980)发展为个体在社会经济环境的重负下如何克服痛苦和获得自由的体验。其实，这一方法是故意漠视“服务对象”所处的社会经济环境的。

在1990年代，英国出现“新工党的治疗转向”(Langan，2011，pp 154－157；Giddens，1998)，而“积极心理学”也随之迅速扩散。玛丽·拉兹(Mary Langan，2011，p 163)指出，在“当代社会(和教育)政策中具有广泛影响力”的“新潮治疗型企业家”，是一个名副其实的“被美国大企业家辅导、教学和领导的那些骗人把戏殖民的过程”(Furedi，2004)。

社会主义一集体主体视角

根据社会主义一集体主义的视角，个人与社会在资本主义的约束下是不可能实现整合的。直到1970年代中期，这一视角“反对心理动力学的模型或框架主导社会工作理论与实务”，强调以集体主义的方式解决个人问题(Bailey，2011，p x)。在1970—1977年间的英国，由贝利(Bailey)和布雷克(Brake)(1975)主编、被认为是“社会工作者的革命杂志”的《疾病案例》(Case Con)杂志将这一视角称为“激进社会工作”(Weinstein，2011，p 11；Corrigan，1982；Joyce等，1988)。然而，这只得到业内少数人的认可，右翼批评者则嘲笑为“外行的投机(extramural speculation)”，甚至是“利率革命(revolution on the rates)”(Brewer和Lait，1980，pp 106－110)。不过，激进社会工作在沃威克、布拉德福德和伦敦北部得到广泛的发展，并开始对社会工作课程不断产生影响。近来，Jones(1983，2001)和Lavalette (2011a)试图重申激进社会工作。集体主义一社会主义视角成为社会工作行动网络(SWAN)的政治立场，并且自2004年以来在社会工作实务中逐步传播开来。

• • • 个人主义—改良主义视角

个人主义一改良主义视角并不寻求社会的重大变革，而是要求逐步改善条件。在历史上，这一视角与费边主义有关；到了 20 世纪七八十年代，则得益于美国一系列的“反压迫实践”。

也许，社会工作者应当长期致力于“儿童保护”技巧的养成，并且逐渐嵌入“个人主义一改良主义”框架中(Ferguson， 2011)。一如我们之前所观察到的，这一视角受到治疗取向的影响，旨在建构一种新的“关系型”社会工作，较多应用于“贫穷而令人不堪入目”的“边缘化家庭”(Ferguson， 2011， p 97)。

• • • 管理主义—技术至上主义的视角

根据管理主义一技术至上主义的视角(managerialist-technocratic perspective)，社会工作像是一笔“生意”，其核心在于为不同的“顾客”提供一系列“优质”的服务。它与“收费”服务直接相关，强调要模糊专业社会工作者和接受较少训练的辅助人士的区分。在《社会工作的生意》一书中，约翰 · 哈里斯(John Harris， 2003)对这一视角给予批评。这一取向过于强调技术的应用，并且希望以此确立“社会工作实务”的干预形式。

以上四种视角内部并不统一与和谐，而是在社会工作实务中不断竞争，以求取代其他视角。尽管相互之间可能有部分重叠，但总的来说还是异大于同。此外，这些理论视角可以形成一系列社会工作干预的理论模型。例如，可以从社会主义一集体主义视角建构出社区发展与小组工作的干预形式。然而，没有一个理论视角“完全符合”一种特定的干预形式：

显然，社区为本的策略和小组工作是以“集体”的社会问题为视角的，将结构和压迫置于问题的中心。但是，也可以为高质量的助人性个案工作提供服务。并且，激进的社会工作者有时也会遭遇困难而不得不采取个案工作(比如，使用认知行为治疗)，但可以肯定的是社会工作者必须能够提供高质量的服务，包括服务流程以及和服务对象的联系与沟通(Lavalette， 2011b， pp 5－6)。

在贝利和布雷克(1975)完成的具有重要影响力的《激进社会工作》一书中，并没有“取消个案工作，而是认为支持统治阶级霸权的个案工作必须予以清除”，而 Weinstein(2011， p 22)则试图纠正激进社会工作的这一常见误解。

在某些方面，上述四种理论视角受到女性主义、反种族主义和后现代主义的挑战。尽管如此，他们似乎灵活而且具有包容性，比如前东欧国家的新兴社会工作发展了管理主义—技术至上主义视角。这有可能导致专业与那些具有丰富的本土社会工作历史国家的文化之间的紧张，尤其是在东欧地区，比如克罗地亚等。

社会理论的定义，社会理论抗拒

一般来说，理论试图“解释一个现象……通过一套结构化的概念帮助我们理解主题”(Thompson， 2010， p 4)。这一宽泛的定义囊括了社会工作干预的理论模型，如“危机干预”“任务中心干预”等(Coulshed， 1988)：换言之，理论模型旨在揭示如何做社会工作。然而，它还包括关于社会工作的理论视角，即关于社会工作性质的思考以及“社会工作的全局发展”。其实，前者指社会结构及其经济组织形式，后者则提供一幅社会理论的发展图景。

兰塞姆(Ransome， 2010， p 1)告诉读者，“社会理论是关于人类世界的理论。社会理论旨在探究社会行动的性质及其在各种语境下的影响因素”。Callinicos(1999a， p 9)认为，社会理论是“目前不可缺少的”。社会理论：

试图将社会作为一个整体；区分不同类型的社会；聚焦于最先在西方盛行而过去几个世纪逐渐出现在越来越多的其他国家中的现代性、社会生活及其形式(Callinicos, 1999a, p 2)。

正如兰塞姆所指出的，古典的现代性社会理论是由知名的三大家马克思(Marx, 1818 — 1883)、韦布尔(Weber, 1864 — 1920)和涂尔干(Durkheim, 1858 — 1917)奠定的。虽然在本书的第二部分将逐一与社会理论家们展开对话，但韦布尔和涂尔干则基本上一笔带过。然而，马克思将成为第四章的重点，像一个幽灵一样在本书中盘旋和游荡。一般来说，本书专注于欧洲当代的重要社会理论家。

整理过去十年的著述可以发现，这些文献在不同程度上对于社会学和社会工作的发展极有助益。①除了这些重要的学术贡献之外，还必须指出的是，国际社会工作者联盟(IFSW)关于社会工作的定义对于社会工作"全局"发展的把握，使社会工作和社会理论具有耦合性。IFSW 坚持认为：

专业社会工作致力于促进社会变革、助力人际关系、赋权和提高人的自由等问题。社会工作利用人类行为与社会系统理论，介入人与环境的互动。而人权和社会公正是社会工作的基本原则(IFSW, 2000; Hare, 2004)。

显然，这一宽泛的专业定义及其关键角色和活动(包括"社会变革""解放""人权""社会正义")表明，社会工作者应当熟悉社会理论。尽管如此，在社会理论建构层面经常遭遇挑战，比如如何定义和划分"社会工作"。

① 比如 Ferguson (2004), Webb (2006), Price 和 Simpson (2007), Llewellyn 等(2008), McLaughlin (2008), Cunningham 和 Cunningham (2008), Smith (2008), Thompson (2010)。

“个案研究”在哪里？“应用程序”是什么？福柯在哪里？

本书主要来源于我为社会工作研究生上课时的课程讲义。站在一系列理论家及其相互竞争的角度，这将鼓励新一代的社会工作专业学生探究社会理论对于理解结构性力量如何塑造他们的生活的重要意义，以及服务对象的生活又是如何得以形塑的。

本书以一种可以接受的方式，将十分复杂的观点整合起来。然而，我一直不愿意逐一介绍“个案研究”，其风险在于可能会“扰乱”文本的连贯和流畅性。相反，我希望在本书每一章结束时，通过“反思及交流”鼓励大家对一些关键的主题展开讨论。并且，以工作坊的形式在田野调查点或者工作场所围绕前一章的主要议题展开争辩（如果读者不喜欢可以直接跳过）。在此意义上，我们有必要进一步澄清本书的副标题“连接”。本书旨在启发读者站在理论和批判的层面而不是实务角度，分析理论可以或应当“应用于”实务。不过，社会工作者就是“机修技工”的主流观点令人十分惊诧。如戴维斯（Davies，1981）所指出的，这其实是深陷于理论可以以一种直截了当并且毋庸置疑的方式应用于实务的意识形态之中（详见反思及交流 1）。这一观念的知识基础是实证主义，并且往往体现在社会工作者对于社会工作课程的学习之中。

舍思（Schon）在一次工作坊中坚持认为，将“专业实践视为技术合理性的训练……研究型知识在解决问题时的制度选择”是值得检讨的（Schon，1992，p 52）。将理论应用于实务的核心问题在于，“理论与实践之间存在简单的、一对一的关系”这一假设是错误的（Thompson，2010，p xvii）。汤普森（Thompson）进一步指出：

> 社会工作者不能简单地将理论知识直接应用于社会工作实务……但是可以采取一种复杂的“理论化”实践策略，也就是通过一系列概念建构一个知识框架来分析社会工作实务，并且充分考虑社会工作的社会语境（Thompson，2010，p xii；Robinson，2003）。

社会工作“需要处理复杂性。以一种近乎苛求的方式和复杂性的思维挑战简单而且程式化的方法”(Thompson, 2010, p xv)。因此，汤普森强调“整合理论与实践”(Thompson, 2010, p 15)。换言之，“理论应当指导实务，而实务也反过来建构理论……这是一个辩证关系。”(Thompson, 2010, pp 15 - 16)事实上，这也是本书始终坚持的观点。

当然，本书不可避免地受到作者本人政治立场和个人倾向的影响，对某些观点比较疏忽，甚至出现遗漏。一些细心的读者可能会发现，我在引用英国和爱尔兰的社会工作文献时是有所限制的。原著封面上那张以贝壳为主题的照片来自爱尔兰西部康内马拉的海滩，而本书中的观点也总是源于一个特定的时间和地点。读者也可能需要通过“制造连接(make connections)”，将“反思及交流”中的一些关键议题和当地的问题脉络联系起来。

在回应读者的最初评论时，发现本书根本没有提及弗莱雷和甘地。尽管本书时常遭遇福柯，但并没有以一章的内容专门讨论他。我希望，读者不会因此而要求退款，并且不会由于我的自以为是所带来的疏漏而感到烦闷。尽管福柯未能充分承认知识和概念化对于权利的抵抗(Said, 2002)，但是在我们重新思考社会工作时他是不可或缺的，因为我们很难证明已经摆脱了社会工作教育的规训。阅读《规训和惩罚》(Foucault, 1977)塑造着我后来对于社会工作的理解，即自1990年代以来英国的社会工作者在儿童社会工作、家庭社会工作中使用各种评估计划时是有意图的(Garrett, 2003)。然而，遗憾的是，限于本书的篇幅，部分内容只好“忍痛割爱”。即使这样，《社会工作与福柯》一书或许可以弥补这一缺憾。①

在上文中已经承认，本书以一种特有的方式编织而成。尽管本书分为两个部分，但是自始至终是将后一章建立在前一章的基础之上，而一个理论家的理论也以另一个理论家的理论为基础。另外的一种方式是，以近年

---

① 详见《社会工作和福柯》。其分类等(1999)提供了一个有价值的术语表，详见格雷(Gray)和韦布尔(Webb)(2009)以及加里蒂(Garrity, 2010)。Skehill(1999, 2004)已经根据福柯的研究路径，整理相关文献，分析爱尔兰的社会工作历史。除《规训与惩罚》(福柯，1977)之外，鼓励读者阅读以下著述：福柯(1980, 1988, 1988b, 1988c, 1988d)。聂罗斯(Nik Rose, 2000)的论述也值得关注 Miller、Rose, 2008)。麦金利(McKinley)和斯塔基(Starkey, 1998)在管理和组织的语境中检讨福柯。有关福柯的有价值评论详见，丹纳赫(Danaher, 2000)等和莫斯(Moss, 1988)。其中，米勒(1993)撰写出一部福柯的传记。布尔迪厄(Bourdieu, 2008, pp 138 - 141)对米歇尔·福柯(Michel Foucault, 1926 — 1984)的敬意非常有趣，详见克罗宁(Cronin, 1996)对两位法国学者的比较。读者可能还想到，2005年春季《新构成》第55期对福柯的重新评价。

来出现的不同“社会”范式编织本书。因此，可能有一章讨论“监视社会”中的社会工作(Lyon，2001a，2001b，2003，2006)或“风险社会”中的社会工作(Webb，2006；Llewellyn等，2008，pp 19－23)。[①]或者，各章聚焦于各种“主义”，例如“世界主义”(Fine，2007)。经过深思熟虑之后，本书拒绝了这些编织方法，而是试图建构一幅思想地图。然而，有一个“主义”特别值得最先引起重视，即女性主义。

女性主义“死亡”？进入后女性主义的时代？

在2011年的春天，英国保守党和自由民主党政府的大学大臣因工薪阶层缺乏工作机会而指责受过教育的职业女性(*The Guardian*，2011a)。在大臣戴维·威利(David Willetts)看来，女性主义是缺乏社会流动的“最大的单一因素”。英国工会联盟(TUC)发言人声称，除了“Neanderthal take”这一国家失业危机之外，近来至少有两个其他的批评是针对女性主义的。在1990年代中期，埃伯特·特蕾莎(Teresa Ebert，1996，p ix)指出，“主流的”女性主义范式——她称之为“顽皮的女性主义”——“在很大程度上放弃了劳动和剥削问题，并且忽视了与性别、性、差异、欲望和主体性等的关系”。埃伯特·特蕾莎坚持认为，“有一段时间，世界上三分之二的劳动是由女性来完成的”(Ebert，1996，p ix)，象牙塔里的女性主义理论家“遗忘”了生计问题对于女性日常的影响。而在某种程度上，我们现在正处于一个“后女性主义”时代的断言远没有“无产阶级女性化”更站得住脚(Harvey，2010，p 15；Bunting，2011)。女性现在成为“全球劳

① 里昂(Lyon，2001a，p 2)将“监视”定义为“对任何个人数据的收集和处理，不管是否可以识别，必须对那些获得的数据进行管理”。他坚持认为这是“很难找到的一个地方或一项活动，只有通过有目的的跟踪、标签、窃听、观察、记录或验证设备才能保证安全”(Lyon，2001a，p 1)。对于罗斯(2000，p 325)来说，“监视”是一种“深入日常生活的设计”。简而言之，我们现在生活在加里·T·马克思(Gary T. Marx)所称的“监视社会”之中(Lyon，2001b，p 32；ICO，2006，2010)。加勒特(Garrett)主要讨论如何与社会工作建立关系(Garrett，2009，ch 5)。

动力的支柱”(Harvey，2010，p 59)，并且在英国公共部门受到的打击大于男性劳动力市场。好古德里奇(Luann Good Goodrich)(2010，p 109)明确指出：

> 随着商品化的进一步发展和社会角色的不断贬值，全球经济、当地劳动力市场性别不平等和种族不平等导致劳动力、妇女公民权、贫穷尤其是单身女人的再生产。全球化进程形成一种性别和种族被分裂的全球劳动力……具体来说，越来越多的女性成为全球劳动力的机会比以往任何时候都要多，然而她们的社会和经济收益是无法保障的，这一庞大的雇佣女性群体缺乏安全保障，低工资，没有福利，并且是兼职的。

然而，正如国际学校社会工作者联盟(IASSW)前主席所言：

> 西方国家的媒体自信地断言，女性主义已经过时，并且声称我们已经进入后女性主义时代。对于像我这样的女人而言，这是一个奇怪的悖论。女性正在经历贫穷化、性暴力的增加、近年来女性福利的损失、生计和国家地位受到威胁。我惊叹于女性主义者竟然声称，目前已经不再需要帮助妇女和女孩子(Dominelli，2002，p 1)。①

在“女性主义”的多元化视角下，可以更为准确地把握女性主义。其中的内容非常广泛，包括：自由女性主义者认为，性别平等直接影响资本主义和社会民主的实现；激进的女性主义者强调，生物学差异和男性统治女性是由历史和文化造就的；社会主义或马克思主义女性主义者认为，没有妇女的自由就没有社会主义，没有社会主义就没有妇女的解放。

女性主义社会工作：

> 产生于女性共同工作的社群，是一种女性主义的社会行动，试图把个人的困境和幸福(往往是个体的悲伤)与他们所处的社会地位和社会身份紧

① 米内利(Dominelli，2002，p 7)将“女性主义”定义为：

社会工作实践的一种形式，将女性的经验作为分析的起点，并且通过关注女性的社会地位与个人困境之间的联系回应其具体需求，在“社会工作者—服务对象”之间互动和称呼的结构不平等的基础上创造平等的关系。

密联系在一起(Dominelli, 2002, p 6)。

重要的是，女性主义社会工作源于妇女的日常事务和为女性提供的社会工作服务(Thomas 和 Davies, 2005)。克里(Cree, 2010)指出，女性主义对主流社会工作的影响范围从潜在的乐观到非常悲观。然而，许多成就是非常明确的。例如，通过“把性别置于社会工作地图之中，女性主义社会工作者挑战性别的中立性，而传统的专业社会工作理论与实务认为性别是自然的结果”(Dominelli, 2002, p 8)。女性主义社会工作者致力于回应问题制造者的评论(Dominelli, 2002, p 9)：例如，“妈妈责备”，关注“危险”母亲及其与父亲关系的失败(Milner, 1993)。女性主义社会工作者和学者也为社会工作的语言实践改革做出重大贡献。

本书并不致力于女性主义，也没有完整的一章讨论女性理论家。然而，女性主义的意义得到认可，并且本书是基于女性主义的分析而成。汤普森(1997, p 43)观察到，社会工作在“‘常态’与‘异常’的边界中展开，所以重要的是我们认识到正常的观念是‘性别’”。此外，社会工作主要由女性承担，其服务对象主要是女性，也经常在女性周围开展服务。例如，爱尔兰共和国最近的调查表明，83.2%的社会工作者是女性(NSWQB, 2006)。在其他一些地区，情况也大致类似。

如果专门从理论的视角检视本书，一个不能理解的不足是下一章“后传统秩序”中并没有考虑到性别议题。在第四章中，我们理解的“原始”的资本积累模式主要来自席尔瓦·费德里奇(Silva Federici's)的马克思主义—女性主义视角。第五章关于不稳定就业模式的解释，未能根据女性主义的视角分析其不满(Good Goodrich, 2010)。同样，在第九章中，如果不考虑性别分化和分层的话，将难以把握南茜·弗雷泽(Nancy Fraser)论述的意义。

章节地图

本书由两部分组成，共十章。第一部分，“讨论现代性”将集中考察现代性的演变(shape)。对于社会工作而言，这一争论的意义至少体现在以下两个方面。首先，社会工作是现代性的一个产物；其中，在过去的几年里，社会工作的专业文献聚焦于现代性的发展脉络。第二章以一系列的理论解释为核心，一开始自相矛盾地提及后现代主义和现代性已经完结的观点。虽然后现代主义的时刻已经过去，在某种意义上我们现在处于后一后现代主义(Matthewman 和 Hoey， 2006)，但这对于理论建构而言非常重要，尤其是在 1980 年代末和 1990 年代的社会工作文献中具有重要位置。

对于罗伊(Gilroy， 2000， p 60)而言，现代性的“新政治准则必须得到承认”。部分原因在于，这一分析涉及下文中将考察的后殖民理论。在第二章的最后部分，将详述安东尼·吉登斯(Anthony Giddens, 1938—)和乌尔里希·贝克(Ulrich Beck， 1944—)对于现代性的贡献，即“反身、重思成就和失败”(Wagner， 2008， p 2；Giddens， 1994a；Beck， 1998)。吉登斯和贝克的理论不仅让人对所描绘的世界的真实性产生怀疑，而且有助于解读社会理论家生活之外的意义。

第三章将向读者引介波兰社会学家鲍曼(Zygmunt Bauman， 1925—)的“固态现代性”和“液态现代性”。他最近的著述一直强调“轻装旅行，既不被研究所累，也不为理论分析所扰，唯一增加的是不寻常的人生智慧、训练有素的眼睛和流利的笔”(Therborn， 2007， p 106)。然而，简约和批判是非常重要的，因为近年来他的主要观点越来越向社会工作文献中渗透。然而，也同时存在针对鲍曼理论的一系列的批评。

马克思主义“代表革命政治的一种形式，并且也是最强烈的形式之一，同时也是人类历史上最复杂的理论和哲学运动”(Young， 2001， p 6)。尽管马克思主义目前在社会工作中是边缘化的，但第四章指出马克思的《资本论》(Marx， 1990)对资本主义提出毁灭性的批评，同时也是社会工作者寻求理解和发展新自由主义抵抗策略的重要资源。换言之，马克思所提供的大量的“提醒”或“坐标”，可能帮助我们理解今天“工作世界”的转型。第四章将以《资本论》(Marx， 1990)为核心，在社会工作“现代化”的背景下反思时间、劳动和技术。更重要的是，面对当前的危机，马克思的批判似乎更加及时。正如卡利尼科斯(Callinicos)所观察到的，“就像 1930 年所发生的，引发我们站在系统的角度反思存在的问题，尤其是资本主义生产模式的本质”(Callinicos， 2010， p 7)。

在第四章的基础上，第五章将专注于另外一个主要议题——新自由主义。新自由主义的六个相互关联的机制将进一步得到分析：新自由主义与"嵌入式自由主义"的关系、国家在新自由主义发展的角色、实际上现有的新自由主义及其理论和修辞的划分、"掠夺性积累"以及新自由主义偏向富人的再分配、不确定性与不确定或不安全、重新确立的以及倒退的监禁信心(更广泛地说，即"新惩办主义")、实用主义和新自由主义如何容易适应不同国家的装置。2008 年 9 月 15 日，雷曼兄弟公司破产"引发 1930 年代大萧条以来的最大的全球金融危机"(Callinicos, 2010, pp 1 - 2)。因此，这一章的结论是通过评述新自由主义危机的影响而确立的。

在《钱伯斯英语词典》(Chambers English Dictionary)中，"干预"意味着"在……之间发生、中断或插入"。在讨论现代性的基础上，本书第二部分将重点关注批判性的(通常也是政治性)特定理论家的"干预"。他们试图打断或干扰日常的主流观点，渴望创造一种观察世界的新方法，并且构想出更为公平的经济和社会关系。此外，他们的贡献还在于可以帮助社会工作者审视日常的专业活动及其所生活的世界。

第六章将探究安东尼奥·葛兰西(Antonio Gramsci, 1891 — 1937)的著述，其论述已几乎被社会工作的学术文献所忽视。令人惊讶的是，在当前经济危机的背景下，他的观点才开始出现在专业期刊之上(MacKinnon, 2009; Singh 和 Cowden, 2009)。在简要概述他的生平之后，第六章侧重于他对美国精神、福特主义和泰勒主义、霸权、常识、知识分子和批判性反思等关键词的界定。尽管阅读他的著述面临障碍，但是葛兰西的理论仍然具有非常大的潜力，并且有助于我们理解当代社会工作。此外，与葛兰西对话，旨在将葛兰西与其他理论家放在一起进行讨论，这样可以帮助社会工作者构建反霸权战略和激进行动。

近年来，已经有一些学者尝试分析皮埃尔·布尔迪厄(Pierre Bourdieu, 1930 — 2002)与社会工作的相关性。在第七章中，首先以法国社会学家的巨大贡献为社会理论所带来的主要挑战开篇。除了布尔迪厄频繁密集的散文风格以及冠之以误导性标签之外(如"马克思主义"或"后现代主义")，进一步理解布尔迪厄的困难在于他的理论贡献。布尔迪厄面临的潜在困境主要体现在以下三个方面：问题意识中的多元文化主义和"种族"及族群、强调社会行动者尤其是工人阶级的被动性和国家的性质。尽管布尔迪厄面临挑战，但是与布尔迪厄对话，特别是惯习、场域和资本以及信念和符号暴力这些概念，可以进一步奠定社会工作的社会理论基础。此外，他公然强调的“政治参与”中包含社会工作的许多关键信息。

葛兰西和布尔迪厄是本书的理论指南，尤其是关注到马克思主义理论的韧性。然而，接下来的两章对于尤尔根·哈贝马斯(Jürgen Habermas, 1929—)的著述以及承认其理论的考察，则得益于斯坦·休斯敦(Stan Houston)在《英国社会工作期刊》上的清晰解释。警惕哈贝马斯对于儿童保护及其相关形式的促进(Hayes 和 Houston, 2007)是第八章将重点检讨哈贝马斯的潜在困境。例如，由于他不满意权利的区分，那么强调无约束对话的可能性难以令人信服。在此意义上，哈贝马斯与葛兰西、布尔迪厄以及俄罗斯文学理论家米哈伊尔·巴赫金(Mikhail Bakhtin, 1895—1975)等的对话，将有助于澄清被哈贝马斯忽视的关键因素。

许多社会工作领域的学者认为，伦理和“承认的政治”提供了一系列理论框架，可以帮助社会工作者应对日常的服务对象。第九章进一步扩大现有的理论视域，关注一些在当代聚焦于认知理论的社会评论家。一开始分析的是德国社会理论家霍乃特(Axel Honneth, 1949—)，他的著述频繁出现于当前的社会工作中。然而，霍乃特的“心理学”倾向在一定程度上削弱了其理论贡献，而另一个清晰而且更令人信服的认知理论是由美国女性主义学者南希·弗雷泽(1947—)所提出的，她的著述似乎可以为社会工作面对多方面的压迫和征服提供更为进步的话语。但是，更为普遍的是，认知理论往往只关注微观互动过程，而忽视了新自由主义进程中国家的角色。

第十章将关注其他的社会理论家，他们的著述也许预示着社会工作的未来：吕克·博尔坦斯基(Luc Boltanski, 1940—)和夏娃·希亚佩罗(Ève Chiapello, 1965—)、安东尼奥·内格里(Antonio Negri, 1933—)和自治主义的马克思主义以及阿兰·巴迪欧(Alain Badiou, 1937—)。所有这些理论家所提出的概念虽然不同，但指明了社会工作与社会理论的新方向。最为关键的是，可以取代吉登斯-贝克-鲍曼多年来所支配的社会理论戏目。

最后，批判性社会理论的“政治”维度将继续挑战既有的社会工作文献中的主流观点。本书的一个评论者指出，“于我而言，这些更为客观。例如，资本主义是一个剥削的、有损身心的经济系统。”并且，继续指出“我建议，可以考虑一个更均衡的路径”。然而，在追求学术进步的道路上，这些激进的和破坏性的阅读、行为、思想和性情是不可逆转地反资本主义的。无法逃脱的是，本书受到欧洲和其他地区经济危机的影响。也许，读者寻求更“平衡”的方法是现在将自己的目光移开。

反思及交流 1：“维护技工”

摘自马丁·戴维斯(Martin Davies)的《社会工作者的本质》(1981, pp 137－142)

社会工作者是社区中润滑人际车轮的维护技工……汽车力学希望经过常规服务以后可以改善生产车辆的运行性能：他们的目标是车辆出故障之后可以回到路上。在大多数情况下，对大多数人来说，人类的生活方式可以保全自我；但对于少数人来说，要么因为出生时的缺陷、儿童时期的遗弃、疾病来袭或渐渐老去、意外事件的经历、丧亲之痛的冲击，要么是政治、经济或社会计划或歧视带来的不良后果、自给自足的耗尽，需要得到社会工作者的帮助。在此过程中，应当确定的是社会工作者的核心角色。

社会工作者的贡献在于以个体为基础维护社会，即按照国家政策的规定帮助异常成员和调控分配资源。同样，以调控、分配资源和提供一个广泛的支持策略，最大化的维护个人自尊，发展个人的能力……例如，面对问题家庭，可以让个人在工作中缓解压力……社会工作者在协调个人边缘社会地位的同时，帮助他们改善社会地位。

维护策略是双管齐下的……一方面，社会工作者受雇于国有企业，目的在于遏制过度的越轨行为。另一方面，社会工作者也关心员工的生活状况，并且发现如果不提供帮助的话，他们的生活将很难得到改善。而服务机构的目标在于，引导他们试图改善冲突夫妇、失业的青少年、残疾人家庭主妇以及医院中病情恶化的病人的生活质量。

维护意味着——实际上要广泛接受现有的政治和经济制度……社会工作者和服务对象的关系是以当代的现实为基础的。

- 在 30 年前，什么理论观点支持社会工作者是“维护技工”的提法？
- 根据这一理论视角，你能够识别何种问题或差距？
- “维护技工”的角色是否完全符合你对一个社会工作者的描述？

第一部分

讨论现代性

第二章

“如何成为现代”：现代性理论的产生？

引　言

如今，许多由社会学和社会理论衍生的理论视角往往聚焦于对现代性的讨论，而“现代性”本身是一个充满争议的术语，它的魔力却似乎从未在这无数的争议里耗尽枯干。“我们所生活的现代有怎样的特点？”这个问题迷住了很多理论学家，从而产生了许多可供选择的和充满竞争的观点——聚焦于如何界定“现代”以及现代如何思考、感觉和行动。这些问题的考虑脱离不了政治：社会学家以及社会理论学家为我们如何发展的问题提供的解释不应被视为“科学”和“客观”的，因为他们在某种程度上缺少政治忠诚，而意图用特定的方式重塑世界。其中一个最好的例子是吉登斯(Giddens)，他在布莱尔的时代似乎为新工党的政治提供了一个社会学的路线图。在发人深省的著作《超越左与右》(Giddens，1994b)中，他“对社会主义及福利国家充满嘲笑”，也随之成了英国前首相(布莱尔)及其新工党政体的理论家，而这同时为一个与“第一波”社会民主失去任何关联或大部分关联的政党播洒了智慧的光彩(Therborn，2007，p 100)。

后现代主义者激起了关于现代性的意识和讨论，本章会从简短讨论他们的贡献开始(Therborn，2011，p 55)。在简略梳理现代性的来历及定义之后，将聚焦于后殖民主义理论，这是被许多理论家所忽略的，即将现代性置于欧洲扩张以及征服人群的统治的背景中。罗伊(Gilroy，2000，p 71)在他关于殖民现代性的探索中指出，“不仅仅是欧洲帝国主义错误地剥夺了殖民地国民的人性，更重大的罪过是欧洲悄悄地掠夺了它作为一个完整统一的物种的人性。”最后，关注点将转向吉登斯和贝克的研究，正是这些研究在世纪之交开始主导并界定社会工作介入。①

① 本章节有部分取自于两份之前在《英国社会工作期刊》(British Journal of Social Work)上已出版的文献，并对其展开了彻底的修订：The trouble with Harry：why the “new agenda of life politics” fails to convince，vol 33，no 3，pp 381－397；及More trouble with harry：a rejoinder in the “life politics” debates，vol34，no 4，pp 571－583。感谢牛津期刊给予我使用这些材料的许可。

后现代主义发生了什么？

后现代主义基于一种理解——现代性已经结束，简言之，后现代主义代表了和现代性的决裂。特里·伊格尔顿(Terry Eagleton, 2003, p 13)详细阐述了"后现代主义"的定义：

(后现代主义)是一场抛弃整体概念、普世价值、宏大的历史叙事方法、人类存在的坚固基础以及客观知识可能性的思想运动。后现代主义怀疑真理、整体和进步，反对文化中的精英主义，强调文化相对主义，支持多元化、非连续性和异质性。

后现代主义自然是一个复杂且多样的理论，但在一般的术语定义中，正如伊格尔顿的定义所暗示的，后现代主义强调了一系列当代转型的重要性。这些转型包括：不断提升的变化速度；新的分裂形式及复杂性的出现；多样性和异质性日益增长以及无处不在的相对性意识；个人"选择"和"自由"的开放；以及越来越多的从意识到存在的社会建构本质。弗朗索瓦·利奥塔(Jean-François Lyotard)在他富有影响力的巨作《后现代条件》中定义后现代是对"元话语的怀疑"；也就是对说明社会及历史变化的解释缺乏信心，而这些解释声称可以为社会变革的轨迹和特点提供可靠的理由。

在后现代主义者的框架里，真理"以'真理'为幌子，它既不以上帝的话语为中心(现代前)，也不以人类的理由为中心(现代时)，而是离心的、本土化的，所以很多'真理'基于不同的时代和地方都是可能的"(Parton 和 Marshall, 1998, p 243)。此外，相对性、不确定性和突发事件不再由于无法企及而成为一个问题，而是至关重要的一部分且构成个人生活的核心。

帕顿(Parton)和马歇尔(Marshall, 1998, p 245)认为，从最好的方面来看，这些视角对政治、政策和实践的影响是模糊不清的；从最坏的方面来看，它们可能会破坏"社会工作本身的核心价值观和原则"。然而，在

20 世纪 90 年代的英国、美国和澳大利亚所盛行的主流学术论述清楚地知道当今(或者至少是富裕的西部地区)已经进入了一个明确的后现代阶段(Howe, 1994;Parton, 1994)。从某种意义上说，这一背景下的社会工作试图搭上一辆已经出发的后现代主义列车(Smith 和 White, 1997)。换言之，部分社会工作学者对于后现代主义的热情也许会被解读成一种对社会学的模仿，毕竟“后现代”这一形容词在社会学中早已流行。然而社会工作学者的新兴趣伴随着其他学科一起实现新的转向。

此外，社会工作学派接触后现代理论时间相对较短，难以影响社会工作者自身对日常实践活动的理解。在某种程度上，社会工作中所使用的疏离和晦涩难懂的词汇可能与此有关，这些词汇看起来像是后现代主义式的。金瑞利(Camilleri, 1999, pp 36－37)在澳大利亚写道：

> “后现代”这个形容词虽然越来越多地被用于社会工作的论文之中，(对许多)社会工作者来说，却像在一场谈话的中间部分才参与进来，似乎除了他们，其他所有人都知道正在发生什么。这场谈话由一种语言所建构，往好的方面来说较为迟钝，往坏的方面来说它难以理解。这样的语言似乎是为了造成困惑而设计的。

然而，金瑞利和澳大利亚学术界的同事(Pease 和 Fook, 1999)仍然热衷于寻求后现代理论如何启发社会变化、社会工作实践，以及社会工作如何转型。事实上，在 20 世纪 90 年代，许多社会工作学者因后现代主义视角而动心。例如，戴维豪(David Howe, 1994)认为 20 世纪中叶的社会工作反映了现代化中一些更普遍的趋势。在这一背景下，他认为社会工作的三大基石——关怀、控制和治愈——代表了现代化的具体特征。1938 年，亚伯拉姆 · 格穆斯(Abram Games)(1914 — 1996)为芬斯伯里健康中心〔设计师：卢贝金(Berthold Lubetkin, 1901 — 1990)〕所设计的精彩的广告语可以作为这一愿景的典型代表。这座建筑物闪闪发光的白色外表与周围充满疾病、忽视和毁坏的黑暗世界形成了鲜明的对比，在墙面的一边写着：“现代医学希望能够保护健康、预防并提前发现疾病。在使用现代医学方法的健康中心进行定期医疗检查可以帮助实现这一愿景，而芬斯伯里健康中心就是其中之一”。

这一最现代化项目的重要目标是试图合理地说明并重整社会工作实

务、技巧和方法，这充分体现在豪的Seebohm报告(1968)中。相比之下，20世纪90年代出现的社会工作受到后现代条件的影响，随之，专业人士之间产生了一些貌似模糊的边界。在儿童和家庭生活的介入领域，随着《犯罪与扰乱秩序法》(Crime and Disorder Act, 1998)的颁布，在后现代方法的影响下成立了多学科的青年犯规队(Youth Offending Teams, YOTs)。类似地，豪发现了其他的典型变化并以此作为向后现代转变的标志，例如"从因果关系转换到计算，从解释转换到审计"(Howe, 1994, p 86)。值得一提的是，后现代理论中也有存在分歧。例如，波林·罗西瑙(Pauline Marie Rosenau, 1991)提出了后现代主义中两种截然不同的态度——"怀疑"和"确信"，前者是绝望的后现代主义，灵感来自欧洲大陆哲学家，强调真理的不可能性；后者是更为乐观的后现代主义形式，对积极的政治计划及行动采取开放态度。博登皮斯(Bod Pease)和简福(Jan Fook, 1999, p 12)作出类似的区分：

支持那些不完全抛弃人类解放的后现代思想表述。只有牢固的和极端的后现代主义理论才会拒绝规范的批判，以及多样性背后潜在的任何共性的效用。我们相信，一种"较弱"形式的后现代主义批判理论能够有效地促进与政治行动和社会正义相关的解放政治的建立。

然而，利用所谓"较弱"形式的后现代主义理论并不能完全消除相关的核心问题(Thompson, 2010, p 33)。

讽刺后现代主义的糟粕自然是一件容易的事情。在广义的文化研究领域，糟粕不难发现，例如，伊格尔顿(2003, pp 2－3)理据充分地抱怨道：

自慰的政治产生的魅力远远超过中东政治。社会主义已经输给了施虐受虐狂。在校园文化里，身体是一个非常时髦的话题，通常是那些性感的身体，而不是饥饿的身体。性行为而非劳动也会令他们产生浓厚的兴趣。那些安静的中产阶级的学生勤奋地蜷缩在图书馆正研究着一些将会引起轰动的话题，例如勾引和……三级片。

在我们将注意力转向现代性的抗逆力之前，弗雷德里克·詹姆森(Fredric Jameson)对后现代主义的分析值得关注。詹姆森将后现代主义放在资本主义中思考，将其等同于“资本血清中每一个已经饱和的毛孔”(Anderson, 1998, p 55)。此举恢复了资本主义作为分析的重点，与多数后现代主义的观点格格不入。虽然有些人觉得詹姆森华丽的散文格式异常具有挑战性，但他的作品里所包含的多种多样的艺术形式(建筑、文学、阿尔弗雷德·希区柯克(Alfred Hitchcock)的电影等)大大丰富了他的马克思主义干预方法。他认为：

> 在文学形式下，现实主义是19世纪资本主义的化身，现代主义是20世纪早期后工业资本主义的表现，所以……后现代主义表达了“晚期资本主义”在审美和文本层面的最新动态(Roberts, 2000, p 112)。

简言之，正如资本主义具有经济逻辑一样，后现代主义“具有文化逻辑，并且是晚期资本主义的文化逻辑”(Roberts, 2000, p 112)。詹姆森表示，后现代主义具有许多重要的特征，其中之一就是关于“一种新的平面或者无深度性的出现，这是一种新的肤浅形式”(Jameson, in Hardt 和 Weeks, 2000, p 196)。还可以加上一句的是，从20世纪80年代末开始，这一特征在各种社会工作实践“工具”的发展中反映出来，例如与“照顾孩子”(Looking After Child, LAC)相关的象征性的评估计划(Garrett, 2003)。近年来，詹姆森似乎已经以一个理论术语总结出这一特征，即“单一的现代性”(Therborn, 2007)。

现代性的定义

在社会学中，德国的格奥尔齐美尔(Georg Simmel, 1858—1918)首次使用现代性这一术语(Frisby, 2002)。近来，这一术语被吉登斯、哈贝马斯和马歇尔·伯曼(Marshall Berman)频繁使用。然而，当代社会理论和社会学并没有垄断这一术语。第一个探索“现代性”的是一个诗人而不是政治学家，波德莱尔(Charles Baudelaire)在《现代生活的画家(1859—

1960)》中首次给予阐述(Boym， 2001， p 19)。词源学再次带我们回到过去，波德莱尔：

确定了现代的识别力，并创造了名词“现代性”(modernity)。而形容词“现代的”(modern)同样有自己的历史。它由 modo 衍生出来，来自中世纪的基督教；最初意味着“现在的”和“当代的”，而没有激进的意味……在 18 世纪“使现代化”经常指代家庭进步(Boym， 2001， p 22；Therborn， 2011， p 54)。

此外，Boym(2001， p 22)提到，“区分 modernity 和 modernization 十分重要，前者是一个批判性的计划而后者是一种社会实践和国家政策”。

现代性关乎“未来的开阔视野，人类的状况将实现无止境的进步”(Wagner， 2008， p 1；Scott， 2006， ch7)。为此，历史学家霍布斯鲍姆(Eric Hobsbawm)描述了 18 世纪启蒙运动(特别是法国)的影响，即推进一种系统化的理性主义并以理性(Reason)的概念为所有行动提供基础。启蒙运动的各种潮流传播了这样的信念，“相信人类改变自身处境的能力”。进而，“启蒙运动的理性主义启发了一种从根本上对社会变迁至关重要的方法”(Hobsbawm， 2011， p 20)。

在更为广泛的视野下，里昂(Lyon， 1994， pp 19－20)投机地“现代性”定义如下：

是一种启蒙运动后社会秩序。尽管现代性可以追根溯源，但现代世界的标志是前所未有的活力、对传统的抛弃或排斥以及全球化的结果。现代性的前瞻性推力与相信进步及相信人类的理性力量能产生自由的观念紧密相关……现代性指涉 16 世纪中期以来发生的巨大变化，其中农民彻底改头换面转变为流动的都市人作为这些变化的标志。现代性质疑所有传统的行为习惯，用个人的权利机构取代当权机构，以科学、经济增长、民主和法律为基础。它同时搅乱了“自我”；身份在传统社会里是被给予的，而在现代性中它是被建构出来的。现代性开始以“理性”的名义征服世界；其确定性和社会支持将建立在新的基础上。

Whilst Woodwiss 认为资本主义是现代性的推动力。里昂提出了现代性的五个关键要素：差异化、合理化（体现在官僚主义及官僚主义敏感性）、都市化、纪律性和世俗化。他也认为可以将现代性与某种对发展的扰乱或矛盾关联在一起，例如：异化和剥削、丧失规范或失去方向、韦布尔（Weber）所谓的官僚主义的铁笼、一个陌生人社会的演变以及更多的控制模式（Lyon, 1994, pp 29 - 34）。

法兰克福学派的理论家也详论了这些主题，并且从“全面管理的社会”（Marcuse, 1991）和“标准化的生活”（Adorno, 2000）来描述现代性。类似地，关于现代性缺陷的观点出现在第八章，哈贝马斯概念化了“体制”正在殖民“生活世界”。齐格蒙特·鲍曼（Zygmunt Bauman, 1989）在第三章中强调了对“秩序”的寻找是如何失败的，甚至将生活变得更为糟糕。但是，最近，他认为当我们试图把握当前社会的本质时，可以将“易变性”和“流动性”视为合适的隐喻。

现代性是“以欧洲为中心的”，现代性是“种族屠杀”：后殖民批判

现代性理论的一个普遍缺陷是它们往往是“西方”的观点，而并未对其他社会的演变提供一个令人满意的答案。很多（但不都是）与后殖民理论相关的理论家曾经探索过这一空白。在这一政治和文化批判领域的关键人物是已故的爱德华·萨义德（Edward W. Said, 1935 — 2003）。[①]他认为，“习惯性的行为、殖民主义对殖民地领土及其人民的巨大影响能够从概念上进行分析”（Young, 2001, p 18）。除了萨义德（2003），后殖民理论主要是基于弗朗茨·法农（Frantz Fanon, 1925 — 1961）的作品。

后殖民主义及其相关理论在两个方面值得关注。首先，“将现代性等同于欧洲的论断强化了当今许多知识的基本假定：最初在西方出现的特殊结构将会成为全世界的结构”（Bhamabra, 2007, p 1）。在这一主流的概

① 萨义德临终前偏离了这个理论的主体。请看《新构成》（New Formations），vol 59，于2006年出版，对于攻打伊拉克后的后殖民研究的重构来说是很有用的文集。

念中，西方被视为“全世界历史的制造者”（Bhambra，2007，p 2）；因此，“含蓄的‘欧洲中心主义’包含在现代性的经典理论中”（Bhambra，2007，p 5）。Mirsepassi（2000，p 6）在描述伊朗迷人的历史时曾说道：

> 现代化是从经济、政治和文化方面发展、赶超并均质化现代西方的一个计划。而支持这些计划的是一组将现代化作为一个合理的世界性社会计划的理论，并且优于历史上任何其他的社会模式。

尽管近期的大量理论已努力包含“多元现代性”“连续现代性”或“另类现代性”的概念（Therborn，2011，p 54），但仍无法阻止欧洲中心主义对社会理论的侵蚀。

在第一次世界大战开始之前，“帝国主义占领或以各种不同形式控制了全球百分之九十的地方；英国统治了世界五分之一的领土以及四分之一的人口”（Young，2001，p 2）。第二个更尖锐的批判是，许多主流理论未能意识到 19 世纪和 20 世纪欧洲国家的殖民主义在世界的很多地方，意味着现代性是从外部而来的：“现代性从枪筒而来”（Therborn，2011，p 59）。更重要的是，对人类而言，这一现代性计划最初就受损于它的种族化甚至种族屠杀的特点。

例如，罗伊（Gilroy，2000）注意到这样一个事实：很多开创性的启蒙运动领袖往往认为黑人和殖民地人民的观念会污染他们的思想。康德（Kant，1774 — 1804）自信地观察到，“非洲的黑人不会因为微不足道的小事而影响情绪”（Gilroy，2000，p 58）。而且，“黑人非常健谈，只有鞭打才能将他们分开”（Gilroy，2000，p 60）。这些思考揭露了“康德的民主希望和梦想是将黑人排除在外的”（Gilroy，2000，p 60）。更广泛地说，康德的这些“哲学”干预措施说明了现代性是一种“肤色编码”（Gilroy，2000，p 87）。

殖民主义及其对被征服人群的控制或消灭也影响了欧洲中心地带以后的发展。例如，艾梅 · 切泽瑞（Aimé Cesare，1913 — 2008）最早指出，法西斯主义是“欧洲殖民主义的一种形式”（Young，2001，p 2）。在本书的第三章将会考察鲍曼（Bauman）提出的“固态现代性”的概念以及犹太人大屠杀试图忽视其殖民性质。然而，“集中营正是在殖民社会和冲突的背景下得以产生，并且成为政治治理、人口管理、战争和强制劳动的新形式”

(Gilroy, 2000, p 60)。虽然保守的历史学家和必胜主义者尝试为大英帝国还原一个更加良性的描述，但是殖民的怀旧之情无法掩盖这样一个事实，那就是：

道德体系共存在现代性中，一个对待"我们"，另一个对待"他们"。西方现代性中所有自由的、文明的和先进的胜利皆能在对待他人的决绝、暴力累加以及毁灭性的冲击中找到对应的相似副本(Miresepassi, 2000, p 35)。

因此，后殖民批判做出了一个受欢迎的纠正，指出社会理论应将现代性置于西方扩张和殖民主义的脉络中讨论。尽管后殖民主义批判与众不同，但它并非"第一个质疑殖民主义道德的理论：事实上，反殖民主义与殖民主义一样历史悠久"(Young, 2001, p 6)。历史上，马克思在反抗殖民主义的统治中发挥了重要角色。早期的马克思主义理论认为，资本主义的渗透能够积极地促进经济和社会演化及发展。因此，"后殖民研究中有一个强大的趋势，那就是将马克思排除在欧洲中心主义或东方主义思想家之外"(Lindner, 2010, p 27)。为了回应这一轻率的评论，林德纳(Lindner)通过细读文本揭示了马克思"逐渐拒绝以欧洲为中心的假设"(Lindner, 2010, p 27)。随后，罗萨·卢森堡(Rosa Luxemburg, 1871—1919)也许是首位认识到帝国主义对第三世界的毁灭性影响的欧洲马克思主义思想家和知识分子(Hudis和Anderson, 2004)。①

这些理论知识可能显得过于抽象，不太可能引起社会工作者及其他相关工作者的兴趣。然而，我们尝试在两者之间建构一些联系，在现代意义上，这些理论和社会工作在很多方面都是相关的。首先，对新殖民主义剥

① 在《资本累积》(*accumulation of capital*)，1913年于德国出版，Luxemburg坚持：

从最初开始，资本主义的生产模式及法规企图占据整个地球作为生产力的储存仓库。资本推动了适当生产力以达成剥削的目的，并且彻底洗劫了全世界；资本获得了它的方法从地球每个角落获取需要的生产力，这些生产力来自不同程度的文明和不同模式的社会(Hudis和Anderson, 2004, pp 55-56)

在十月革命后，"这个强大有力的政府第一次明确地从原理和实践上反对西方帝国主义"(Young, 2001, p 10)。于1920年，Lenin's Comintern在他的"关于国家和殖民问题的论文"(Theses on the National and Colconial Questions)中为全球去殖民地化提供了首个系统的计划(Young, 2011, p 10)。

削的敏感可能与 20 世纪 80 年代开始的“反种族主义”社会工作的理论和实践相关。可以说，对现代性统一话语的批判能够与对地方当局提供的“四海皆准”的服务的批判统一起来，因为这一做法忽视了少数族裔群体的特别需要(Garrett，2004)。与此相关的服务可能有：食物的提供，更显著的是，以收养和寄养政策影响黑人及其他少数民族儿童。例如，在 20 世纪 90 年代早期，黑人社会工作者联合会和英国专家联合会挑战了主张社会同化视角下的儿童安置政策和实践的霸权主义，以及历史上殖民主义的遗产。一线工作人员强调了白人家庭对黑人儿童的收养或寄养的做法对这些孩子潜在的伤害性，更广泛地说，他们关注到了种族主义的影响(Small，1982)。

其次，后殖民方法对“当代资本主义的中心地带内因阶级或少数主义者的地位受到压迫”产生的影响保持警觉性(Young，2001，p 9)。Young 的论点是，当地贫困的穷人，主要是“白人”，往往自身是殖民战略的目标。这在 19 世纪末形容城市贫困人口生活条件的某些语言中表现的最为明显。McClintock (1995，p 120)注意到，殖民话语不仅“通过系统性的部署将城市空间映射到权力和控制的地理学”，更是“不知疲倦地唤起了贫民窟和殖民地之间的类比”。她尤其指出，18 世纪 90 年代中有关“发现伦敦东区”及“将贫民窟描述为外国土地”的文学中已经蕴含着这些观点(McClintock，1995，p 121)。近来，主要体现在殖民区的一些警务战略和监测战术部署，例如肯尼亚和北爱尔兰找到了通往英国“大陆”的出路(Kitson，1991[1971])。在前工党政府时期，政治言论和社会政策将“问题家庭”视为另一个时代的产物：生活时代错误，“反现代”，表面上“不合时宜”的家庭，它们不能或不愿意承诺成为负责任的新自由主义公民(Haylett，2001)。另外，前文所提到的弗格森(2011，p 97)定义的“边缘化家庭”是指，通常居住在“贫穷和令人作呕的生活条件”中的家庭，这在一定程度上呼应了“问题家庭”的视角。事实上，在过去 25 年，一系列社会工作评估计划含蓄地专注于殖民地的服务使用者的生活，并将他们塑造成狭义上的模范家庭，即拥有“合乎心意的”中产阶级社会愿望和“适当的”抚养孩子的方法(Parker 等，1991；Department of Health，Department for Education and Employment，and Home Office，2000)。

第三，不同国家倾向于建构并遵循现代性的替代进路，社会工作的学术文献应该尝试包含这些不同视角。例如，Bar-on(1999，p 9)在讨论非洲社会工作发展中指出，在博茨瓦纳共和国最初的社会工作训练在一个农业大学中进行，那里的学生被教导“烹饪、编织、蔬菜园艺等”。总之，当时所建构和认识的被称作“社会工作”的活动和现在的“社会工作”完全不同，例如英国。尽管如此，仍有一种倾向是将英国的(也许更准确地说是英格兰的)社会学的主导意向强加于其他国家，这些地方往往与英格兰的历史截然不同。例如，在爱尔兰，这引发了鲍威尔(Powell, 1998)和Skehill(1999)之间一个有趣的争辩，后者指出前者将吉登斯和贝克的理论调换到爱尔兰的背景中而没有充分考虑到其文化的特殊性。

社会工作的一个新的社会学模板？吉登斯(Giddens)和贝克(Beck)

现在大部分后现代主义视角倾向于夸大和现代性的决裂，然而大部分现代性理论认为我们依旧生活在现代社会。在这一背景下，吉登斯被视为“第三条道路”的建筑师。尽管他的创作具有极大的影响力，工党在2010年大选中失利后他遭遇了边缘化。

吉登斯使用“后传统社会”(Giddens, 1994a)、“高现代性”甚至是“晚期现代性”来区分现代时期。此外，他像德国社会理论家乌尔里希·贝克(Ulrich Beck, 1998)一样承认，将这一时期描述为一个“风险社会”(Giddens, 1991, p 28; Giddens, 1998; Webb, 2006)是非常正确的，并且同时用“反身性现代性”形容当下(Beck, 1994)。此外，贝克同时引入“第二现代性”来补充他的“反身性现代性”的构想，由此也增加了术语方面的混乱(Beck, 2000a)。

这一社会学(和政治前景)已被尝试导入社会工作及相关领域(Jordan, 2000, 2001)。在《英国社会工作期刊》(British Journal of Social Work)的一篇重要文章里，哈利·弗格森(Harry Ferguson)通过吉登斯和贝克的理论力图为21世纪社会工作提供了一个新的社会学模板(Ferguson, 2001)。他坚持认为“生活政治”应该是“后传统背景下”“社会工作的基本问题”(Ferguson, 2001, p 41)。其次，弗格森详细梳理出一个关于吉登斯和贝克的干预理论，尤其是他们所提及的西方社会发生的翻天覆地的变化对个人生活和亲密关系所产生的影响。因此，有人认为在“简单现代性”时期，“大概从20世纪20年代延伸至20世纪70年代，社会生活和亲密关系是相对固定的”(Ferguson， 2001， p 42)。20世纪的大部分时间，“男人和女人本质上清楚自身的义务，国家也会通过干预确保那些边缘者不忘记自己的身份”(Ferguson， 2001， p 42)。家庭内部动力是基于“等级权力关系”，例如，孩子和成人不同，他们不拥有独立的权利。性别角色也经过清晰划分，而社会工作在强化和调节女性身份的权力结构中发挥着重要作用。与这些社会和家庭模式相关的是一些“结构化的隐蔽”问题，例如性虐待(Ferguson， 2001， p 43)。

在这一“后传统秩序”里，“简单现代性”的关键组成部分开始瓦解，尤其体现为那些对身份和关系具有深远影响的问题(Beck 和 Beck-Gernsheim， 1999)。在“简单现代性的秩序里，身份是通过外部控制建构的，这些外部控制来自教会、家庭专家和传统自身(‘事情如何做成’的绑定的本质)”(Ferguson， 2001， p 45)。然而在“后传统秩序”里，“自我”成为一个“反身性的”或“传记的项目”(Giddens， 1991， p 32； 1994b， p 82)。在此，个人有机会建构一个身份，而任务就是在他们自我选择的传记上工作(Ferguson， 2001， p 45)。然而，传统的权威在“反身性现代性”中仍然拥有影响力，人们通过“专家、全球媒体等”“反身性地获得信息”以建构他们自己的生活(Ferguson， 2001， p 45；Giddens， 1994b， pp 6－7， 86)。事实上，我们生活在“一个聪明人的世界”里，据称，“大部分时间中，大部分人皆通晓政府知道的大部分事情”(Giddens， 1994b， p 94)。

然而“个性化”和看似新自由的时代隐藏着相当大的缺点和心理不稳定因素(Beck， 1994， 2000a)。“今天我们生活的世界……是一个充满混乱和不确定性的‘失控世界’”(Giddens， 1994b， p 3)。生活在这一世界里犹如坐在“一种重型卡车的感觉”(Giddens， 1991， p 28)。因此，“人们往往缺少在传统的环境中能够获得的心理支持和安全感，而由此产生丧失和孤独的感觉”(Giddens， 1991， pp 33－34)。许多“之前提供方向、意义和个人可停泊处的地标，如今在一个更大的宇宙中消失了”(Beck 和 Beck-Gernsheim， 1999， p 44)。“风险”越来越影响个人，并且不断蚕食流行话语(Beck， 1998， 2000b)。对风险的关注较少既来自新风险本身的扩散也与规范的制度约束下个人的“解放”紧密相关(Ferguson，2001，p 46；Webb，2006)。

“简单现代性”瓦解导致越来越多个人生活的领域需要“选择和责任”(Ferguson，2001，p 46)。在“个人化社会里，我们每个人都必须学会将自己想象为生命旋转的枢轴轮，拥有一个可以规划自己的能力、偏好、关系等的场所”(Beck和Beck-Gernsheim，1999，p 40)。然而重要的是，社会工作未能注意到由“简单现代性”到“后传统秩序”的巨大变化。与此相关的主张是，社会工作持续效忠于“解放政治”，也就是从贝利(Bailey)和布雷克(Brake)(1975)的著作“构成的大多数形式的激进社会工作的方向”(Ferguson，2001，p 47)。并且，由于批判社会工作“捆绑于解放政治”，它“无法从理论、政治和实务方面处理人们在后传统秩序中的日常生活”(Ferguson，2001，p 47)。实际上，弗格森的核心和最严肃的指控是：“批判社会工作”仍然透过“简单现代性”的角度来看待世界，穷尽了激进的潜力，理论上已不再能理解“后传统秩序”。更具伤害性的是，那些致力于过时的“解放政治”的一线工作人员已无法有效的回应服务使用者的需求了。

在理论层面，“社会工作的激进左派批判”仍然受“马克思、福柯和后结构主义”的影响，而未能“考虑到服务使用者和社会工作者使用‘反身性的方法’来‘创造’他们自己的传记”(Ferguson，2001，p 48)。弗格森认为需要将“生活政治”作为“社会工作的基本问题”(Ferguson，2001，p 48)。这一政治的核心是“个人和政治的、内行和外行的一种新关系，类似于社会工作的实践越来越多地为晚期现代公民提供一种生涯规划”(Ferguson，2001，p 42)。弗格森(2001，pp 52，50)强调“后传统社会工作”教育和实践必须使社会工作者熟悉“生活政治的新议程”，而这一议程应该包含“义务教育课程”(Society Guardian，2006，p 3)。

• • • 我们身处于“后传统秩序”?

我们正居住在“后传统秩序”中的论断需要再经过仔细核查，因为它只是提供了一个概念性的基础，并且建议社会工作应该以“生活政治”为中心重新寻求定位。

有人认为“彻底破裂”的概念具有误导性，因为与“简单现代性”有关的经济和社会动力具有明显的弹性。对吉登斯过分强调全球化趋势的争辩，赫顿(Hutton)(in Hutton 和 Giddens， 2000)质疑动力的存在，这充分反映出两者的不同判断，并清晰地标志了与过去的“不连续性”。他观察了“关键的历史形式”是如何在21世纪初期得以延续的，例如英国的君主制。赫顿主要通过对2011年春季的皇室婚礼和奥斯卡获奖影片《国王的演讲》的分析来给予说明。确实，《卫报》(*Guardian*)/ICM民意投票证实了英国王室受到了大众显著且惊人的欢迎，63%的受访者认为如果英国没有王室将会景况变差(*The Guardian*， 2011b)。更重要的是，与“简单现代性”相关的权力上的不平等和巨大失衡依旧持存。最近，时代主要的变化——所谓“真正的飞跃”，是苏联的瓦解，带来了被重塑的“更艰难、更流动、更无情的”资本主义(Hutton， in Hutton 和 Giddens， 2000， p 9)。然而，资本主义作为经济生活的主导模式，跨越由“简单的现代性”到“后传统秩序”的整个时期，更是体现出这一段时间的延续性。

吉登斯(和贝克)作品的一个焦点问题是它未能检视这些关键的“历史形式”的持续意义，并对之前用于阐释这些形式的分析工具缺乏耐心(Beck， 1994， p 12)。尤其是，贝克没有考虑诸如阶级、家庭或邻居这些社会形式和社会体系，他将它们视为“僵尸类别”，指代“临床上已经消失了很长时间但又不能消失的类别”(Beck， 1994， p 40；Beck， 2000a)。因此，他认为我们现在处于“没有阶级的阶级政党中，没有敌人的军队中，或者很多情况下需要声称启动或保持某件事情的政府机构中，而这些事情本身却一直在进行着”(Beck， 1994， p 40)。

这对社会现实有些傲慢的态度似乎未能为我们已经进入“后传统秩序”的论断提供一个足够坚实的知识基础，那些提供社会服务的人们也应该重新调整他们的工作方法。同样，吉登斯未能承认控制的形式的持续意义，他简单地将它们认为是较早时代的不合时宜的残留物。他关于女性生育权的声明是一个很好的例子：“避孕方法出现的或多或少的安全隐患，对于性行为以及引进的多种生育技术的反身性控制则是一个存在多元化选择的领域”(Giddens， 1991， p 219)。然而，在爱尔兰和欧洲其他地方，女性仍然未能获得堕胎的权利并进入所谓的“存在多元化选择的领域”。

更重要的是，人们似乎更不愿意欣赏源于“简单现代性”的监管模式的真实的、当代的意义。集中在所谓“自己创造的(DIY)传记”的相关观点似乎也显得并不合适(Ferguson, 2001, p 46)。其实,这些质疑虽然是抽象的,但其中的学术沉思对于那些接触社会服务的人有直接影响。在寻求将吉登斯和贝克的观点应用于社会工作中时,弗格森冒险淡化了宗教在"后传统秩序"中的持续意义。他的分析可能掩盖了宗教信仰的深远影响,无论是基督教、伊斯兰教还是其他形式的修行都可能控制个人的行为和选择。事实上,有人认为在21世纪20年代我们已经进入了一个"后世俗时代"(Habermas等, 2010)。关键是社会工作在对服务对象进行干预的时候要对此保持敏感。在此背景下,弗格森(2003, p 701)略微温和地声称,现在人们可以选择是否有宗教信仰……并积极为自己选择和建构信仰的意义。宗教似乎要从超市货架上卸下或留在那里为下一个潜在的消费者提前使用:选择一个宗教就像在宜家选择一款新的灯罩一样。为此,也许马克思的理解更具有启发意义。马克思认为,产生宗教情感的社会条件是很重要的:"宗教是被压迫者的叹息……对无情世界的感受以及丧失环境灵魂"(McLellan, 2000, p 72)。为此,宗教满足了内心深处对存在的渴望,并对社会行动者具有深刻的解释力。伊格尔顿(2003, p 100)认为:

> 关于后宗教时代的演说太过于匆忙。这一时代或许会采用Leeds或法兰克福学派(Frankfurt)的视角,但几乎不会采用达卡(Dacca)或达拉斯(Dallas)的。对知识分子来说这一时代似乎是反宗教的,但对农民或办公室清洁工来说并非如此。在世界很多地方包括美国,从来没将宗教列于首位。即使一些地方宗教被列于文化的首位,那也是宗教新生的结果。一般来说,在这个星球上,宗教仍然是迄今为止最足智多谋的符号形式。

当然,这也受到过去半个世纪以来地缘政治发展的影响。事实上,1979年的伊朗革命是首个"自克伦威尔时期不受世俗意识形态鼓舞的大革命,而是以宗教的语言呼吁民众,譬如什叶派伊斯兰教的习语"(Hobsbawm, 2011, p 412;Sayyid, 2003)。照此看来,在社会工作方面,围绕着维多利亚·克里比(Victoria Climbié)死亡的一些情境也揭示了宗教的意义。

维多利亚·克里比因遭到阿姨和姨夫的暴力,于2000年2月死于伦敦,这就是英国儿童福利方面的专家熟知的Anna Kouao案件。2001年1月,他们谋杀9岁幼童的罪名成立并被判处无期徒刑。值得注意的是,宗教似乎在克里比可怕的困境中扮演了重要的角色。两个伦敦牧师荒谬地认为克里比的小便失禁是因为她已经被恶魔控制，这似乎是阿姨对孩子施暴的主要原因(Secretary of State for Health and Secretary of State for the Home Department, 2003, pp 32, 35)。因此，社会工作者对福音派教会有所认识是至关重要的，例如神的普世教会和 Mission Ensemble pour Christe，维多利亚·克里比是在那里被她的阿姨带走的，教会仍为前来寻求的人提供答案，许诺会把他们从“巫术、厄运或魔鬼”那里拯救出来。(Secretary of State for Health and Secretary of State for the Home Department, 2003, p 36)。有鉴于此，将服务使用者定位在“生活政治”理论家所设想的世界类型里将会面临风险，并且导致肤浅和无知的评估。简言之，有必要将人们置于他们自己特定的“惯习”中——这将在第七章讨论到。这意味着我们需要认识到文化对每个人根深蒂固的影响，并评估传统习惯将会如何继续塑造他们的行为。在此，与现代全球资本主义相关的因素、与传统习惯的弹性相关的因素以及人们进入或离开社区的因素之间是一种复杂的、辩证的、相互影响的关系。

家庭的理论化

“家庭领域的巨变”是吉登斯(1998)和贝克的主要结论(Beck 和 Beck Gernsheim, 1999, p 46)。这一主张对于“生活政治”的论点尤其重要，因为家庭内部的变化是和社会工作者日常的活动分不开的。弗格森再次呼应吉登斯，(2001, p 44)主张“亲密关系的社会构成经历了结构化的转型”，这导致夫妻相互联系的方式发生了重大变化。在“后传统秩序”中，夫妻之间更趋向于一种“协商的关系”，而较少地像“简单现代性”时那样参与性别角色的建构。然而必须承认的是“霸权的男性气质”依旧存在，“在英国的许多族群和文化团体中，例如爱尔兰流浪者族群的婚姻无法被视为一种‘公平的结合’”(Ferguson, 2001, p 44)。为此，如果考虑少数族群社区中的家庭模式的话，弗格森的分析将带来一系列其他问题。

相比“生活政治”的分析，“简单现代性”时期亲密关系中的性别角色被认为拥有更大的流动性。这在资本主义和男性霸权主义占上风的国家尤其如此。尽管如此，在以市场关系为主导的社会中，女权主义还是影响了“私人领域”和亲密关系(Goldman，1969，pp 227－241)。尽管吉登斯辨别了“民主家庭”(1998，pp 89－99)并定义所谓的“民主的情绪”(Giddens，1994b，p 16)，但似乎缺少详细的实证证据支持他的分析。相反，现代背景下夫妻关系的实证研究却反映出传统的性别角色的持续意义。这在异性恋关系中的爱、亲密行为和“情绪工作”的性别分工中尤其明显(Duncombe和Marsden，1993)。

与社会工作特别相关的是，在“简单现代性”时期，社会工作不仅强化了母性主义的意识形态，而且受到这一意识形态的影响，最为明显的表现是家庭生活干预大大减少(Ferguson，2001，p 43)。为此，我们不能低估女性主义社会工作者的坚韧和承诺，及其对社会工作理论和实践的影响。但是，相关研究坚持认为社会工作对母性主义具有持久的强化作用，即使在所谓的“后传统秩序”中，当儿童保护成为焦点议题时，干预措施依然“大体上聚焦于女性”(Holt，2003，p 59；Milner，1993；Krane和Davies，2000；Turney，2000)。乔安妮·巴克(Joanne Baker，2009，p 286)通过考察年轻母亲的去传统化过程和自我决定能力，反驳了母亲角色的广泛社会变革一说。她指出，将去传统化等同于解放约束是有危险的，并表示她研究中的“受访者所经历的母亲身份仍然强烈地受‘本身作为一种神圣的付出’这一意识形态所影响，母亲的身份是自然地转移给女性的，而她们本能地实践着这一身份”(Baker，2009，p 287)。

孩子还好吗？“后传统秩序”中的孩子

与“男女的人际关系完全改变”相关的主张是孩子的地位已经从根本上得到改变(Ferguson，2001，pp 42－43)。在“简单现代性”时期，也就是20世纪20年代至70年代之间，“成年人和孩子的关系基于等级权威，几乎不会提及孩子有能力去谈判或者拥有独立于其父母和照顾者的权利”(Ferguson，2001，pp 42－43)。尽管吉登斯提供了一个很有说服力的例子，“亲子关系越来越受制于双方的协商”，但是这没有消除孩子曾被结构化地置于“简单现代性”的背景中(Prout，2000)。这在许多不同的地区非常明显，无论是家庭内部还是外部。例如，在英国，即使是年纪较大的孩子也无法参与民主过程，因为他们没有公民权。近年来，有些孩子被“妖魔化”，他们被视为“会带来麻烦的”或者具有模糊的破坏性。这导致孩子被监禁的数量持续增长(Goldson， 2009)。甚至出现了一系列“真人秀”电视节目，例如“超级保姆”“小流氓的家”和“世界上最严格的父母”，这些节目旨在宣传积极的教育方式，那就是倾向于管理、调教和控制孩子。

也许围绕维多利亚·克里比的死所发生的种种事件再一次表明，“后传统秩序”理论家的论述凸显出一些问题。例如，不像其他许多描述孩子死亡调查的实例，维多利亚引起社会工作者和其他福利专家的高度关注。更确切地说，引人注目的恰恰是其绝对的透明度。这个孩子是两所医院的住院病人，也是伦敦北部四个不同的当地政府社会服务部门的“关注的目标”。在“传统”角色中，因为维多利亚只不过是一个孩子，那些负责其安全的专家很少使用她的母语对待她，警察也并没有认真对待她的福利问题。正如检查报告所指出的，“和成人受害者作比较后会发现”：针对成年人的严重罪行指控由一个侦探负责调查，而对孩子的犯罪只由一个未受过侦缉训练的警官处理。该报告总结道，“仅仅因为受害者是一个孩子，就将案件分配给在训练和专长方面处于弱势的调查官员，这样的做法是错误的”(Secretary of State for Health and Secretary of State for the Home Department， 2003， p 311)。

检查报告中似乎没有证据支持孩子拥有像成人一样的独立权利，可以像成人一样被他人倾听或回应。确实，就发生于 2007 年 8 月的 Boby P 事件来看，很明显社会工作未能足够地介入(Garrett， 2009)。在英国之外，爱尔兰人对待孩子(尤其是那些穷人的孩子)的方式似乎也是这样。其中一个关键问题是儿童和年轻人在关怀类服务中死去，而且医疗卫生执行系统(Health Service Exectutive， HSE)未能提供健全可靠的数据。瑞安(Ryan)的报告旨在考察儿童在机构受虐待的情况，这份报告发现受虐儿童几乎没有受到尊重(Commission to Inquire into Child Abuse， 2009；Garrett， forthcoming)。2010 年 3 月，有报告指出，医疗卫生执行系统(HSE)自 2005 年成立以来未曾发表过一篇儿童在孤儿院中死去情况的说明(Garrett， 2012)。

因为年轻消费者被置于市场关系之中，一些孩子自然因此而获得更多的权力和选择，然而将此解读为支持“后传统秩序”视角也许并不恰当

(Klein，2001，ch 3)。在家庭或更广泛的关系模式中，似乎有足够的证据反驳这一观点——我们已经从一个“简单现代性”的时代走向了“后传统秩序”中。

“自己创作”或“选择性的传记”

另外一个问题是，“后传统秩序”和“生活政治”的支持者过度强调了人类的能动性，而不承认结构性力量对于个人行动力的影响(Jeffery，2011)。这并非争辩社会结构个人行为的确定性指引，而是认为有必要发展一个更加平衡的：

> 对于社会结构的概念，个人不被构想为机械的行为机器、文化傀儡以及结构属性的承载者；同时个人也没有屈服于一个具有纯粹偶然性的社会世界，在这样的世界里所有事情都有可能发生，个人的命运单纯地被他们自己构思而成。(Lopez和Potter，2001，p 88)。

然而，“生活政治”视角(包含在一个特定的现代性理论视角中)能够仅仅被理解为：强烈地支持“个人命运”是在“他们自己手中”。唯意志论的放大以及结构性约束的最小化在现代社会政策制定中反映出来(Hoggett，2001；Prideaux，2005)。也许在很多方面，能动性、意志、个人选择和自我实现得到新的重视，我们正在见证着资本的意识形态及其迷思所发出的沉闷的回音。这些迷思包含在以消费和消费者选择为中心的话语里，例如，Nike的标语“想做就做”(Just Do It)和微软公司的标语“今天你想去哪里”。鉴于这一更广泛的意识形态背景，有人认为社会工作需要“发展一个方向以充分理解服务消费者的选择”就不足为奇了(Ferguson，2001，p 53)。

在“简单现代性”时期，“人们的选择是有限的或受限制的”，而我们现处的时代是以“自己创造”或“选择性传记”为特征的(Ferguson，2001，p 42)。吉登斯认为，“人们所生活的地方，至少在成年早期后，都是一个关乎个人生活规划的选择问题”(Giddens，1991，p 147)，与此相反的是，儿童福利专家就“被照顾儿童”所发展出的“安置”计划很容易反映出一系列的结构性限制，即对真实可行选择的限制。贝克的研究缺少了对能动性、选择和渴望等方面的仔细考察，而这些方面恰恰被视为“生活政治”视角的核心。他和他的同伴们声称个体“正逐渐成为他们自己生活方式的立法者、他们自己犯罪行为的法官、免除他们自身罪恶的牧师以及医治他们伤痕的治疗师”（Beck 和 Beck-Gernsheim，1999，p 5）。但没有证据证明，个体正以这样的方式逐渐分化；他们既没有脱离经济的束缚，也没有抛弃历史的和当代的约定、习俗和期望。更根本的是，吉登斯和贝克所呈现出来的只是由来自欧洲或美国都市的、漂泊的、富裕的男教授组成的精英群体的特殊体验，有人质疑这样的特殊体验不能解释普适过程。

行动中的男性：“本身具有目的的自我”

吉登斯（2007）后期的作品揭示了其反身性的短视，他始终未能承认自己的习惯和出身环境会影响他的世界观和政策建议。他完全没有提及，自己可能和居住在英国（Charlesworth，2000a）或其他欧洲国家（Bourdieu 等，2002）非工业化中心地带的人们是有差异的。尽管一个普遍化的词语“我们”易被“生活政治”的拥护者所使用，但是“对他们所谓正确的东西未必对所有人都是正确的”是一个合理的假设（Ferguson，2001，2003）。对“我们”一词令人不安的使用却从未得到充分的质问或解构。这是在描述谁的世界？这个“我们”和对应的“他们”之间有什么关系？“他们”是谁？的确，当我们在“离散空间”提到“我们”的时候应当特别小心谨慎，这一空间里居住着一群拥有不同文化背景和故乡的人们，而21世纪的前25年英国也是如此。这似乎直接影响到吉登斯关于工作和贫困问题的评论。事实上，他自己的结构性位置可能会阻碍他认识到影响人们“培养一个本身具有目的的自我”的约束条件（Giddens，1994b，p 192）。

吉登斯并没有考察过贝克（1994，p 5）称为“自我对抗”的行为，在更为详细地探索“本身具有目的的自我”这一概念时，我们将会发现这种“自我对抗”的行为尤为明显。在他的典型的散文形式中，吉登斯（1994，p 192）告诉我们“本身具有目的的自我”是指个人“能够将潜在的威胁转化为有益的挑战，也能够将熵转变为持续流动的经验”。他接着谈到，“本身具有目的的自我”不是“寻求化解风险或者假设‘他人会承担问题’；相反，风险能够促进自我积极面对挑战”（Giddens，1994b，p 192）。然而，迪肯（Deacon）和曼（Mann）（1999，pp 421 – 422）指出，吉登斯认为的“本身具有目的的自我”很容易被理解成“强迫个人为自己负责，而不顾他们解决问题的能力”。而这则是新自由主义意识形态的核心概念。

霍格特（Hoggett，2001，p 43）持续批判了“本身具有目的的自我”的观点。他指出，吉登斯的概念化“借用了普遍的‘如何去做’的文化，这一文化来自美国，它本质上是自我管理的指引——涵盖身体健康到协商谈判”。同时，霍格特（2001，p 44）具有说服力地将这一批判和现代社会政策中“为了使人适应劳动市场所施加的巨大压力”联系起来。此外，霍格特更是明智地提出，“‘本身具有目的的自我’这一概念及关于获得‘主宰’的观点（Ferguson，2001，p 41）可以被视为‘依照性别而分类，而自治权本质上是男性的体验’”（Hoggett，2001，pp 45 – 46）。确实，许多女性主义作家批判吉登斯和其他一些理论家，例如贝克，指出他们“试图恢复男权主义思想，并且导致了唯意志论的发展”（Adkins，2004a，p 198）。洛伊斯（Lois）夫人（1999，pp 97 – 98）也怀疑了这一理论的主题，“唯意志论可能出现，主要表现在过度强调解放表达的可能性，而这已经在后资本主义中被抛弃”。类似的，贝弗利·斯凯格斯（Beverley Skeggs，2004a，p 82）提出了“一个能动性超载的自我”。此外，“其他形式的自我创造被归于病态；当人们没有展示出其反身性时将被视为有缺失的、不完全的自我，并且这一缺失是道德化和个性化的”（Skeggs，2004a，pp 81 – 82）。

特别对于工作和生活，吉登斯吐露：尽管“后传统秩序”存在不确定性，但是像他那样的“领先学者”能够“找到一份或多或少是自己所盼望的工作”（Hutton 和 Giddens，2000，p 37）。比较之下，他没有考虑到这样一个事实：对很多人来说，工作往往是不牢靠的，在新自由主义时期工作通常是恐惧和压力的来源。然而，在他这一职位上的男性是灵活的、珍贵的并且在结构上可以任意选择。许多受人尊敬的大学教授，他们“文化资本的一种制度形式的持有者”（Bourdieu，2001a，p 36），能够享受一种特定的生活方式。这一现象在新自由主义时期尤其值得注意，那时候“一些明星教授”（Walters，2003）或“名人椅”（Mooney，2003）享受着媒体的访问和高级政客的会面。吉登斯或许可以成为这一方面的典型案例。下面这段摘录说明了他孤立的与众不同的生活方向（没有丝毫的自我嘲讽的意味）：

……………………………

这是1998年2月。我在去往华盛顿的路上。同行的还有托尼·布莱尔(Tony Blair)、切丽·布思(Cherie Booth)……我们准备去白宫面见比尔(Bill)和克林顿·希拉里(Hillary Clinton)、阿尔·戈尔(Al Gore)和一群来自美国内阁的人员。我们乘坐着协和式飞机飞行于天际。(Giddens, 2007, p xi)

……………………………

到达白宫之后，他去享用晚宴：

……………………………

我们站成一排和总统握手，我站在哈里森·福特(Harrison Ford)和芭芭拉·斯特赖桑德(Barbra Streisand)之间，他们亲切地和我交谈。之后，史提夫·汪达(Stevie Wonder)和埃尔顿·约翰(Elton John)款待了我们。(Giddens, 2007, p xi)

……………………………

鉴于吉登斯的熟人圈，我们难以想象他在理解“工作”对于不同结构位置的人的意义时会经历怎样的困难。例如，他声称就像“社会生活的许多领域一样，工作直到最近才被许多人视为命运……然而在当今时代，即使在被剥削的群体中，工作也很少被视为命运”(Giddens, 1994b, p 91)。再者，没有实证证据支持这一论点。另外一种含义是：工作不再是“一系列给定的条件，行动几乎没有自主权”；这样一种含义可能受到一些疏远工作的群体的质疑，其中包括许多社会工作者(Jones, 2001; Harlow, 2004; James, 2004; Carey, 2007)。

支持“生活政治”分析未能认识贫穷对结构(和个人)的意义。对贝克(2000b, p 43)而言，贫穷“在某种程度上”是另一种“僵尸类别”。吉登斯自满地认为贫穷“可能在过去比现在更为严重”(Hutton 和 Giddens, 2000, p 27)。此外，他将权力导入“第三条道路的政治”话语中“福利依赖”的部分(Giddens, 1998, p 115)。他的“积极福利”计划呼吁针对穷人展开“积极的冒险”，这再一次强调了个人意志的行动。对福利的索取者而言，心理咨询服务也许被视为“比直接的经济支持更为有用”(Giddens, 1998, pp 116-117)。换言之，问题的关键依旧是关于生活方式的变化，并且缺少明显的迹象表明吉登斯真正承认贫穷是来自和新自由主义有关的结构性因素，这将在第五章进行讨论。

• • • 丢弃“后传统秩序”中的“解放政治”

自然，社会工作能够与管理、控制的实践和功能联系起来。然而，“生活政治”旨在从政治上边缘化寻求更进步的价值观和任何潜在的解放的可能性。弗格森(2001, p 47)告诉我们，“解放政治”寻求“不平等权力关系上的变革以改善受压迫者的生活”。它是“关于减少或消灭剥削、不平等和压迫的”，并且“使公正、平等和参与居于首位”(Giddens, 1991, pp 211－212)。然而，这有可能成为垂死挣扎的古老的“左派和右派政治”的一部分(Ferguson, 2001, p 47)。弗格森(2001, p 48)跟随吉登斯，没有全盘否定“解放政治”，而是认为“生活政治”是“后传统秩序中自我和行动的新领域”的一种卓越表达。

根据弗格森(2001, p 42)的观点，“解放政治”是“过分简单的”，并且包含了一个“过分结构化的关注点”。因此，“后传统秩序的社会工作”应该发展出“一些方法以提高易受伤害的案主们的能力规划并主宰自己的生活”。为此，他主张“超越传统的左派和右派的区分”(Ferguson, 2001, p 42)。

总而言之，在这一理论范式中，“解放政治”和一系列高尚的事业有关，但它仍被视为一种过时的政治形式。因此，社会工作者对这种“旧政治”的依附会削弱他们在“后传统秩序”中的角色。事实上，“生活政治”的理论坚信，蕴含在生产(阶级)、生殖(父权)和新殖民主义(“种族”和民族)关系中的解放斗争已经过时。这一理解也许是“生活政治”视角的核心观点。“解放斗争不必要”的主张对于贝克的“僵尸类别”和相关概念也是不可或缺的，例如他认为“劳动力市场的活力，在福利国家的支持下能够消除资本主义中的社会阶级”(Beck, 2000a, p 43)。类似地，这和吉登斯所认为的“再也没有人能替代资本主义”是相关的，并且吉登斯强调“对曾在左派中流行的大公司进行妖魔化的处理如今已不再具有意义”(Giddens, 1998, p 43; 1994b, p 89)；有人认为在2007年和2008年股市“崩盘”之后，揭露银行业的投资行为显得特别不合时宜(Callinicos, 2010)。尽管吉登斯自信地声称“再也没有人能替代资本主义”，但他(1991, p 124)在20年前曾吐露：

生活政治假定了(一定程度)的解放……在传统的固定性和等级统治的环境方面。'生活政治聚焦于个人已经获得一定程度的行动自主权'的说法未免有些粗糙，因为其他的因素也参与其中，然而这个说法至少提供了一个最初的方向。

结　论

这个最初的方向在这本书中贯穿始终，它为何为现代的问题提供了一个令人不满意的概念基础，更具体的是，为一些社会工作相关的动态提供理论性的解释。生活政治是一个关于选择、生活方式和自我实现的政治，它未能在理论方面装备社会工作者回应服务使用者所要面对的结构性困难。简言之，前文所述的新思想缺乏理论上的、政治上的洞察力及词汇去识别社会及经济转变的方向。事实上，在解放政治的重要地位需要重申之际，生活政治仍然是意识形态中一个舒适的部分（Lavalette, 2011a)。

然而，相反地，鲍曼(2011a, p 12）认为他所定义的液态现代人类状态(liquid modern human condition)的核心要素是：个体“已被任命为生活政治的总经理及唯一执行者”。第三章将会更仔细地探究他的理论，并详述他的固态(solid）及液态(liquid）的现代性概念。

反思及交流 2

- “后现代主义”一词与社会工作有关系吗?

- 后殖民理论的视角可以用来阐明你所在国家的社会工作的某些方面吗?
- 我们现在生活在“后传统”的社会里吗?吉登斯和贝克的思想中有什么瑕疵呢?
- 孩子在社会中的现代角色是否为我们现在居住于“后传统秩序”中提供了证据呢?以你作为实践者或社会工作学生为例说明。
- “后传统秩序”是否过多强调人们自己的能力可以应对当前的社会、政治和经济处境?就某特定的服务群体为背景进行讨论。
- 你对“生活政治”的理解是什么?这一观点为社会工作提供了新的理论基础吗?

第三章

“固态”现代性和“液态”现代性[①]

① 这一章引用并重新修订之前出版的一篇文章：From “solid modernity” to “liquid modernity”？Zygmunt Bauman and social work，*British Journal of Social Work*，vol 42，no 4，pp 634 - 651。

引 言

近年来，很多关于现代性的疑问有时会涉及到这样一种论述：我们已经从“固态现代性”进入“液态现代性”中。与此相关的社会学家主要是齐格蒙特·鲍曼(Zygmunt Bauman)。鲍曼已年届80，但他依旧是一个非常多产、具有影响力并且近来备受争议的社会学家(Tester, 2004)。他于1925年出生于波兰，20世纪60年代末离开波兰，在以色列、加拿大和澳大利亚短期停留之后，于1990年到英国利兹大学任名誉教授。

他于第二次世界大战末至1953年间为波兰从事的情报工作备受关注(Edemariam, 2007; Ramesh, 2010)。即使不考虑这一信息的准确性，我们也需要将鲍曼置于纳粹统治解放后波兰爆发的内战背景中加以理解(Tester和Jacobsen, 2005)。而且，他的晚期作品被痛斥缺乏学术细节。例如，Derbyshire (2004, p 49) 批判了鲍曼是“理论印象派”，他认为鲍曼明显依据了“大量《卫报》(Guardian)和《观察者》(Observer)彩色增刊上的文章”，这将引起他人的反对。也许这个批判不乏事实，但鲍曼对“道德承诺的社会学的捍卫”仍然是引人注目的、严肃认真的；至关重要的是，应该在寻求解决社会理论和社会工作时被予以考虑(Tester和Jacobsen, 2005, p 21)。

下文并不会详细考察鲍曼的社会学及其和社会工作的关系(Bauman, 2000a)；也不会将他的作品和其他社会理论家展开持续的对话，尽管多种理论“声音”的合成具有启发作用(Houston等, 2005)。相反，本章将针对鲍曼作品的主要概念提供一个简短的关键介绍，这部分内容和本书的第一部分相关。本章前两个部分将主要参考鲍曼的著述考察他关注的主题和理论。首先，第一部分讨论“固态现代性”，这是鲍曼作品中最迷人的部分；并考察他对于一些政治计划的批判，即“理性”和“科学”导致了那些计划的失败。事实上，犹太人大屠杀是他为所提供的最具毁灭性的例证(Bauman, 1989)。第二部分将聚焦于鲍曼最近的理论，主要是关于现代性如何从“固态”形式变成“液态”形式(Bauman, 2000b, 2002a, 2003,

2005，2006，2008，2009，2010，2011a)。在社会工作文献中，Ferguson(2004，2005，2008)分析鲍曼“液态现代性”的概念，并认为这一概念和社会工作者的日常活动将产生共鸣。这一现代生活的概念化包含了一系列相互关联的议题：边缘群体“废弃的生命”(Bauman，2004，2011b)、“安全”(Bauman，2000c)、全球化(Bauman，1998a)、消费和“失败的消费者”(Bauman，1998b)以及国家的灭亡(Bauman，1998a)。第三部分将会简单地讨论爱尔兰共和国的社会工作及社会和刑事政策，以论述鲍曼对于现代社会工作所作出的潜在贡献。

“固态”现代性：对“秩序”的探求和犹太人大屠杀

《现代性和大屠杀》(Bauman，1989)是鲍曼最著名的著作，在西方和其他国家的学术界获得了最多的关注。他认为看待大屠杀的一种典型方式是单单关注“罪行的德国性”，这将会有可能成为一种“免除其他所有人罪行，特别是其他一切的实践”(Bauman，1989，p xii)。这种方式的其中一个问题是：

> 大屠杀所包含的信息是沉寂的、未被倾听、也未经传送，这些信息包括：我们如今生活的方式；我们为自己的安全所倚赖的制度；以及我们用以衡量一些行为得体性的有效标准，这些行为包括我们自己的和我们自己所能接受的正常的沟通模式。(Bauman，1989，p xii)

因此，他提到一个“迟来的具有强大文化和政治重要性的任务；这日任务是通过大屠杀事件在社会学、心理学和政治学方面的教训来影响自我觉察、制度的实践和现代社会的成员”(Bauman，1989，p xii)。所以，他的核心思想是迫切需要将“大屠杀的教训纳入主流的现代性理论、文明进程及其影响力中”(Bauman，1989，p xiv)。与此相关的分析是一种“不言而喻的恐怖”——大屠杀可能“不仅仅是一种失常现象”：它可能是

"同一个现代社会的另一面，而我们往往更熟悉其令人称赞的一面，而这两面完美且舒适地依附于同一个身体"（Bauman, 1989, p 7）。

然而，他承认在他写作时主流观点里存在许多障碍阻止他以一种更严谨的社会学方法理解大屠杀。其中一个观点是将大屠杀视为"是发生在犹太人身上的；是犹太历史上的一个事件"（Bauman, 1989, p 1）。或者，大屠杀被视为一种"原始的无法被文化消灭"的产物，或是一种"人类种群的'自然'倾向"（Bauman, 1989, p 2）。鲍曼不相信这日分析，他认为大屠杀"并不是前现代野蛮中未被完全根除的残留物里非理性的部分；而是现代性屋檐下的一个合法居民；事实上，它不会出现在任何其他屋檐下"（Bauman, 1989, p 17）。也就是说，在我们尝试理解大屠杀的时候，不能将其视为与现代性轨迹完全脱离的事件。现代性中主导的理性和组织形式（尤其是官僚主义）等产物也是如此。因此，他认为大屠杀应该被视为一个社会学"实验"，并建议我们尝试将其理解为"一种罕见的、但重要并且可靠的试验，以测试现代社会隐藏的可能性"（Bauman, 1989, p 12）。

这种概念化和鲍曼对官僚主义的分析是相关的。他认为，官僚主义是一种组织形式，导致个人"坐在自己桌前的同时"参与了大屠杀（Bauman, 1989, p 24）。这在一定程度上是因为"他们的行为和大屠杀之间的因果关系往往很难被发现"（Bauman, 1989, p 24）。而且，劳动力的等级和功能分工会影响暴力行为的执行，其中"与最终产物实际和心理上的距离意味着……官僚等级的大部分官员有可能在并不完全了解全局的情况下发出指令"（Bauman, 1989, p 99）。官僚机构所部署的分类实践也可能使那些隐藏在技术术语和标签后的人们无法被"理解和记住"（Bauman, 1989, p 105）。

"秩序建构的一个不可避免的副作用"是"每种秩序都会认为现存人口的某些部分是'不相称的''不合适的'或者'不需要的'"（Bauman, 2004, p 5）。而且，大屠杀的一个关键且令人不安的特征是：大部分灭绝种族的施暴者表面上是"正常人""文明人"甚至是"文化人"，而非"怪兽"（Bauman, 1989, p 19）。事实上，"文明礼仪表现出一种惊人的与大屠杀和平和谐共处的能力"（Bauman, 1989, p 110）。道德往往能够阻止人们针对脆弱或潜在的脆弱群体犯下暴力罪行，其中有三个条件会腐蚀道德：暴力是经授权的；行动是经程序化的；暴力的受害者是会遭遇非人性对待的。

也许最困扰他的是这一独特的种族灭绝的计划所具备的“独特现代风味”及其颗粒的手术方式(Bauman, 1989, p 88)。鲍曼(1989, p 89)认为，愤怒和“狂暴是卑劣的原始且低效的用以实施大型毁灭的工具”。现代的“集体屠杀以一种虚拟的自发性缺乏”，以及“显著的、理性的、精密计算的设计”为特征(Bauman, 1989, p 90; Marcuse, 2001)。暴力及其部署对这一规划至关重要(Young, 2007, 第5章)。它往往是“看不见的”并且“被封闭……在隔离的和孤立的地区，普通成员是接触不到的；它或者被流放到‘衰落地区’……或者被流放到遥远的地方”(Bauman, 1989, p 97)。

鲍曼强调了大屠杀的空间维度，因为责任感“源于双方的邻近”，并且因“邻近被拉远而消失”(Bauman, 1989, p 184)。“而正是疏离使得数以万计的人实施残杀”(Bauman, 1989, p 184)。因此，犹太人(以及其他有问题的人群，例如左派、罗马人、吉卜赛人和“不合群的家庭”)不得不从“德国日常生活的范围中”消失(Bauman, 1989, p 189; Marcuse, 2001)。鲍曼认为，实施“不道德的行为……随着社会距离的缓慢移动变得更加容易”(Bauman, 1989, p 192)。更重要的是，“道德似乎符合法律的光学角度。当接近眼睛的时候，它将变大、更为厚重。随着距离的拉远，对于彼此的责任将逐渐枯萎”(Bauman, 1989, p 193)。从此意义上说，“我们似乎主要透过眼睛去感受，因此道德将会具有一个‘无影点’”(Bauman, 1989, pp 155, p 193)。

所以，鲍曼的分析暗示着大屠杀不应被理解为一种人类对于邪恶行为的费解的倾向。相反，它代表着一种极致的探寻“秩序”的历史事件，这一秩序源于“固态现代性”的官僚主义敏感性以及机械的思维和行动模式。他认为，事实上，大屠杀“颠覆了所有已经建立的关于恶行的解释”，因为它“突然揭示了人类记忆中最恐怖的罪恶不是来自秩序的散乱，而是来自完美无敌不可挑战的秩序统治”(Bauman, 1989, p 151)。在他的书里最引人注目的部分中，他解释了“科学”和学术界是如何为纳粹的歼灭计划提供“智力的”和“客观的”基础，他们在其中扮演了重要角色。例如，“纳粹党卫军总部中负责毁灭欧洲犹太人的部门，被正式且温和地指定为行政管理和经济部门”(Bauman, 1989, p 14)。然而，即使是今天：

公众完全低估了很多重大举措(事实上往往是其中最可怕的一些)是由科学的社群发起的……也低估了种族政策本身是由公认的在学术上具有无可挑剔的科学家所发起并管理的。(Bauman, 1989, p 110)。

因此,“专业知识”提供了一种“权威的现代形式”,它将“个人责任”融入“抽象的技术权威”(Bauman, 1989, p 196; Pine, 1997)。更一般地说,“大屠杀的组织能够被编成一本科学管理的教科书”(Bauman, 1989, p 150; Badiou, 2007)。

“液态”现代性:“安全港口少之又少”

随着鲍曼的多产,他对现代性的概念化发生了根本性的改变。如今,我们“有理由考虑将‘流动性’或‘液态性’作为恰当的比喻以理解现代性的历史中那些非常新奇的阶段”(Bauman, 2000b, p 2)。这个理解下产生了一系列书籍,例如《Liquid Love》(Bauman, 2003)、《Liquid life》(Bauman, 2005)和《Liquid fear》(Bauman, 2006)。确实,所谓的“鲍曼品牌”是和“液态”世界相关的,和我们在“固态现代性”时期所经历的完全不同。在此意义上,鲍曼的理论视角似乎可以和第二章中所提到的后现代理论和谐地安放在一起(Bauman, 1993, 1995, 1997; Tester, 2004, pp 13-14; Tester 和 Jacobsen, 2005)。然而他对这样的联系所发表的评论依旧有些模棱两可:

我为“后现代”观点通常的使用方法感到不安。我努力和“现代性已终结”的宣告保持距离;当传教士和“后现代极乐”的热心家愉快地庆祝时,我更努力地表现出例外的心情……我将后现代性定义为“减少错觉的现代性”——现代性在成为术语时本身具有未实现性和局限性。我主要使用“后现代性”这一术语以形容“第二次觉醒”。(Bauman, in Beilharz, 2001, p 339)。

……………………………

他的近期作品中一个最醒目的方面是普遍的悲观主义，这反映在他所识别的“现代国家的疲倦”中(Bauman, 2000b, p 133; Bauman, 2000c)。为了提高人类生活的质量，将其与政治计划的显著失败在某种程度上联系起来以产生有意义的社会变革。每种“形式的社会设计都被证明在产生快乐的同时，也产生一样多的痛苦，也可能更多”(Bauman, 2000b, p 134)。

在这一情况下，属于“进步”的整体思想逐渐退化，人们集体化的程度开始减弱，社会开始分化。如果“以秩序建构为主导的‘固态现代’的反面是极权倾向，以不确定性为主导的‘液态现代’的反面是充斥着不安全、焦虑和恐惧的国度”(Bauman, in Bauman and Haugaard, 2008, p 112)。那里有“丰富的”或“过剩的”选择，却明显缺乏可靠的路标和权威的指示(Bauman, in Bauman and Haugaard, 2008, p 115)。简言之，“液态现代性”的世界是一种以存在的抑郁为特征的全球环境：其中，“安全港口少之又少，大部分时间里信任的小舟无法抛锚，只能徒劳无益地寻找躲避暴风雨的港湾”(Bauman, 2000b, p 136)。在别处，鲍曼使用过一个相当典型的比喻，将我们的体验比作“航空飞机的乘客在高空中突然发现飞行员的舱室空无一人”(Bauman, 2000b, p 133)。随着工作模式的改变，资本“成为法外治权的、光亮的、没有障碍的，同时和史无前例的范围格格不入，并且……在大多数时候资本足够勒索以领土为划分标准的政治机构提交相关计划”(Bauman, 2000b, pp 149-150)。

在他对流行文化的关注中，鲍曼将类似于“大哥哥”和“反映弱势群体”的电视节目视为“人类可处置性的公开排演”(Bauman, 2002a, p 63)。他公开宣称，人类的可处置性反映了大多数人经常会将“不确定性”和就业联系起来。然而，那些处于社会边缘被谴责为“浪费的生命”群体(Bauman, 2004)，他们面临的情境更加不确定。鲍曼考虑到诸如难民，他们不得不应对各种压力和区别对待，以及相关的是各种形式的压迫。“他们除了被大张旗鼓地控诉成依赖国家福利和以偷窃营生之外，难民现在更被控诉成‘第五纵队’角色的扮演者并代表着全球恐怖网络”（Bauman，2002b，p 84）。也就是说，那些通常作为其他类别移民者的难民，为那些害怕自己脆弱处境的人扮演了替罪羔羊的角色。

检讨鲍曼与社会工作的联系

鲍曼的关注点显然与社会工作的许多议题相关。首先，他关于“固态”现代性的理论带着机械性的思维方式并怀着对“秩序”的热情，该如何去检讨这一理论对我们理解社会工作的意义？这似乎是一个重要的问题，因为尽管近年来有研究分析鲍曼的理论于社会工作的意义，但是上述这一理论层面往往被忽视。

“固态”现代性：探寻“秩序”、大屠杀以及关怀事业的堕落

社会工作内部千差万别，但是正如第二章中所提到的，豪（1994）认为这一活动于19世纪的兴起正是现代性三大伟大计划的体现：关怀、控制和治愈。在这一背景下，鲍曼对现代性的分析可能对社会工作具有非常重要的启示。然而，他对于大屠杀的理论解读依旧令人生疑。

许多社会工作者拒绝和纳粹主义结盟，更一般地说，鲍曼不够关注法西斯主义在德国引起的抵抗。对于他看待大屠杀的视角，主要的批判之一是认为他未能令人满意地定义纳粹主义，并将其置于“资本主义的危机”这一经济背景下考虑（Trotsky，1972）。官僚主义“有其自己的逻辑和动力”这一论断也遭遇挑战，因为在纳粹主义兴起的时候存在着各种相互抵触的现代性版本（Bauman，1989，p 104）。例如，德国和欧洲其他地方的国际社会主义者致力于推进现代性和启蒙思想，然而他们的政治计划和法

西斯的政治计划完全相反。鲍曼未能意识到纳粹主义拥有一个特定的且具体的现代主义计划。此外，崇尚暴力且绝对服从领袖的法西斯主义事实上也被视为“反现代运动”(Hallsworth，2005)。近期的研究将大屠杀的奥斯维辛集中营形容为“匿名的、传送带、扭曲的机械性谋杀”，大部分犹太人受害者死于古老的和原始的方法，例如：在深坑和战壕的边缘被射杀(Steele，2009，p 33)。

其次，他分析中的大量缺口产生出一个太过于狭窄的概念焦点。那就是鲍曼对“固态现代性”的分析及其作为范例的大屠杀例子掩饰了社会阶级运作的方式。事实上，他从20世纪90年代开始的大量作品都忽略了阶级分析。他亦未能将性别包含于其中，更广泛的是，他没有考虑到家庭及家庭内的社会监管(Pine，1997)。确实，忽略男性的讨论会破坏他的分析，例如，泰勒·凯思琳(Kathleen Taylor，2009，p 2)曾经提到，“男性比女性更容易造成暴力死亡”。对于他的视角，第二章中所提到的一些后殖民主义的理论家可能会断言为——以欧洲为中心的。不过，他承认一定程度上激起西方力量挑战希特勒政权的是希特勒开始采用野蛮的手段对付欧洲白人，而这些手段以前是用来征服殖民地人民的(Bauman，2002a，p 109；Badiou，2007)。他没有将诸如广岛原子弹爆炸的事件理论化，这也说明他的分析有些扭曲，也未能讨论更多具有政治颠覆性的问题。

然而，如果转向鲍曼的观点对社会工作的共鸣，会发现它们纠正着一种有些自满甚至感情用事的理解，那种理解认为社会工作总是一个亲切和蔼的活动，并经常和社会正义的力量结盟。国家社会主义时期的社会工作是怎样的？这一章无法详述这一问题，因为现存大部分的档案资料只提供给使用结语的人(Lorenz，1993)。我们知道，社会工作者不完全顺从纳粹主义：爱丽丝·所罗门(Alice Salomon，1872—1948)是国际社会工作联盟(IASSW)的前任主席，同时也是纳粹主义体制的反对者，他被驱逐出了德国。然而，社会工作作为一个多元化的活动，它具有不同的脉络、关注点和内部紧张关系(Crew，1998)。困扰Kunstreich (2003)的正是社会工作的不同部分，包括它使用的观察方法和行动方式，似乎都依附于国家社会主义的政治和社会计划(Pine，1995，1997)。与鲍曼的分析方法一致的是，他认为“社会工作者的参与及社会福利的建立是由人们熟悉的易于治理的社会技术程序所培育的，以达到纳粹政权排他和凶残的目的”

(Kunstreich，2003，p 24)。例如，Kunstreich (2003，p 25) 提及挑选的过程以及“挑出那些不符合正常概念的‘理想的德国人’”(Kunstreich，2003，p 26)。同样重要的是其对社会卫生的兴趣，“通过一个净化过程，那些被认为是不正常的、下级的或者堕落的人”会被淘汰。这也引起了一系列“改革”实践，以试图控制那些正被污染的社会 (Kunstreich，2003，p 26；Pine，1995)。而且，这一政治定位影响着社会工作活动，不仅在优生和绝育的论述和实践中反映出来，而且已经扩展到德国以外的地方 (Broberg 和 Roll-Hansen，1996)。很多国家实施绝育，第二次世界大战之后绝育的人数甚至持续增加 (Hietala，1996；Mottier 和 Gerodetti，2007；Swansen，2007)。事实上，“优生学的思考从未真正消失”(Burdett，2007，p 8；Blair，2006)。比如，一个英国的高级学者曾经呼吁那些虐待儿童的父母进行绝育(Pemberton，2010)。一个上议院保守党成员也表达了自己的担忧：计划的福利变革将会冒险鼓励穷人的“繁殖”(*The Guardian*，2010b)。

鲍曼有关科学的理性及“固态现代性”的研究中的一方面和现代社会工作相关：他观察到有些人所居住的“衰落地区”是“大多数社会成员的禁区”(Bauman，1989，p 97)。这种对某些群体的隔离以及将他们重新安置在特定区域或机构的做法使鲍曼颇为不安，因为这个过程潜在地导致了暴力的使用。

如今，社会工作的政策制定很少被置于“科学的”话语中；但是，它被置于一个离散的框架中，部分涉及到“社会融入”，例如近来在英国推进的“大社会”策略(Cameron，2010)；同时，支配一切的道德或伦理的登记手册也列入这一框架。然而，在那些“衰落地区”展开的“关怀”行为也引起了一些担忧，它们反映的某些趋势正困扰着鲍曼。

鉴于机构虐待事件损害了社会工作及其他相关“专业”的名声，沃德象(Wardhaugh)和怀尔丁(Wilding)(1993)借用鲍曼的观察以更好地理解现代的“关怀”实践是如何堕落的(Levy 和 Kahan，1991；Waterhouse，2000；Butler 和 Drakeford，2003)。在机构式虐待的报告中，他们分析了一些导致“关怀”组织及员工脱离关怀的伦理和对人的尊重的可能因素。受《现代性和大屠杀》(Bauman，1989)的影响，他们认为照顾的堕落取决于对正常道德问题的中立。对于那些在机构环境中被虐待的人来说，他们通常被认为“超出了道德行为的界限，而这界限(通常)管理着”人与人之间的关系；也就是说，受害者被看成是“非完整的人类”（Wardhaugh和Wilding，1993，p 6）。一般而言，伴随着普遍的“毫无疑问服从命令的文化”以及对机构内的实践缺乏有效地外部控制，机构的准入程序会消除个人的身份认同感（Commission to Inquire into Child Abuse，2009，第2卷，p 80）。被视为“道德肮脏的”群体被隔离并且孤立之时是特别容易受攻击的。事实上，这也是“虐儿调查协会”（Commission to Inquire into Child Abuse）（2009）所强调的，协会负责调查工业学校那些被忽视、被遗弃以及不明确的“麻烦”学生（Arnold，2009）。在这些机构中，正如鲍曼发现的那样，“专业知识”支持着这一概念：那些被“扣留的人”应当被恰如其分地视为需要受到严格对待的贱民。也就是说，“专家”扮演着和那些被囚禁者有关的重要的“明确的劳动力”（Goffman，1971（1959））：医生在工业学校中负责医疗检查，例如，他/她会形容被扣留的孩子为“恐怖分子”（Commission to Inquire into Child Abuse，2009，第4卷，p 29）。

因此，鲍曼的观点提供了一个理论透镜，透过它，可以同时从历史上（在救济院的穷人及其孩子所受到的对待方面）和更现代的角度（在监禁处和类似监禁处方面）考察“问题人群”的管理。关于后者，一篇评论爱尔兰庞大监狱系统的报告结果与此相关。监狱的牧师观察到，“对人类尊严的漠视正持续增长以及同情心的腐蚀令人担忧”。他描述的情境是，“对任何尊严的侮辱以及对礼仪基本宗旨的公开冒犯”（Irish Prison Chaplains，2010，p 10）。如今的囚犯被“储藏”在迟钝的没有足够康复机会的环境中，令人心烦的是，他们的困境和过去工业学校的被扣留者极其相似：

> 我们认为监狱系统内的情境现在是如此糟糕，我们别无选择只能去挑战盛行的主流文化，这一文化一致抵抗任何批评或挑战，也很明显无法听进任何其他观点，并且不愿聆听那些不愿遵守现存管理架构内的主流思维模式的其他意见和建议。（Irish Prison Chaplains，2010，pp 10－11）

在备受批评的圣帕特里克（St. Patrick）机构中，管理被囚者（16～21岁）的方法引起了特别的担忧。这是该州最大的收容年轻罪犯的机构，国家和国际机构在过去25年内反复谴责其恶劣的环境。这不仅是因为拘留

18 岁以下的年轻人违背了联合国的《儿童权利公约》，该公约明确禁止将儿童和成人一起实施监禁或拘留；也是由于儿童监察专员被明确禁止调查囚于那里的年轻人的投诉或指控。正如过去工业学校的居住者，“被拘留在 St. Patrick 机构的年轻人不允许穿着他们自己的衣服(不像任何其他监狱的囚犯)”(Irish Prison Chaplains, 2010, p 19)。

当然，诸如此类的例子不限于爱尔兰。在很多“文明的”国家都存在徒有华丽外表的机构，里面的人实际上被仅仅视为“物体”对待，非常易受攻击(Badiou, 2007, p 8)。英国的研究表明，大约有 150 000 痴呆症患者(很多居于“关怀”之家或医院)不合适地服用抗精神病药物。根据一个研究型慈善团体的报告，这导致了每年 1 800 位患者死亡(Alzheimer's Research Trust, 2009)。在这一背景下，护理人员/监护人的问题仅仅是组织或技术的问题，这会减少某个类别样本的“居民”。道德问题的中立可能表现在文化的刻板印象和剥削的实践中，大多数易受攻击的个人和群体往往缺乏物质和符号资本等资源(Bourdieu 和 Wacquant, 2004)。

在金信(Goldson)关于儿童监禁和“储存以管理有害者”的讨论中(Goldson, 2009, p 88)，金信总结道“赋予这些孩子的低级社会价值…… 会有意无意地导致他们尤其倾向于受到体系的虐待，(因为)现行的社会政治环境中那些负责任的人才免于惩罚”(Goldson, 2009, p 89)。在此，有四个“交叉地且相互加强的过程”发挥着重要的作用：“他者化”“戴面纱”“委婉语”和“慎重”(Goldson, 2009, pp 96 - 100)。更广泛地，“有国际性证据揭露托管机构的儿童尤其容易受到暴力和伤害”(Goldson, 2009, p 93)。2010 年夏天更是透露出相关议题，当时英国政府终于同意出版一本“秘密手册”以透露用于对私营监狱内的 12 岁儿童故意造成伤害的技术(Children's Rights Alliance for England, 2010)。更普遍的是，在机构环境中资源是有限的，压力主要来自生存和“过活”，只有强调控制和“秩序”维持才是有效果的(Mental Health Commission, 2011a)。事实上，一系列原因可能导致科思斯坦利(Stanley Cohen, 2011, p 11)所定义的“特别机构内的‘背弃’的小文化”的出现。这些文化的力量在于，它们冒险推翻或作废那些在修辞学上所坚持的专业伦理道德标准。

这些贡献检视了监禁的方方面面，当它们和鲍曼的研究结合时就显得非常重要，因为可以说是它们开启了社会工作和社会照顾领域内的“警示灯”。更重要的是，新的边缘化地区或“衰落地区”正被创建在现代的刑法和社会政策中(Garrett，2007a)。显然，这并不意味着20世纪30年代德国的政策追求和西欧社会政策的现代发展之间存在着直接的相关性。它们仅仅标志着一种共同的模糊的趋势，将某些特定的人口(通常是那些被视为“麻烦的”且“不相称”的)置于围墙之中，而这些围墙可能甚至不是普通意义上的“监狱”，但仍然包含着不同程度的暴力、监禁、隔离、监控和管理(Butler，2004)。此外，这与一系列关于“拘留者”和“被拘留者”的政策和实践相联系，并且这些政策和实践在英国和其他地方强调“国家安全”的背景下变得更为重要。

“液态现代性”=“液态社会工作”?

弗格森(2004，2005，2008)是鲍曼在社会工作学术领域的主要支持者，他主要聚焦于“液态现代性”。当他反思维多利亚·克里比的个案并尝试修正“关键的社会工作理论”时，弗格森认为儿童保护“正如其他更普遍的社会工作和社会福利的实践”一样反映出“现代生活本身偶然的、‘液态的’性质”(Ferguson，2005，pp 794，788)。更重要的是，儿童保护应该被视为“液态福利的一种易变的形式”(Ferguson，2005，p 788)。然而，将鲍曼近期的观点引入社会工作的理论似乎有些过于自信且过于肯定。当然，鲍曼的社会理论以及弗格森由此发展出的贡献使人们更加了解由“西博姆工厂”开始的转型(Simpkin，1983)，该工厂建于20世纪60年代末期及70年代早期，其中新的“工作站”为当今英国和其他地方的社会工作者而设想(Conservative Party，2007)。然而，“变革”完全归因于“液态现代性”也会使他人误导，因为这将掩盖新自由主义的影响。此外，“液态现代性”的构想仍存在很多附加问题，这些问题不利于社会工作和相关活动。

首先，尽管弗格森(2004，p 198)承认儿童保护总是“混合着固态的和融化的形式”，但是受鲍曼影响，他也倾向于强调“液态”和“固态”时期中工作生活存在的根本性差异。这不足以令人信服，因为在所谓的“固态现代性”时期，很多工人都经历着不稳定的、暂时的、无保障的工作，尤其是那些被视为资本主义生产和分配过程中剩余的劳动力。这些是很多“非技术工人”、女职工、黑人及其他位于劳动市场边缘的少数族群职工的典型特征。简单地说，资本主义对很多人来说从来不是“固态的”，那时的工作和生活不断渗透着“环境的不安全、焦虑和恐惧”(Bauman， in Bauman and Haugaard， 2008， p 112)。这可能是因为在被定义为“固态现代性”的时期中，鲍曼以及那些试图以其理论为指引的人都太易于停留在“工人贵族”的经验里：相对的高收入群体集中在都市中心的制造业。新自由主义化以及消除“嵌入的自由主义”的尝试(Haryvey，2005；本书第五章)已经很明显地影响这些工人的生活，但将他们的经验一般化是不恰当的。“液态现代性”视角存在的第二个问题是它会冒险宣扬新自由主义的宣传言论，易于吹捧“速度”“弹性”和“流动性”的优点(同时可见第十章中关于波尔坦斯基(Boltanski)和夏皮罗(Chiapello)的讨论)。第三种批评和流动性及现代社会理论中对流动性的关注有关(Ferguson， 2010a， 2010b；Cresswell， 2001；Skeggs， 2004b)。鲍曼倾向于认为人们拥有不同的且以结构为媒介的能力，事实上，这些能力是“明显的不平等的通往流动性的途径”(Bauman， 2002a， p 83)。更坦率地说，“为了利益的移动是值得鼓励的；而为了生存的移动是备受谴责的”(Bauman， 2002a， p 84)。然而，许多受惠于鲍曼近期作品的人对流动性的前景并不谨慎，这体现为这辆车的理论化及其如何形成的相关论述之中(Dant， 2004；Laurier， 2004)。弗格森(2004， 2008， 2010a)和史密斯(Smith， 2003)也强调了这辆车的重要性以及我们所看到的“汽车治疗工作”(Ferguson， 2010b， p 130)，但是他们没有考虑到车辆制造、车辆营销和车辆使用包含于资本主义的社会经济结构中。此外，由于“紧缩”政策，包括社会工作者在内的很多公共部门工作人员都受到流动性方面的限制，例如，社工用于家访的汽车里程报销率被削减(Mickel， 2011)。

第四个也是最后一个关于“液态现代性”结构的批判是它将电脑技术和其他电子通信置于中心地位。而未考虑到个人和小组是如何由于不均衡的发展遭遇不同定位的，这些则和资本主义生产和消费有关。斯泰亚特(Steyaert)和古尔德(Gould)关于“数码鸿沟”的贡献提醒读者在全球层面上，“只有 15 亿人能够使用到网络”：这“大约是世界 66 亿人口中的 22%”。

结　论

鲍曼的研究工作也许能够概要地分为三个阶段。第一阶段大约是他在波兰的时期，能够与马克思主义和辩证唯物主义相联系；第二阶段从他到利兹大学开始，第一次和他对“固态现代性”的理论化相关，同时分析现代性的恶果，甚至是灾难性后果；第三阶段从他对“液态现代性”的关注中反映出来。然而，他所有贡献的共通之处是“他的书中都一致地充满这一描述：人们陷入或停留在一张由权力、压抑、迫害、贫穷和潜在性灭绝等编织成的大网中”（Tester 和 Jacobsen，2005，p 24）。此外，他的理论可能帮助我们去理解纳粹主义和明显的“民主的无辜”之间“深厚且秘密的联系”（Badiou，2007，pp 4－5）。事实上，这一章的重点是希望大家理解：尽管他的“固态现代性”理论仍然存在着根深蒂固的问题，但这相比于“液态现代性”的观点来说对社会工作更为有用，而且从近期开始在专业的学术文献中逐渐获得重视。然而，鲍曼的理论是有缺陷的，因为他未能探索资本主义的中心。因此，下一章将聚焦于理解资本主义为现代性所提供的动力。在这一背景下，马克思(1990)的《资本论》将为验证这一主张提供基础。

反思及交流 3

- 我们如何合理地谈论“液态现代性”和“液态社会工作”？
- 鲍曼的研究工作为现代社会工作提供了怎样的讯息？
- 我们能否将鲍曼的洞察与沃德豪和怀尔丁称之为“照顾的堕落”联系起来？又如何将我们的分析和机构式虐待的例子相联系呢？
- 鲍曼的研究工作激起了关于现代社会中寻求避难者的思考吗？

- 鲍曼的愿景是否过度悲观呢？例如，他引用伍迪·艾伦（Woody Allen）：“人类正面临着一个十字路口，这在历史上其他任何时期都未曾经历过。一条路通往无助和绝望；另一条路通往全局灭绝。让我们祷告可以拥有智慧来做出正确的选择。”（Bauman, 2002a, p 86）
- 在这一章中是否出现了其他有关社会工作者的关键议题？

第四章

现代性与资本主义

引　言

对于有些作家来说，“现代性”一词在装饰资本主义的向心性和重要性方面的效用和功能并不多。举例来说，Jameson 提出，在现代性出现的背景下以资本主义代替现代性，作为“治疗的建议”（Callinicos，2006，p 50）。Woodwiss（1997）具有相似的立场，也历史性地在这一概念中引发了新兴趣：

> 我想质疑以前资本主义概念的一般社会学效用——现代性……我认为“现代性”一词作为特别的社会学标志，有它自身从美国社会代表的起源，包含于社会学家 Daniel Bell（极具影响力的 End of ideology 的作者，1996）和 David Riesman（The lonely crowd 的作者，1950）的作品之中，并在 20 世纪 60 年代被给定了一个技术决定论者的内在逻辑……这一表现认为自由主义民主、资本主义经济、“开放”阶级结构和个人主义价值体系的组合可以作为极权主义，例如法西斯主义的对照。（Woodwiss，1997，p 2）

Woodwiss（1997，p 4）提议，“我们应当恢复……资本主义在社会学论述中正当的地位优势”。

尽管马克思于 1867 年出版《资本论》（*Das Kapital*，简称 *Capital*）后，现代性已经历了显著转变；但是本章仍将强调该书对于社会工作和相关工作领域的人们所具有的持续相关性。简而言之，它提供了一个对资本主义破坏性的批判，也在危机和所谓的“紧缩”时期为寻求理解和发展抵抗资本主义的战略提供了重要方法。

有人认为于 21 世纪早期主张《资本论》对社会工作者具有相关性和潜在重要性是一个过时的、迟钝的、甚至是对立的和挑衅的概念。当我们接近马克思 2018 年的 200 周年诞辰纪念时，他著作中的世界似乎将和“新世界秩序”完全不同（Derrida，1994）。然而，它不是一份左翼小报，而是 2008 年 10 月《伦敦金融时报》（Financial Times）的发行物，标题是《资本主义震撼》（Captialism in convulsion）。确实，由于在写作时仍未有可辨认的结果，这段时期的震撼和危机阐明了资本主义纯粹的不稳定性

(Harvey，2010)。正如历史学家埃里克·霍布斯鲍姆(Eric Hobsbawm)所说，那“永不会消失的现代相关性，正是马克思期望资本主义作为历史上人类经济的暂时模式的愿景，和对它的不断扩大、集中、产生危机和自我转变的作案手法所做的分析”(Hobsbawm，2011，p 11)。此外，“在20世纪90年代出现的全球化，使得资本主义世界在很多关键方面都惊异这和马克思所预期的一样”(Hosbawm，2011，p 5)。

虽然本章将分析英国政治经济学的马克思模式和他对“必要劳动”和“剩余价值”的重要区分，更聚焦于包含在《资本论》中对资本主义社会的批判。因此，寻求详细探讨马克思的政治资本经济和劳动价值理论的读者可能需要再从其他途径获得补充知识(Harvey，2005，2006a，2006b，2010)。马克思的理论包含三个环环相扣的部分，每个部分均在效能模型中分析资本主义制度的关键要素如何运作。

第一个模式关注的是“经济”本身，设想创造资本循环。第二个模式涉及经济下的社会组织，以及它如何控制一个阶级被另一个阶级剥削。第三种模式陈述了围绕于社会和经济周围的“意识形态装置”的运作(Worsley，2002，p vii)。

这一章的第一部分为接下来部分的基础，将非常简要地考察那些过多的因素或论点，它们认为《资本论》及更广义的马克思主义似乎和现在在很大程度上无关。此后，本章主张《资本论》依旧和社会工作者和在相关领域工作的人有关，因为马克思阐明了可以被称为“实际存在的资本主义”的方方面面。《资本论》仍将被认为是很重要的，因为它提醒我们，尽管资本主义有其使人困惑和引诱的能力——伤害：这是一个剥削的经济制度，损害身体和心灵，破坏了在现代所称的健康和“福祉”(Bergdolt，2008)。在此情况下，儿童的生命被资本的动态发展过程和不稳定的权利而破坏，正是这一干扰激怒了马克思，这方面将在本章的第三节讨论。①

---

① 本章将只聚焦于“资本论”第一卷上。Tucker (1972)提供了更广泛的选择。这一章有另外的版本被公布了，为 Marx and “modernization”：reading *Capital* as social critique and inspiration for social work resistance to neoliberalization，*Journal of Social Work*，vol 9，no 2，pp 199-221。感谢 Sage 出版社允许我使用我的早期作品。

社会工作与马克思主义

马克思主义对于社会工作具有相当的影响力。例如，在“没有选择的那条路上”，迈克尔(Micheal Reisch)和安德鲁斯·珍妮丝(Janice Andrews)(2002)或许出乎意料地提醒读者：马克思主义在整个20世纪影响着美国的社会工作。①在英国，从20世纪60年代末的新左派观点到保守一自由时期的民主党政府，马克思主义已经影响了一些社会工作者的理论及实践。很多社会工作者、劳工党成员和标榜马克思主义的小型党派试图组织起来，并在马克思主义的支持下努力发展社会工作实践。很多于工人主义灭亡以及撒切尔主义建立的期间所出版的具有影响力的“激进社会工作”教科书中，可以很显然地发现将社会工作定位于资本主义所建构的社会和经济关系模型中的计划。正如第一章所观察到的，这里最值得关注的是贝利(Bailey)和布雷克(Brake)的《激进社会工作》(*Radical social work*)以及一系列由Macmillan所委托和出版的书(如Corrigan和Leonard，1978；Jones，1983；Simpkin，1983；对于这段时间的反思，详见Bailey，2011；Weinstein，2011)。一小群学者继续将马克思主义的概念性范畴应用于当代社会工作，例如“异化”(Jones，2001；Ferguson和Lavalette，2004，2006；Lavalette，2011a，2011b)。然而，在21世纪前期，很多人认为马克思主义对社会工作者及其他人没有帮助。

马克思主义不再有任何理论或实践的效用的断言，是在无数相互关联的争论中被提出的。简言之，其中有三种主要的批评。第一种认为，苏联的崩溃和柏林围墙的倒下是对于马克思主义知识耗尽的一个无可辩驳的证据。这样的论据是被修辞带动的，那些视自己为“社会主义”的各国随后急于拥抱资本主义，而名义上是“社会主义”的国家(如中国)却似乎致力于新自由主义化(Harvey，2005；Walker and Buck，2007)。这一批评只是

① 马克思主义“代表了革命政治以及人类历史上其中一个最富有和最复杂的理论和哲学运动这两种形式”(Young，2001，p 6)。马克思主义内有很多趋势(对此的总结，详见Joseph，2006)。在20世纪80年代出现了一个多元的理论，被称为“后马克思主义”，是“个智力和学术‘惯例’等明显的例外，而不是一个革命性的”(Tormey和Townshend，2006，p 4)。

假设苏联及其政权是明确的“社会主义”。但是，可以反驳说，这些政治、经济和军事实体实际上是堕落的工人国家(Trotsky，1971)。确实，在福柯(绝不是一个马克思主义者)之后，苏联和所谓“东方集团”国家的政权消亡可能会造成“这被限制、吹捧和挥舞了许久、与马克思有关的党的信条的解放和卸下重担”(Foucault，1988d，p 45)。

此外，通过所谓的“经济休克疗法”的方式在前“社会主义”国家引进无拘束的资本主义，导致了对公共服务的掠夺和高度集中的财富。例如在俄罗斯，这“七个独裁者在几年内就控制了近一半的经济”(Harvey，2010，p 29)。同步威害到公众健康供应，造成了死亡及苦难(Klein，2007)。联合国(UN)报告，自 20 世纪 90 年代初，俄罗斯联邦已经看到“男性死亡率显著增加，超出了历史趋势”，并预计 1992 — 2001 年期间有 2.5 万～3 万惊人的额外死亡数字。联合国报告进一步表示，“在没有战争、饥荒或健康流行病的情况下，这损失的规模史无前例”(United Nations Development Programme，2005，p 23)。一个刚起步的社会工作专业不得不对这种大规模的经济贫困作出响应(Iarskaia-Smirnova 和 Romanoz，2002)。尽管有较高的社会和地区差异，现在接近“20 世纪 70 年代后期的平均水平。然而，即使在多年的经济增长后，许多俄罗斯人比苏联后期还穷得多”(Kagarlitsky，2009，pp 45 - 46)。

第二种理论的断言是，马克思主义不再能够把握当代生活的复杂性，以及对阶级向心性的聚焦是有所减少的。 阶级的向心性由与生产和分配的主要方式的群体和个人的配置所决定。据认为，主体是一个更为复杂的问题，而现在相关“身份”的问题已比经济阶级更为显著。其他的理论家将这种批判与一个更根本的指控相联系，认为本身也是现代性之产物的马克思主义，已被证明无法分析和解释现代性的方向或轨迹。他们认为，对当代发展更精辟的分析是由不同的理论范式所提供的。正如前面的章节所提到的，其中包括：“后现代主义”理论；与“风险社会”有关的思想(Beck，1998)；我们现在已经进入“液态现代性”的主张(Bauman，2005)；或者说我们现在已经进入一个需要细心解析的“生活政治”的演变时期(Giddens，1991)。

《资本论》是一个特殊时代的反射，也是对这一特殊时代的反思。当然，第一本书于 1867 年首次出版时也难免有不足。沉浸在快速工业化的时期的马克思没有谈及如 20 世纪末和 21 世纪初在一些西欧国家所经历的

(去)工业化(Charlesworth，2000a)。他还无法完全理解诱人的大众消费，以及资本主义及其技术和诱因是如何既提供乐趣，又充满艰辛和痛苦。这可以和“消费者社会”的演变(Jameson，2000)和促使人们进入并维持依附于“资本主义新精神”相联系(Bltanski 和 Chiapello，2005；Soper，2007；以及第十章)。作家如布尔迪厄也认为，有必要扩大“资本”的概念，以使其包括经济资产之外的东西(详见第七章)。也有一些人认为，马克思即便在21世纪获得计算机技术的帮助，显然依旧无法预测资本流动的速度。这些是有效的论点；这证明我们在不同的时间和情境下机械地套用马克思主义来开展工作是不恰当的，同时假设《资本论》持有社会工作者和相关的工作群体所遇到的每个具体问题的答案也是错误的。然而，正如霍布斯鲍姆(Hobsbawm)所解释的：

> 马克思的许多分析依旧是有效的。明显地，第一个是关于资本主义经济发展不可抗拒的全球动态，及其可摧毁所有在它之前出现的包括人类过去的遗产，甚至包括那些已受益于资本主义本身(如家庭结构)的能力。第二个是关于通过产生内部“矛盾”(无休止的紧张关系和临时决议)而增长的资本主义机制，增长导致了危机和变革，在经济日益全球化的背景下所有生产都专注于经济(Hobsbawm，2011，p 14)。

或许，就如葛兰西(Gramsci)(其贡献将在第六章探讨)，有必要拒绝任何认为“马克思是‘使用骗术的牧羊人’的想法，或一些弥赛亚所留下的一连串充满绝对命令和专制的、不可挑战的规范、在时空范畴之外的比喻”(Morton，2003，p 123)。相反，我们必须“守好本分”，并思考在我们特定的时间、地点和专业领域中，某些由马克思在19世纪后期所勾画的想法，可能仍然在新自由主义现代性中具有当代的共鸣(Garrett，2009)。

第三种批评不仅完全地怀疑马克思主义的价值，而且更广泛地批判了社会理论和抽象反思。本书一开始就提到了这种形式的批评，它植根于不耐烦的且狭隘的反智主义，它谴责任何超越“实用”的东西，而仅仅对“此时此刻”感兴趣。这个观点在修辞上是非意识形态的，事实上却是意识形态化的，它将推导出如下的观点——社会工作必须部署明确“有效的”且具有明显的“实证基础”的介入手法和形式。然而，本书在吸引大家对《资本论》的注意力的同时，将在不减少“实用性”的前提下致力于推动对社会工作及社会工作自身的辩证批判思维，力求达到一个更明智和丰满的理解。

对于致力于这种努力的社会工作者，马克思主义的分析提供了一种不可或缺的反霸权观点。资本主义将其自身的内部矛盾当作一个深深的裂缝。因此，亟须对这些矛盾进行分析，这需要借用那些诸如马克思首创的理论工具。当前的首要任务不是要反刍马克思的文本，而是要加以延伸、修正并改变，以使它们可以解决我们这个时代的复杂性问题。因此，在重新审视《资本论》时，重点将会放在它如何帮助我们更好地理解一些与之相关的主要部分，就是现今通常被称为的“现代化”或“转型”的社会工作(see also Garrett， 2009)。

马克思和“实际存在的资本主义”：在社会工作中的工作

或许，对于21世纪中《资本论》的读者来说，要他们欣赏马克思对于“现代性”早期的批判是困难的(那时候大规模的工厂生产是新兴做法)。例如，在描述和谴责工人(其中许多是儿童)不得不成为比赛生产者的情况中，马克思所调查的工厂直到20世纪30年代才大量出现。在检视那受19世纪自由放任经济学(Perelman， 2000)拥护的误导性的双曲线“旋”时，他的研究提供了一些“工作世界”内可以适用于当代转型的“坐标”。更具体地说，《资本论》对时间、辛劳(或劳动)和技术这三个相互关联的问题之表述，可用于分析社会工作领域内不断变化的工作性质。

时间

丹尼尔(Daniel Bensaid， 2002， p 74)认为，《资本论》的第一卷是“the book of stolen time”。马克思并不打算建构一个时间的理论，但在“变化和历史发展的概念化方面，以及他关于剩余价值和商品化的经济理论”中，时间充当了核心角色(Adam，2004，p 37)。当然，马克思全神贯注于资本“所推动的无限的且残忍的工作日的延长”(Marx，1990，p 411)。事实上，在资本主义时期，“发生过一场反对所有形式的集体团结的攻击，包括运动、游戏、舞蹈、ale-wakes、节日和其他集体仪式，这些形式一直是工人间团结和紧密关系的来源”(Federici，2004，p 83)。资本拥有者意图迅速而彻底的实现文化转变，诱导新兴工人阶级从根本上重塑他们对每天合理工作时数的想法。那就是依照需要延长“前工业社会所建构的超出太阳、季节周期和身体本身所限制的工作日”(Federici，2004，p 135)。

18 世纪的大部分时间里，每星期工作 4 天是风俗和惯例(Marx，1990，p 387)。然而，一个新的时间纪律的实行转变了存在于工人阶级的整体模式。因此，工作周的时间被延长，并且是有弹性的，“发生于物理和社会两者的边界范围内。这两个限制都是非常有弹性的，并允许一个巨大的纬度”(Marx，1990，p 341)。《工厂法》虽然增加一个工作日，但“工人用餐及娱乐时间中的资本小偷”依旧继续，并被工厂检查员描述为“顺手牵羊的数分钟”(Marx，1990，p 352)。资本因此“尽可能在生产过程中的膳食时间上讨价还价，而为工人提供食物只是作为生产手法，如煤被送入锅炉，以及脂和油被供给到机械”(Marx，1990，p 376)。

其动机在于雇主意识到资本主义制度中“每时每刻都是利润要素”(Marx，1990，p 352)；因此“推进工作日的延长，以及狼人般饥饿的剩余劳动力”都是要素之一(Marx，1990，p 353)。马克思接着对引入夜间工作和轮班制度作出诠释(在许多棉纺厂发生)，它们反映资本不断追求“剩余劳动力”和额外利润：

> 延长工作日至深夜，超越自然天的时间限制，其实是治标不治本。它只是稍微熄灭了吸血鬼对劳动力的新鲜血液的渴望。所以，资本主义的生产受其内在本质驱使走向对工人一天 24 小时的占有。(Marx，1990，p 367)

因此，在资本主义生产的不断演进中，剥削关系是其核心，而工人只是这一体系中的一个商品。由此，对马克思来说(1990，p 375)这是“不言而喻的，工人的一生都只不过是劳动力，而……他们所有可支配的时间是源于正确的劳动时间，这些都要贡献于资本的自我物价稳定上”。

在马克思的复杂哥特式舞台布景中，资本耗尽了被迫出卖劳力的人的寿命(Carver，1998，第1章)。对他来说，资本是“吸血鬼般已死的劳动力，他们靠吮吸再生的劳动力而存活；活得越久，就有更多的劳工被吮吸”(Marx，1990，p 342)。资本：

不问关于劳动力的寿命长短问题。令它感兴趣的仅仅是在一个工作日的运作中可以设置的劳动力的最大值。它通过缩短劳动力的寿命以达至这个目标，正如一个贪婪的农场主人抢夺肥沃的土壤以得到更多的农作物。(Marx，1990，p 376)

简言之，“‘免费’工人受社会情境逼迫而出售自己的有效寿命”(Marx，1990，p 382)。重要的是，这也会引起抵抗，因为这些工人阶级一旦被工厂的噪声和混乱震惊和迷失，他们就会部分地从新的生产系统所激起的“震慑和敬畏”中恢复感官，然后开始抵抗(Klein，2007)。[①]因此，工厂立法试图规范工作日长度，正是“漫长的阶级斗争”的目标(Marx，1990，p 395)。

在社会工作中，尽管每天关注着世俗生活中的日常主题，但是时间往往在概念上被视为是没有问题的(Munro，2011)。在儿童和家庭的实务方面，评估暗中地由关于时间的观点所支撑(例如：和“儿童发展”有关的论述)。类似地，实践经常植根于“关怀”中的(时间)漂移是如何伤害孩子的概念。长时间的官方交换往往只发生在“个案”应该由谁“接案”或“短期”的队伍转移到“长期”的队伍。在其他实务领域，社会工作介入那些拥有有限生命的人们(临终病人)或者时间感受磨损或模糊不清的人们(如阿尔茨海默病)。在某些领域，社会工作者帮助虐待的受害者增加时间开展恢复。此外，这一专业包含在这样的理解中：批判的社会工作价值观(例如“对人尊重”)看来似乎是“不受时间影响的”。

因此，在马克思的观察下，基于时间的考虑来研究社会工作的劳动力是卓有成效的。这表现在以下议题：工作期限；合约期限；“工作日”的

① Cruddas (2011) 指的是资本主义的“双重运动”。“一方面，资本主义破坏传统、家庭、社区、文化。另一方面，这种破坏创造了联盟、团结和抵抗一切都成为商品：我们的土地、劳动、人际关系”。

映射；以及对许多人来说“家庭”和“工作”正变得越来越能够相互渗透。在工作的速度方面，这能够在评估需要快速完成的过程中体现出来：例如，许多集中设计的评估时间表包含了完成的时间限制。更普遍的是，许多通讯形式例如电子邮件压缩或“加速”了工作。

当有人反驳大多数英国的社会工作者不可能受雇于私人部门，关于时间、利润和剩余价值的问题并不适用的时候；有人可能回应，“福利”逐渐成为一个资本积累的地方，而且社会工作者和相关的工人团体更可能在私人或者半私人的部门找到自己的位置(Scourfield，2007；Carey，2008)：例如，在所谓的“社会工作实践”里或者为一个“地方当局贸易公司”的工作中，Ernst 和 Young 正在帮助建立许多委员会(Le Grand，2007；Cardy，2010；Dunning，2011)。其次，“时间就是金钱的假设作为一个自然化的毋庸置疑的事实渗透在日常生活的方方面面”(Adam，2004，p 125)。换言之，社会工作是一种劳动力形式，即使被配置在没有直接的私营部门雇主的环境中，仍然会被安放在一个由资本所决定的经济和社会关系的矩阵中。此外，公共部门组织正越来越多地模仿私营部门开展工作和“绩效”测量(Clarke 等，2007)。

辛劳

和工人的“绩效”相关的议题，以及在特定地方特定时间对工作场所的管理和组织是《资本论》的核心。在马克思创作的时期，工厂和相关的纪律制度自然具有重大意义。它不仅使“之前独立的工人屈服于纪律和资本命令”，同时“在工人中间创造了一个阶层结构”(Marx，1990，p 481)。因此，工厂以“军营纪律”为特征(Marx，1990，p 549)：

> 在资本家指挥下的工人产业军就像真正的军营一样，需要军官(经理)和军士(工头)，他们在整个劳动过程中以资本的名义进行指挥。监督工作成为他们所建立的且独有的功能(Marx，1990，p 450)。

这样的组织模式致力于劳动力生产成果的最大化，也就是，最大化收益。对于那些在生产领域之外的人，各种各样的纪律机构(如 Poor Law institutions)逐渐发展出来实施不同程度的监禁，以控制和管理不同政见者和顽固反抗分子(Federici， 2004)。

在工厂内部的组织方面，一个核心的特点是劳工分配，以提高利润。例如，马克思概述了马车的生产是如何被分割，以使每个工人都能担当“专门的”或“独有的”功能，“当这些特别的工人联合的时候就会生产出这件好像一个整体的产品”(Marx， 1990， p 456)。因此，“个体劳动者的生命只是被使用和吞并了的有限功能：劳动力阶层的多方面运作源自于对工人们天生的和后天习得的能力的分散”(Marx， 1990， pp 469－470)：

在各种运作被分散、独立和分离后，工人们也会基于他们主要的特质被分工、归类和分组……当具有片面性甚至是缺陷的专门个体劳动者成为集体工人的一部分时，他们就会变得完美……整个机制强迫他同机器的规则性一起工作。(Marx， 1990， p 469)

事实上，“统治阶级的暴力并不局限于对违背者的镇压，它同时致力于对人进行根本变革”(Federici， 2004， p 136；Federici， 2011)。这一要点尤其重要，因为它强调了人体是资本主义装置的核心。在女性主义-马克思主义的传统中，费德里奇(Federici)(2004， pp 137－138)认为“人体……在社会政策的前景面前，它看起来不仅是工作刺激下的懒惰的‘怪兽’，也是劳动力、生产方式和主要工作机器的‘容器’”。从17世纪开始：

解剖学上的类比来自制造商的车间：手臂被视为控制杆、心脏被视为抽水机、肺被视为抽风机、眼睛被视为镜片、拳头被视为铁锤。但是这些机械的比喻反映的不是技术的影响本身，而是机器成为社会行为的模型的事实。(Federici， 2004， p 145)

费德里奇(2004， p 146)声称，事实上我们能够：

见证作为主要的技术飞跃“人类机器”的发展，也是原始资本积累时期的生产力发展的主要步骤，换句话说，我们能够见证人体才是资本主义所发展的第一台机器，而非蒸汽机或时钟。

费德里奇的分析和马克思对资本主义内车间组织的谴责是完全一致的：

在一生中执行同一个简单操作的工人将他的身体转化到那种自动且片面的操作中……构成制造业现存机制的集体工人仅仅是由这些片面的专业的工人所组成。(Marx, 1990, p 458)

这种产业结构保障“将部分任务转变为终生任务”(Marx, 1990, p 559)。马克思(1990, p 460)认为，“一个统一形式的、恒定的劳动力扰乱了人类生命力的强度和流动，他们能够在活动变化本身就发现娱乐和快乐”。在《资本论》的别处，他谴责了“将每个工人集中于一个单一的工作部分”(Marx, 1990, p 464)以及“将工人终生附加于一个局部操作”(Marx, 1990, p 477)。“不仅是专门的工作在不同的个人之间进行了分配，而且个人自身被分开并转化为具体操作的自动模式。”(Marx, 1990, p 481)这样的体制“使得工人支离破碎，将他变成自身的碎片”(Marx, 1990, p 482)。在一个令人难忘的段落中，马克思声明：

按照性质令每样东西独立是不恰当的，制造业工人仅仅将他的生产活动发展为那个车间的附加物。被选择的人带着自己的特征出生，这些特征标志着他们是耶和华独特的财产，而劳动力分工却将制造业工人视作资本的财产。(Marx, 1990, p 482)

然而，他尝试辩证地看待这些发展，他认为，一方面，劳动分工“在历史上的出现是现代经济过程中一个进步的和必需的方面；另一方面，它又是一种更有教养和更文明的剥削方式”(Marx, 1990, p 486)。然而，马克思清楚地知道大规模的工厂“废除了工人的生活处境所需要的所有休息、稳定性和安全”(Marx, 1990, pp 617－618)。这样的描述在工业化资本主义的初期是非常显著的，似乎也预兆着21世纪工作生活的描述；尽管当今的理论往往扎根于对马克思主义的否定，但是依旧依附于类似我们之前所考察过的“液态现代性”的概念中(Bauman, 2005；本书第三章)。

弗雷德里克·詹姆森(Fredric Jameson)总结出很重要的一点，正是资本主义不断地且“系统地溶解了所有凝聚力的社会群体，无一幸免，包括它自身的统治阶层”(Hardt 和 Weeks，2000，p 136)。事实上，资本主义破坏了所有休息、稳定性和安全的现象也回荡在 21 世纪早期，并且能够形容很多人现在的工作生活。尤其在新自由主义时期，临时的和不确定的雇佣模式不知不觉地被正常化：“弹性工作方式作为新自由主义的另一个神奇的名词而被实施，它意味着夜晚工作、周末工作、不定时工作，这些一直是雇主所梦想的”(Bourdieu，2001b，p 34)。这样的实践也导致了抑郁症和其他形式的精神损害(Bourdieu 等，2002)。

无疑，马克思的解释丰富了当代关于资本如何寻求整理、规范并设计工作场所身体的理解。虽然关于性别如何构成劳动分工缺乏足够的证据，《资本论》仍具有洞见，那就是关于工人通常是如何被迫聚焦于生产或“服务提供”的一个小方面(Harlow，2004；Baines，2006)。尽管社会工作往往不如工厂工作那般在空间上扎根且固定(Ferguson，2004)，但是在过去三十年，很多一致批判反映出专业实践正变得越来越标准化、程序化和分立。[①]并非所有理论贡献都明确来自马克思主义的，也没有理论试图在 19 世纪晚期的马车生产和现今的儿童照顾评估之间画上等号。然而，透过一些计划的宣传，例如 20 世纪 80 年代英国成立的“照顾儿童”(LAC)体系，我们很容易发现它如何导致社会工作者工作的分裂和贬值(Garrett，2003)。同样在加拿大，有人认为，增加使用中央设计的评估计划和标准化“服务提供”可以“更容易地令那些没有社会工作证书的人来承担工作，因此可以降低劳动力的成本”(Baines，2004a，p 279)。

这些发展可以被理解为一种“泰勒主义”的劳动管理技术，这个技术的创始人是 Frederick W. Taylor (1856—1915)(Braverman，1974，1998；也可参见本书第六章)。Boltanski 和 Chilapello (2005，p 439) 认为泰勒制的工作组织形式可以被比喻成军营式的纪律和现代战争：

人与人之间的不同消失了：因为流水作业线使得同一个位置的工人完全可以进行换位，所以他们失去了所有个性。如果一个工人失败了，他可

① Simpkin (1983)和 Fabricant (1985)提供了一些早期的例子。详见 Harris (1998，2003)，Jones (2001)，Carey (2003，2008)，Baines (2004a，2004b，2006，2010)，Ferguson 和 Lavallette (2004)，Dustin (2007)，Coleman 和 Harris (2008)，Munro (2011)。

以立刻被替换；这就像在现代战争中，尤其是大规模的战争中，倒下的步兵会立刻被同一个岗位上的其他人所替代。

Bourdieu(2003a, p 29)提到了近期发展的“服务业泰勒制”。他认为，“‘新经济’下的非技术工人原型”正是超市的结账工人：

条形码和计算机化已经将她转化为一个真正的流水线工人，她的节奏由不同的顾客流所决定的时间表计时并控制；她虽然没有工厂工人的生命和生活方式，但她却在新的结构中占据了相等的职位。(Bourdieu, 2003a, p 30)

特别回到社会工作中，很明显信息和通信技术(ICTs)正在推进英国(White 等，2009；Broadhurst 等，2010)、澳大利亚(Tregeagle 和 Darcy, 2008)和加拿大(Baines, 2004a, 2004b)中类似的进程。因此，马克思能帮助解释这其中的一些发展吗？

技术

关于19世纪中期在新的工作场所引进机械，马克思(1990, p 560)分析了“科技的不断进步”是如何利用资本的利益的。他清楚地知道，“机器是产生剩余价值的方法”，它的发展通过拉长或延伸工作时间又进一步压迫工人(Marx, 1990, p 492)。因此，“减少劳动时间的最有功效的工具经历了一个辩证的逆转，而最经久不衰的方法是令工人的一生及其家庭都转化为资本配置中的劳动时间。”(Marx, 1990, p 532)

然而，马克思对“机械”的分析并非要批判这样的发展。他清晰地评论道，“这需要时间和经验才能使工人学会区分机械还是其本身被资本所利用，以至于把他们的攻击从针对生产的物质工具转移到社会以何种形式使用这些仪器身上。”(Marx, 1990, p 555)换言之，有问题的并不是机械(或者对今天的读者来说是“技术”)，而是“包含机械关系内的鳞状结构……对利润和控制的关心为技术的发展开凿了运河”(Adorno, 2003, p 118)。

在社会工作和相关领域中，信息和通信技术的配置正逐渐带来了一种对社会工作来说新的“科技舞曲栖息地”的缓慢发展（Dyer-Witheford，1999；Sapey，1997；Harlow 和 Webb，2003；Geoghegan 和 Lever，2004）。许多作者聚焦于“呼叫中心”是如何开始在健康、社会工作和社会照顾领域拥有一个新的卓越地位的（Coleman 和 Harris，2008；Hanna，2010）。一般地说，将同信息及通信技术的引入密切相关的议题与早期所参考的社会工作泰勒制相联系是很重要的。这些技术以及在别处所命名的社会工作的“电子或 e-turn”（Garrett，2009）正潜在地帮助着雇主尝试监督和管理工作场所，以控制和追踪个体工作者的生产力。

Donna Baines（2004a，p 277）在最近对加拿大的发展调查中观察到：

泰勒制化已经部分通过成套的计算机集成设备而发生了，它们增加了工作速度和容量、收集数据、以电子检测系统监管员工的工作效率。有一些电子监控的模式会使用以计算机为基础的设备，以提醒工人某部分是有预设时间限制的工作（例如接案及评估的完成）、这些工作的完成需要遵照的秩序，以及工人必须何时寻求督导以进入下一个工序。计算机设备不允许工人按照所规定以外的工序完成工作，督导会接收未能按时完成的工作的电子报告。

“社会工厂”：资本主义及其对健康和福祉所造成的危害

资本描述了整个范围的社会机构如何对工人阶级施加压力，以及他们预备在经济和社会中扮演的新角色：使他们成为可靠的工人和公民，并令他们及其子女都保持这一模样（Worsley，2002，p 47）。正如 Federici（2004，p 64）所观察的：

在资本主义发展的开始，我们仿佛身处巨大的集中营……在西欧，我们有围墙、政治迫害、烙印，在新建的济贫院和感化院对流浪汉和乞丐施行鞭刑和监禁、未来的监狱系统模式。

……………………………………

其实马克思是有意阐明那些在同一个生产领域中的儿童和其他弱势群体所受到的伤害。事实上，他的观点勾画了对儿童福利的一个很大的论调，即许多儿童被视为“机器零件一般”（Marx，1990，p 469）。儿童不仅容易被杀死、受伤或“由于未成熟就被人为转化为剩余价值生产的机器而遭遇智力退化”（Marx，1990，p 523），亦因为他们的母亲就业，他们成为主要养育人“非自然疏远”的受害者（Marx，1990，p 521）。

依据儿童“依恋”需求（Bowlby，1990）的概念，母亲就业的观点在性别政治方面可能会看似不合时宜。诚然，性和性别在马克思的理论著作中都不是重要的分析范畴（Carver，1998，p 26）。不过，资本所整理及建构的社会关系已为考察家庭内部的性别和权力关系提供了一个参考。因此，男性工厂被投射在一个并不光彩的阴影中：“资本主义购买儿童和青少年。以前，工人会以自由身份出卖自身的劳动力，更正式的说法是他们将自己安排为自己的免费代理。现在，工人出卖了自己的妻子和孩子。他已经成为一个奴隶的经销商。”（Marx，1990，p 519）。许多接受自由市场意识形态的男性工人，也由于工厂立法将危及他们自己对妻子儿女的剥削而感到愤怒（MacGregor，1996）。[①]

更广泛地说，生产的资本主义形式伤害工人的身体和思想，缩短工人的生命，并导致环境和生态的毁坏（Davis，2006）。换言之，马克思的批判强调了这样一个事实，资本最大化所推动的经济系统推翻了社会工作的一个传统的核心价值观——“对人尊重”。在“盲目的和无限的驱动下，它对剩余劳动力贪得无厌的胃口……篡夺了身体成长、发展和保持健康的时间”（Marx，1990，p 375）。有人认为马克思的评论完全放错了地方，因为他所描述的资本主义的形式现在已经结束了，取而代之的是一个更良性的，甚至“出色的资本主义”（McGuignan，2009）。毫无疑问的是，21 世纪早期的资本主义战略和 19 世纪是不同的，但是在我们当代的世界中：

……………………………………

整个阶层的人群的命运，有时候整个国家的命运，都能够由……资本的投机舞蹈所决定，资本在追求其收益性目标的同时对其行动所产生的影响却采

① 详见 Terrell Carver（1998，ch 10）以更充分地了解有关马克思和以性别为主题的讨论。

取了漠不关心态度。这是资本主义基本的系统暴力(Žižeck, 2000, p 15)。

而且，在全世界，资本主义持续损害和毁坏着工人的身体，他们不断“失去手臂、手指、手指甲、眼睛：他们患有重复性肌肉拉伤、呼吸疾病、接触石棉、茶冲剂和其他有害物质而导致的疾病……工业生产关系擦伤了身体”(Orzeck, 2007, pp 503－504)。当代工作空间的转型也导致了过多后工业健康损害。与工作相关的抱怨逐渐扩散，例如“精疲力竭、精力崩溃、酒精和药物相关问题、不成熟的心脏病和中风，以及和焦虑忧郁相关的大量思想和情绪问题”，这些很可能影响社会工作和相关形式的工作(Gill 和 Pratt, 2008, p 18；May, 2005)。

马克思对资本主义所作的有力揭发和批判为现今的实践投下了一道曙光。他对工人健康的关注也能够被“代入对话”，这些对话往往围绕着更多的当代论述，而且通常是有问题的、肤浅的、有关“福祉”和“幸福”的概念。[①]马克思并没有把自己矮化为自由派改革者，他对目前聚焦于“工作生活平衡”论述中的相关议题的观点是中肯的。他的见解可以和当代对抗增加工时的尝试相联系(无论是在正式的工作场所还是在家)。此外，他的论述亦可能鼓励工人就雇主推动“弹性”、激活“24/7”的回应、参照更多“客户”的“选择”等行为给予批判性的质疑。在社会工作和社会照顾的领域内，Social Care Register 于 2003 年 4 月设立之后，它：

从明白工作守则到成为社会照顾员工并不是一个朝九晚五的工作，那样的工作对工作、家庭、个人生活有一个明确的区分。事实上，通过注册过程给予雇主及 General Social Care Council (GSCC) 一个前所未有的调控劳动力的标准(无论是在办公室、酒吧或在家)(McLaughlin, 2007, p 1274；McLaughlin, 2010)。

诸如此类的发展反映了福特思维的某些方面。在快速且大规模工业化的第一次世界大战时期，福特作为美国汽车制造商，热衷于干预他的员工的私生活，控制他们的自由时间。

① 详见 Kendall 和 Harker(2002), Mancini Billson 和 Fluehr-Lobban (2005), Sointu (2005, 2006), Ferguson (2007), Jordan (2007), Rustin (2007)等包含这些主题的关键文本。

正如葛兰西所预测的，这些可能只是“潜在的”倾向，可能成为“在某个点上的国家意识形态”(Forgacs, 1988, p 191)。福特侵入别人私人领域的做法与 GSCC 的监督实践并无不同，GSCC 声称是为了保护那些有社会工作者介入的弱势群体的生命。①此外，鉴于渴望侵蚀家庭和工作之间的界线，从业人员随着时间的推进可能发现他们的工作场所“完全消失，或者更确切地说是融入生活”(Bauman, 2002a, p 149)。②

我们将在第十章中更详细地考察当前马克思主义的自治论者提供的一个相比于鲍曼的“液态现代性”构想更有说服力的解释，自治论认为随着“工厂持续传播到整个社会的新纪元”来到，福特主义时代的“大众工人”已经被“社会化的工人”所取代。(Gill 和 Pratt, 2008, p 6)。自治论者提到了反对“工作生活平衡”的“社会工厂”概念，以概念化“工人的整个生命经历是如何被资本利用的”(Gill 和 Pratt, 2008, p 17)。这“很大程度上是在时间方面被理解的。因此，与其说工作延伸到了不同的空间(家庭以及无处不在的移动设施)，不如说生命的时间性被工作控制了”(Gill 和 Pratt, 2008, p 17)。正如东芝在 2006 年的广告活动中所主张的，“工作日就如昨天”(Gregg, 2011, p 34)。在这样的背景下，“劳动力被去地区化、分散化且去中心化”(Gill 和 Pratt, 2008, p 7)，然后整个社会被放置在利润的支配中。

结 语

“追索历史……是有意义的，历史能表明现在的这些并非一直如此”(Foucault, 1988d, pp 36 - 37)。必须承认，今日阅读《资本论》也会是难以记住的一部分。马克思并不反对改变，他会认为这样的立场是徒劳而荒

① 英国联合政府在 2010 年 7 月宣布废除 GSCC，其权力移交给卫生专业委员会。

② 与此相关的是，“有薪工作伦理”必须由“关怀伦理”去平衡，正如 Fiona Williams (2001, p 474)认为，那里“照顾的实际承认和职业道德的政治特权化之间存在着一个根本性的紧张关系”(Williams, 2005)。

谬的。对他来说，“现在的社会”不是一个“固体水晶”，而是一个“能够且不断改变的有机体”（Marx，1990，p 93）。他认为资本主义在某种意义上，对以往过时的经济组织形式来说是一种进步。与此类似，Jameson（2000，pp 225－226）敦促我们：

> 去做不可能的事，就是同时去尝试和思考正面和负面的东西……一种思维方式能够同时把握资本主义显著的恶意特征及其非凡的和解放的活力……不知道为什么当我们把思考上升到一个位置时，其实我们是能够理解资本主义曾经一度是人类发生过的最好的同时也是最糟糕的事情……集灾难和进步于一身。

在此意义上，《资本论》在许多方面如政治警觉、积极分子以及反资本主义等形式的社会工作都是有用的资源（Lavalette，2011a）。然而，我们的工作并不是要反刍马克思的文本，而是要扩展、修改和调整它，以至它可以处理我们这个时代的复杂性。换句话说，读者需要确定自己的分析类别和方向，并且考察是否以及如何对社会工作者和那些相关领域的工作来说是有意义的。马克思的书植根于格言“*De Omnibus Dubitandum*”（我们应该质疑所有），这也是他的指导原则。阅读《资本论》也可能会重新为社会工作者定向，使其变得更“改革派”或以“改革”为本。这种理解可能看似有些奇怪，因为马克思通常被视为那位为彻底革命创造不妥协蓝图的人。然而，《资本论》有力地表明马克思认为追求改革与革命两者并不矛盾：对马克思来说这两者是辩证关系，也没有迹象表明他认为有意义的改革会冲淡革命的可能性（Marx 和 Engels，1978；Hobsbawm，2011，p 61）。这很明显地体现在马克思不断追求鼓动议会改革和设立工厂法以改善工厂之中。事实上，工厂督察（本身或许对社会工作是一个启示）以非常有利的方式进行描述，马克思可以借助他们的详细报告以说明资本所产生的死亡和艰难（MacGregor，1996）。从这种做法来看，或许马克思亦试图揭示对资本主义作出反霸权的势力如何能在民间社会中动员起来（详见第六章）。这种战术和对建立反抗联盟的承诺，与社会工作致力于“解放人民”、改善“幸福”和确立“人类权力和社会公义是根本”的原则是共鸣的（IFSW，2000）。在“社会国家”的经济和政治背景受到威胁的情况下，这种道德承诺超乎了话语纹饰，并需要从实际的社会工作实践中体现出来。

《资本论》的另一个重要方面是，虽然它热情主张对资本主义进行改革，却超越了单纯的改革。也就是说，正如那些于现今寻求对抗新自由主义全球化的人，本书植根于“另一个世界是可能的”信念(Klein，2001)和存在其他“现代”的方式(Garrett，2009)。这种理解是至关重要的，正如马克思所说，“资本主义生产的推进从教育、传统和习惯建立了工人阶级，并认为该生产模式的要求是不言自明的自然法则”(Marx，1990，p 899)。事实上，以我们目前的时代来说，新自由主义“被视为不可避免”(Bourdieu，2001b，p 30)。哈曼·克里斯(Chris Harman，2008)明确说明，“新自由主义”是一个备受争议的术语。有些人(如 Harman 本人)对于我们正在经历的资本主义的一种新变形的概念持谨慎态度，这种变形反映在新的资本积累模式、剥削水平的提高、福利的腐蚀、新的不安全水平以及危险的工作中。他的重点以及其他左翼的评论仍然着眼于“资本主义”，这一主张往往被放置于“新自由主义”和根深蒂固地并在历史上较为普遍的剥削和抵抗模式之间的连续性中。另一种观点则在 Bourdieu (1998a)的研究中可以考察到。因此，下一章将专注于新自由主义。

反思及交流 4

• 在 21 世纪初期，如何才能将马克思的《资本论》转化为社会工作者的有效资源？

• 马克思于 19 世纪写成《资本论》：如果马克思的《资本论》是于 21 世纪初期写成，哪种新类型的剥削可能会使他感兴趣？

• 社会工作从业者、学生和社会工作学者如何从前面所讨论的时间、辛劳(或劳动)和技术方面体验他们的工作？

• 资本主义在哪些方面对你和你的服务使用者的健康和福祉产生影响？

• 资本主义社会能否将儿童的福利视为“至高无上”的？

• 那些在社会工作和相关领域工作的人能够在工作和生活之间取得一个满意的平衡吗？你的观点能和资本主义的动态发展建立联系吗？

第五章

现代性和未完成的新自由主义计划[①]

① 本章中的一些材料来自："Transforming" children's services? Social work, neoliberalism and the "modern" world (Garrett, 2009)和 Examining the "conservative revolution": neoliberalism and social work education, Social Work Education, vol 29, no 4, pp 340－355。感谢开放大学、McGraw Hill 和 Taylor & Francis 允许我使用我以前的著述。

引　言

在 20 世纪的最后 10 年，反对“新自由主义”成为“反对资本主义”集团化的一个口号。然而，这正好与主流议会的左翼形成对比。正如霍布斯鲍姆(Hobsbawm, 2011, p 396)所观察到的，在经济“崩溃”后不久，没有一个“欧洲左翼党派的领导人在过去的 25 年中宣布资本主义是一个不可接受的系统”。而令人惊诧的是，公众人物中只有“教皇约翰·保罗二世毫不犹豫地”给予批评(Hobsbawn, 2011, p 396)。最明显的表现是，在罗纳德·里根(Ronald Reagan)就任美国总统，以及玛格丽特·撒切尔(Margaret Thatcher)及其首届内阁在英国倡导新自由主义之后，教皇约翰·保罗二世发布“论人的工作”通谕(Pope John Paul Ⅱ, 1981)。甚至在 30 余年之后的今天，这本小册子依旧引人注目，原因在于其以社会民主的立场为工人的权利辩护(详见表 5.1[①])。

表 5.1　新自由主义时期教皇为工人权利的辩护
呼吁“工人团结和共同行动”(p 30)
关注“对人类工作尊严的侵犯”和“失业的灾难”(p 30)
强调“劳动优先于资本的准则”(p 30)
突出“生产过程中的男性至上”(p 44)
坚持“私有产权隶属于共有权”(p 51)
批判“顽固的资本主义”(p 52)
确保“工人的罢工权”(p 76)

来源：教皇约翰·保罗二世(1981)。

10 年后，教皇约翰·保罗二世在一次采访中回到同一议题，后来发表于《意大利新闻报》(La Stampa)。他批评资本主义的肆无忌惮，并且表示

① 表 5.1 来自教皇通谕，是为了纪念教皇利奥十三世在 1891 年发行《新通谕》(Rerum Novarum)100 周年。在教皇约翰·保罗二世的祖国波兰，经常被视为支持团结工会运动。然而，更广泛地说，教皇通谕可以解读为对社会民主和工人权利的辩护，受到新自由主义攻击。于 1981 年 9 月 14 日，教皇约翰·保罗二世签署通谕，一月之后里根(Reagan)下令解雇 11 345 名拒绝结束罢工的联邦航空管理人员。

尽管共产主义存在缺点，但一些积极的方面和“真理的种子”应当继续保持下去。并且，他指出，尽管一些国家在19世纪末已经迈向资本主义，但“几乎还是野蛮的”。此外，“极端资本主义的支持者往往忽视共产主义在反对失业、关心穷人等方面的贡献”。在东欧各国，这些是以“与公民生活息息相关的许多其他行业的倒退”为代价的。然而，“资本主义在人道方面的发展”在很大程度上得益于“社会主义思想”以及工会的斗争(The Independent, 1993)。

近年来，在欧洲和其他地区已经认可新自由主义对社会工作的发展产生重大影响(Ferguson, 2008；Garrett, 2009)。例如，自1990年《英国国家健康体系与社区照顾法案》(the National Health Service & Community Care Act)实施以来，私营部门在为老年人“提供”照料服务方面已经越来越重要，尤其是在成人和学习障碍行业，主要是由大型企业供应商主导市场(Harris, 2003)。目前，住宅照顾“是一种商品……像任何其他商品一样，为了剩余价值进行交换和使用”，因此，“商业价值意味着可以赢利，而降低成本和增加收入一直优先于照料服务的质量”(Scourfield, 2007, pp 162, 170)。事实上，2011年，Castlebeck经营的Winter bourne战地医院的虐待院友，以及南十字星照顾之家连锁店的财务事件，再次暴露出私有化的一些问题(Coward, 2011；Scourfield, 2012)。

当许多地方议会(如埃塞克斯)寻求出售住宅服务时，私营部门在儿童家庭及其相关的服务方面的角色意识逐渐增强(Pemberton, 2011)。并且，“一群私人股份公司蜂拥进入抚育部门”(Mathiason, 2007)。新工党政府的照料事务议程已经预示着儿童和年轻人在公共照料服务方面的未来发展方向，那就是在促进社会工作实务以及一个更普遍的意义上强调私营部门的作用(Secretary of State for Education and Skills, 2006；Le Grand, 2007)。例如，为了让“被照料”的孩子获得“一流的教育”，一些孩子们被送入私人寄宿学校(Secretary of State for Education and Skills, 2006, pp 59-60)。在强调私营部门的角色时，政府热衷于凸显汇丰(香港和上海汇丰银行)在资助儿童照料中的位置(Secretary of State for Education and Skills, 2006, p 65；Department for Education and Skills, 2007, p 76)。更普遍的是，“大公司”与“社区中脆弱的儿童和年轻人合作，并将其作为企业社会责任的一部分，以表明企业可以进入休闲活动和工作世界”(Department for Education and Skills, 2007, p 102)。然而，“工作世界”

从来不是真实的。

本章将根据一些关键概念分析新自由主义，即“现代化”的政治、经济、社会形式，而读者也可以据此把握新自由主义的核心议题。

定义新自由主义

那些试图深刻领悟新自由主义内涵的人，应当至少注意到6个相互重叠而又关联的维度：如何定义新自由主义与“镶嵌型自由主义”的关系；国家的角色；“掠夺性积累”以及偏爱富人的再分配；不稳定和不安全的中心；重新确立的以及倒退的监禁信心，更广泛地说，即“新惩办主义”(Pratt 等，2005)；新自由主义言论和实践的不一致。总之，本章将重点关注2006年和2008年的危机及其对新自由主义计划的影响。

替代“镶嵌性自由主义”

在布尔迪厄看来，新自由主义可以被最恰当地视为：

> 一场保守的革命，认可和颂扬……金融市场的统治，换句话说，返回某种形式的激进资本主义，不是法律而是利润的最大化，将一个不受约束的资本主义……推到极限(Bourdieu, 2001b, p 35)。

在理论上，我们也许可以将新自由主义理解为“镶嵌型自由主义”的替代类型，后者在第二次世界大战结束到20世纪70年代主导着西方大多数工业国家(Hall 等，1978；Hall 和 Jacques, 1989)。在此期间，“市场过程、创业和企业活动被社会、政治约束以及监管环境所围困，甚至限制……经济和产业战略”(Harvey, 2005, p 11)。相比之下，新自由主义计划试图“将资本从这些约束中解放出来”(Harvey, 2005, p 11)。因此，新自由主义“试图揭开镶嵌型自由主义的保护层”，具体则取决于特定的文化和国家的背景(Harvey， 2005， p 168)。新自由主义试图重新强调社会各层次的“竞争”，包括生活和社会互动(Cooper， 2008)。事实上，“适者生存，社会达尔文主义在新自由主义全球化的进程中获得新的动力”(Therborn， 2007， p 75)。

新自由主义是一个必然的进程：

……

> “创造性破坏”，不仅涉及制度框架和权力(甚至挑战传统的国家主权形式)，但也指涉劳动分化、社会关系、福利供给、技术混合、生活方式和思想、再生产、生殖活动、附着的土地和惯习(Harvey， 2005， p 3)。

……

因此，新自由主义旨在确立一个新的“常识”，并且确保人们按照新自由主义的框架开始思考和行动(Forgacs， 1988)。事实上，有学者认为新自由主义：

……

> 如此成功地嵌入身体政治，以至于已经成为日常生活的普遍常识……就像第二次世界大战之后，我们以这样或那样的方式成为“社会民主党的实验对象”，而我们现在则以并不完全认可的方式被视为“新自由主义的实验对象”(Thompson， 2008， p 68)。

……

在此过程中，新自由主义与个体的自我意识紧密相连，而维持“身份计划”的多样性也是与资本主义并行不悖的。与此相关，新自由主义主张“灵活性”，反对一切可以抑制资本积累的社会团结与认同(Brown， 2003)。

新自由主义试图重塑工作，并且重新确立一系列专业团体和场域的目标、抱负和从属关系(Garrett， 2003， 2009)。然而，这可能会遭遇抵抗。例如，提供和接受社会工作服务的人不可能安然接受新自由主义“现代化”的那些令人不安的维度。例如，人们善于“寻找生存、谈判、乐于助人、拒绝和抵制的方法”，而不只是“像机器人那样按照强大的政府计划和策略运作”(Clarke， 2005， p 159)。

新自由主义全球化“在社会和地理上是严重不平等的，其制度形式和社会政治后果也明显不同”(Brenner 和 Theodore， 2002， p ix)。因此，在检视新自由主义在各国的发展时，必须像麦当劳那样考虑“当地情境”。这意味着“新自由主义的前景是‘不均衡的’，而不是在平面上的流体分布”(Clarke，2004，p 94)。以英国为例，在布莱尔政府(1997—2007)期间，“第三条道路”为新工党转向新自由主义的政策“创新”和“解决之道”提供知识基础或法理叙事(Giddens，1998，2003)。事实上，这可以被视为一个重塑过程，以及“福利、工作和劳动内涵”等支配话语的重新确立(Haylett，2001，p 44)。正如上文所指出的，吉登斯是新工党知识界中的关键人物，即使他的主张并不总是带来福利项目和实践的特定“改革”，但是可以为新工党的“现代化”奠定基调或“烘托气氛”(Giddens，2001，2007；也可参见本书第二章)。更重要的是，“第三条道路”是新自由主义的一种形式，在“布莱尔和布朗政府期间，伦敦成为最大限度放松管制的世界金融中心”(Watkins，2010，p 13)。

在新工党时期，镶嵌型新自由主义以党的愿景作为其主要特质。当然，这并不意味着，政府聚焦于社会工作所有计划的组织、主题和专业改革是根植于新自由主义的。尽管如此，新自由主义往往占据着支配地位或享有霸权，尤其是涉及儿童服务的“转型”以及相关部门和领域(Garrett，2009)。一些学者和政治评论员认为，新工党的新自由主义“只是一种不安和勉强的建构，而不具有政治特质”(Clarke等，2007，p 146)。然而，布莱尔的优势在于，新工党越来越适应新自由主义的议程。Stuart Hall(2003，p 19)称之为，“社会民主主义更加柔和，也越来越边缘化”。

当然，这并不是说保守党和自由民主党组成的联合政府的“重生货币主义和回归社会政策”比英国社会工作者更为可取(Elliott，2010，p 26)。英国首相戴维·卡梅伦(David Cameron)已经明确表示，当前公共服务的重点在于发挥慈善事业和慈善组织的角色，而实现保守党“未来”愿景造成的破坏可能甚至大于被击败的工党政府(Finlayson，2007；Toynbee，2010a)。而这则基于以下认识：英国是一个“破裂社会”，当前政府霸权的核心也在于此(Cameron，2010)。特别是对保守党而言，“破裂社会”是“社会民主政治的恶劣结果”和“社会生活的腐蚀之源”(Finlayson，2010，pp 25-26)。不出预料的是，“新自由主义对于竞争和不平等的影响……被忽略了”(Finlayson，2010，p 26)。对于执政的卡梅伦政府而言，“破裂社会”的解决之道在于构建一个“大社会”(Ellison，2011)。卡梅伦声称，这“大约可以称之为一个真正的文化转变——原因在于大社会时代……没有工作。我们试图构建一个大社会，让当地人自我增权”(Cabinet Office，2010，p 1)。然而，具体的进路是清晰的，政府打算裁撤公共部门的人员和服务，其愿景是开创“永恒的紧缩”和“永久的萎靡状态”(Toynbee，2010b，p 27)。而这一政治计划则是2011年夏天骚乱事件的经济和社会背景(Klein，2011)。

• • • 重塑国家

新自由主义国家的核心功能是提供一个“可以积累盈利资本的装置”(Harvey，2005，p 7)。新自由主义进程的关键是寻求“重组、改装，在根本上重塑国家的角色及其核心功能”。因此，在此意义上，Osborne和Gaebler(1992)最受欢迎也颇具影响力的著述及其“重塑政府”“掌舵而不是划桨”等理念完全符合新自由主义的重组过程。

一种误解认为，新自由主义预示着国家无情而抑制不住的“回滚”，“市场”和“市场机制”完全“接管”社会。然而，在新自由主义范式中，国家将继续发挥积极作用，为资本确立一个制度框架(Brenner和Theodore，2002；Munck，2005)。为此，Harvey(2010，p 48)提出的“国家—财政联结”构想是深刻的。可以说，“国家—财政联结”是资本积累的“中枢神经系统”(Harvey，2010，p 54)。此外，每个国家拥有自己的体系，而这成为争夺某种“共识”的焦点，即社会生活如何被监管和规划(Harvey，2010，p 63)。在民族国家之外，还应当在全球“构筑一个国际版的国家-财政联结”(Harvey，2010，p 51)，比如世界银行、国际货币基金组织、二十国集团等。

全球新自由主义的第二阶段开始于20世纪90年代，更多的政府承诺推出新政策而不是回滚(Munck，2005)，因此，为“激活”失业(或“求职者”)强调“积极的”或“主动”国家政策干预，关注“社会包容”和“预防”的话语及实践(Garrett，2009)。特别是社会工作在最近几年呈现出一派“繁荣”之景象，“即使国家意识形态并未涉及，但已经成为一个增长行业。”(Lorenz，2005)尽管“反对大政府”的修辞通常与新自由主义联系在一起，但是西方政府的实际规模几乎没有减小。事实上，即使按照新自由主义的规则，“大政府”也并没有就此消失。资本主义“在今天和凯恩斯主义时期是一样的，国家不可或缺”(Harman, 2008, p 97)，一开始是英国北岩银行(Northern Rock)在2007年破产，第二年是美国投资银行崩溃(Jacques, 2008)。因此，新自由主义国家依然是一个组合和分散的混合体。正如布尔迪厄(2001b, p 34)所提醒的，国家仅仅是：

统治阶级的工具。国家当然不是完全中立，也与社会中的支配力量完全无关。这是一个战场。

同样重要的是，认识到“国家并不是一个可以简化为固定的、具有静态界限之‘物’，而是一个积极的和创意性的制度建设和干预过程”(Coleman和Sim, 2005, p 104)。事实上，新自由主义国家具有多重身份，其边界也是动态变化的。

恢复阶级权利

无论在何时何地，新自由主义依旧是一个哲学和一系列实践，普遍渴望恢复阶级权力，并将巨大的收入转移到社会上最富有的群体身上。美国政府2009年公布的数据显示，0～17岁的儿童中21%(1 550万)生活在贫困之中。在2000年和2001年，这一比例为16%。在2009年的数据中，36%是黑人孩子，33%为西班牙裔儿童，12%是白人但非西班牙裔儿童。而2007年，各自比例分别为35%，29%和10%。值得注意的是，家庭收入非常高(贫困线的600%或更多)的孩子比例几乎翻了一番，具体为从1991年的7%到2009年的13%(ChildStats. gov, 2011)。梅里尔·林奇(Merrill Lynch)指出，几乎在每一个地区，世界上“高净值个人”(HNWIs)“的人口和财富在2010年超过2007年危机之前的水平”。此外，“全球人口的Ultra-HNWIs在2010年同比增长10.2%，其财富同比增长11.5%。”(Merrill Lynch和Capgemini, 2011)

“新自由主义的主要实质性成就……被重新分配，而不是生成、财富和收入。”(Harvey, 2005, p 159)哈维(Harvey)进一步解释“掠夺性积累”只不过是“延续和扩散的积累实践，马克思在资本主义崛起中称之为‘原始’或‘最初’”(Harvey, 2005, p 159)。而掠夺性积累的一些特征包括公司化、迄今为止公共资产的商品化和私有化，以及“资本积累新领域”的开放(Harvey，2005，p 160)。此外，国家：

一旦实行新自由主义化，作为分派政策的首要行动者将颠倒资金从上层阶级流向下层阶级的过程——这一过程发生于镶嵌型自由主义时期。为实现这一颠倒，国家首先实施私有化和削减社会工资的支出。虽然私有化看上去对下层阶级有利，但长远影响却是负面的(Harvey，2005，p 163)。

“掠夺性积累”还指涉违反与工会谈判的关键承诺，涉及工资、就业条款及包括养老金在内的附加条件。在英国，所谓的“紧缩”政策和“大社会”理念，为“掠夺”策略提供基础。而“根本任务”是“创建一个‘好的商业环境’和优化资本积累的条件，而不管对就业和社会福利产生何种影响”(Harvey，2006b，p 25)。因此：

新自由主义国家之所以特别寻求资产的私有化，这意味着开放资本积累的新领域。以前由国家经营或监管的(交通、电信、石油和其他自然资源、公共事业、社会住房、教育)而今由私人管制(Harvey，2006b，p 25；Cooper，2008；Federici，2011)。

不安全和不确定的呈现(Rendering insecure and precarious)

新自由主义的第四个特征与工作的一种新的不安全形式有关。这一新的不安全也就是经常讨论的“不稳定”，影响到社会工作者及其服务对象。正如古德里奇(Luann Good Goodrich，2010，p 109)所观察到的：

在过去三十年中，全球工人的就业形势总体恶化，就业选择逐渐缩小。研究表明，这一趋势将进一步导致深度贫困、收入和财富的不平等、兼职的增加、低工资、无序、临时工作。

当布尔迪厄(2001b)评析“不稳定的一代”时，吉尔(Gill)和普拉特(Pratt)(2008)讨论的则是自治主义的马克思主义者对“不安全”的理论解释，而这些将在第十章中重点展开。他们认为，“不确定、不稳定和不安全是最近思考——以及干预——劳动和生活的新背景”(Gill 和 Pratt，2008，p 3)。对他们来说，不确定“涉及各种形式的不安全、不确定以及灵活的工作——从违规、临时工和临时就业到在家办公、计件和自由职业者”(Gill 和 Pratt，2008，p 3)。不稳定“是一种新的发展形式，随着时间的延伸，工作和休闲、生产和消费之间的界分逐渐消失”(Gill 和 Pratt，2008，p 17)。然而，吉尔和普拉特的解释中非常有趣的是，不稳定蕴含着希望和抵抗的可能性：

(它)意味着不确定的、不稳定的和不安全的生活形式的增加，以及一种超越传统的政党或工会模式的政治斗争和社会团结的新形式。这一双重意义的核心是理解与不确定相关的观念和政治：不确定性不仅意味着压迫，而且还将产生潜在的新主体、新的社会性和一种新的政治。(Gill 和 Pratt，2008，p 3)

因此，不确定“体现出一种批判，旨在面向当代资本主义潜在变化的乐观态度”(Gill 和 Pratt，2008，p 10)。此外，不确定激进主义甚至称为“不确定运动”，是一个创造性的、不断进取的激进主义。[①]因此，在这一构想中，“不确定”是一个“融不确定性和不安全于其中的新语词，意味着发展的经验和(潜在的)新的政治主体性”(Gill 和 Pratt，2008，p 3)。

其他社会理论家如布尔迪厄和哈维对于和不确定相关联的进步以及激进的可能性并不乐观。对于哈维(Harvey)而言，“‘临时工’已经成为世界舞台上的经典形象”(Harvey，2005，p 169)。站在经典马克思主义的角度，他更强调如何发展马克思所谓的“产业后备军”以及工人人力资本的有效性，涉及“可接近的、社会化、自律和必要的素质(如必要时的灵活、善良、可操作和熟练)”(Harvey，2010，p 58)。此外，失业意味着

① 在批判性讨论中，Gill 和 Pratt 坚持认为，不确定源于特定的地理和时空。它起源于 20 世纪 70 年代西欧和都灵的政治。他们认为，“precariat 之于 post-Fordism，就像无产阶级之于工业时代”(Gill 和 Pratt，2008，p 11)。

"劳动力必须接受较低的工资"和下等的就业条款和附加条件(Harvey, 2010, p 60)。事实上，新自由主义理论认为，"失业总是自愿的。'低价'时不愿意工作，高价时则失业。"(Harvey, 2005, p 53)在这一背景下，"低价"是部分福利待遇(在新自由主义的语境中，通常蔑视地称之为"施舍")。

大量的"福利改革"和更为广泛的福利供给是基于新自由主义的(Rutherford, 2007)。因此，新自由主义理性"超越市场的边界，扩展与传播市场价值，以至于个人在概念上是理性的，企业家的道德权威则取决于他们的自主与自我照料能力"(Baker, 2009, p 277)。"福利改革"和"工作福利制"的意义在于，一些无工资收入者可以涌向低收入地区的就业市场。因此，各种各样的就业"激活"计划旨在引入新的监测手段(Bunting, 2009)。由此，为了生活、希望和愿景，失业者在微观层面接受"结构调整"：

> 总的来说，在全球化劳动力市场的各个层次上我们发现一个趋势，即合同工作的短期化，由此导致深度的就业不稳定和整体上缺少灵活的工人，他们必须尽快准备并且能够快速调整工作阶段、重要技能和知识，以及居住场所。(Good Goodrich, 2010, p 108)

可以说，这是"所有劳动力的准则"。例如，"通过适当灵活的稳定供给以及顺从的员工，支持和维护二等的、低工资的劳动力市场，而工人们也深深地了解到，面对不稳定、不确定和脆弱时应当有所应对"(Good Goodrich, 2010, p 131)。英国照搬美国模式，倾向于外包私人性、经营性的提供商，比如 Ingeus Deloitte、Serco 和 A4e(Toynbee, 2011a)。更重要的是，社会工作者被正式纳入"劳动力市场培训项目"，为特定人群开展服务，比如那些有"心理健康问题"的人(Roets 等, 2011)。

一些女性主义研究者指出，这将对失业或低工资妇女带来特定的后果。(Williams, 2011)。例如，古德里奇(2010)对安大略省单身母亲的工作福利制进行调查，发现调查结果与美国、新西兰、英国和欧洲先前的研究一致，"即工作福利制包括：随机和限制的就业计划、模糊和复杂的法规、反复无常和惩罚性的服务供给以及管理的不确定性"(Good Goodrich, 2010, p 111)。并且，她的研究揭示出，部分后果与加拿大新自由主义的特定轨迹相关。在安大略省，具体包括：协助求职、强制性就业准备规划、强制“志愿者”、短期工作准备和利益的威胁退出。

在古德里奇的“签名议题”中，劳动力应当是可塑的、灵活的和兼容的，其核心是重复和统一的和弦与回声。潜在的劳动力必须“提前准备”和呈现——在举止和性格上——资本积累的过程。在福柯主义者那里，这可能暗示对劳动力的监视，他们已经沦落为“盛装舞步”的一种形式（Jackson 和 Carter，1998）。显然，工作福利制的目的在于让工人阶级显得“彬彬有礼”（Standing，2011）。

重塑对“牢笼”的信心和“prisonfare”的出现

华康德（Luïc Wacquant）以一个“单一的分析框架”观察社会福利和犯罪控制的各自发展状况，揭示出“城市无产阶级的不确定系数”如何影响工作福利制“在程序的趋同和实际中的紧密联系”，以及称之为“prisonfare”的监狱系统（Wacquant，2009，pp xx - xxi；Wacquant，2002）。站在华康德的视角上，自20世纪70年代初以来的大多数资本主义没有考虑到新自由主义信念在监狱的疗效和更广泛的遏制战略（Harvey，2005）。显然，依赖于一个强大的、干预主义的国家以及刑罚领域的扩张与简单而过分强调“回滚”是冲突的。尽管私营部门可以在刑罚领域中扮演更为重要的角色，但“‘小政府’的原则和公共就业的缩减政策并没有应用于刑罚约束”（Wacquant，2005a，p 9）。

因此，鉴于数字的大量增加可以被视为新自由主义模型“不为人知的一面”和福利的重组。在此意义上，合法参考“贫困的刑罚”可用来检视“新自由主义政策在发达社会底层的效果”（Wacquant，2001a，p 401）。美国的刑罚比例反映出监狱数量的增长，而这是与新自由主义的兴起紧密相关的。1973年之后，“监狱人口在十年间翻番，二十年间翻了四倍”（Wacquant，2001a，p 114）。如果将其视为一个城市，那将是次于芝加哥的美国第四大城市的监狱系统（Wacquant，2001a，p 114）。

虽然华康德主要关注监狱在美国的发展，但他的分析也适用于英国和欧洲其他地区。虽然当前的联合政府试图减少刑罚的大小，并将其作为公共部门开支削减计划的一部分，但是新工党政府期间监狱人口增长大约

40%：在2010年的夏天，已经创纪录地达到85 000人。[①]前布朗政府也计划建设三个1 500人以上的地方监狱，容量在2016年增加到96 000。在爱尔兰共和国，被关进监狱的人只是未能支付罚款或债务的，大多数州内的监狱目前饱和甚至超出容量。服刑囚犯的人口超过4 000，数量是20年前的2倍。

正如华康德所指出的，我们还需要注意到“监狱”和“福利”是如何陷入复杂和矛盾之中的。他指出，“服务对象”的遭遇也是如此：除非他们可以提供佐证，否则将在道德上被认为具有明显的缺陷（Wacquant，2001a，p 15）。根据新工党应对“求职者”的策略，可以肯定的是，撒切尔和梅杰政府期间尽量延长对申请人的监控。此外，新工党“福利改革”也更加倾向于华康德的观点。例如，英国就业暨国民年金事务部于2008年出版的一份具有影响力的“独立报告”指出，“从现在到2015年将彻底改革福利制度”，并且发现一些福利接受者作为“惯犯”时刻“寻找系统漏洞”（Gregg，2008，pp 5，8，15）。

新自由主义的社会规制模式旨在寻找一个更具普遍意义的“新惩办主义”（Pratt等，2005）。这与当地特定部分人口（视为含糊不清的“麻烦”或不得其所的含糊不清）有关，虽可能不是普通意义上的“监狱”，但依旧按照不同程度的约束和监督划分区域（Guillari和Shaw，2005）。更重要的是，使用技术追踪“社区”遭遇困难。事实上，以“各种各样的帮办监禁……包括先发制人或预防性拘留罪犯”（Rose，2000，p 335）的方式是可能达到目的的。例如，这些主要是针对潜在的恋童癖者和潜在的恐怖分子——“巨大的个人”，“根深蒂固地反社会”和“新人类”的其他代表（Rose，2000，p 333）。

务实和“实际存在的新自由主义”

需要谨慎区分的是，“作为一种观念系统的新自由主义和实际存在的

① 常常被人遗忘的是，英国囚犯继续为英国的一些著名品牌（如维珍大西洋和麦克米伦）工作，一周4英镑，详见：http：//www.prisonlabour.org.uk。在“紧缩”时期，右翼“智库”呼吁最大限度的剥削监狱劳工（Geoghegan和Boyd，2011）。

新自由主义是不同的”（Munck，2005，p 60）。当然，“脱节”或差异可以检视新自由主义的理论、修辞及其语用。首先，国家并不是按照理论所期待的那样发展，比如像哈耶克（Friedrich Hayek）所论述的（Klein，2007）。其次，与其说我们“面对的是不连贯的‘主义’或‘终极状态’，不如承认是一个新自由主义化的过程”（Brenner 和 Theodore，2002，p 6）。

新自由主义很少是按照理论预期发展的。只有在自然灾害发生之后或战争和入侵以后，我们才能得以见证克莱因（Naomi Klein，2007）所谓的“灾难资本主义”。然而，新自由主义的“转型”计划遵循“路径依赖”的法则（Brenner 和 Theodore，2002，p 3）。当然，新自由主义是有弹性的，以“顽强的活力”在“失败中前进”（Peck，2010）。在回应 2006 年开始的经济危机时，强调务实，重置“国家一财政联结”。

“这家伙可能下去”：资本和新自由主义的危机

2008 年 9 月 15 日，雷曼兄弟（Lehman Brothers）宣布破产，业界敦促国会议员通过 7 000 亿美元的救市计划。据报道，美国总统布什（George W. Bush）曾经透露：“如果不是钱放松了，这家伙可能下去”（Callinicos，2010，pp 93 - 94）。①简而言之，如果国会不提供大规模的一揽子援助以应对流动性危机的话，所有的银行业和金融系统有可能全面崩溃。而国家不得不采取果断行动，快速应对前所未有的危机。“核心”问题是，银行持有的抵押贷款或证券面向的是全世界的投资者（Harvey，2010，p 2）。哈维（2010，p 1）指出：

不祥之兆开始于 2006 年的美国。像克利夫兰和底特律的低收入地区，丧失抵押品赎回权的比率突然向上跳。但是，官方和媒体根本没有注意

① “信贷危机”最初发生于 2007 年 8 月 9 日，当时法国巴黎银行暂停已经涉足的美国次级抵押贷款的三个投资基金（*The Guardian*，2011c）。

到，只是以为那些低收入者主要是非洲裔美国人、移民(西班牙人)或女性户主……直到2007年中期，丧失抵押品赎回权的浪潮向城市中产阶级袭来时……官方开始察觉……到2007年底，近200万人失去他们的家园，400多万人被认为处于丧失抵押品赎回权的危机中。

因此，“崩盘”开始于美国住房市场投机泡沫的破裂，以及20世纪90年代和21世纪初的前10年“掠夺性贷款的快速增长”。然而，次级抵押贷款市场扩张具有更深层次的结构性根源，即“发达资本主义社会中的金融化过程，强调即使是最贫穷的人也是有价值的——也就是说，盈利——是可以借钱的导致的”(Callinicos, 2010, p 24)。

到2008年秋天，危机已导致——被迫兼并或破产——华尔街的所有投资银行倒逼。世界上的大多数人被危机所吞没，“随着危机从一个领域到另一个领域，从一个地方到另一个地方，产生各种各样的连锁和反馈效应，似乎几乎无法控制，更不用说阻止和逆转”(Harvey, 2010, p 38)。

“国有化拯救自由市场”：重置新自由主义计划

国有化的劝诫来自2008年10月13日的《金融时报》。事实上，随着银行系统的疲软和全球陷入衰退，一个新的“常识”迅速发展，即“国家以国有化、经济援助和财政刺激”救援(Callinicos, 2010, pp 95－96)。此外，跨国机构，比如“国际货币基金组织”(IMF)和欧洲央行(ECB)也逐渐发挥关键性作用，重新调整“国家—财政联结”。

在美国，即将卸任的布什政府通过《2008年经济稳定紧急法案》。英国制定《2008年银行(特别规定)法》，为政府确立可以收购破产银行的权力，这项立法导致国有银行及相关金融机构数量的增加。在法国，总统萨科齐(Sarkozy)宣布“自由放任主义结束了”(Callinicos, 2010, p 5)。但是，他试图应对危机而出台的措施似乎与几个月以前的新自由主义修辞是一致的，这被视为怪异的政治主流。“处于管制全球市场核心的由政府所组织的庞大的救援机构已经破产……这些是世界历史上最伟大的国有化”(Callinicos, 2010, p 8)。因此，这些信号是否预示着跨越 1973 — 2008 年的新自由主义的结束吗？哈维(2010, p 10)的答案是有益的：

答案取决于什么是新自由主义。我的观点是，它涉及一个与 20 世纪 70 年代危机相关联的阶级计划。掩盖大量关于个人自由、自由权利、个人责任和私有化的美德、自由市场和自由贸易，旨在恢复和巩固资本主义的阶级力量。新自由主义计划的成功，表现为财富和权力不可思议的集中化。而今，并没有证据表明新自由主义计划已失败。

然而，“世界经济发展的英美模式支配着后冷战时期的自由市场必胜信念，这些在 20 世纪 90 年代名誉扫地。”(Harvey, 2010, p 38)。还应当指出的是，一个又一个的周期性运动是资本主义不可分割的一部分。换言之，“古典”市场自由主义要求经济从社会关系中脱离出来，此举从长远来看是不可持续的，必然引发反向运动的社会保护。在此意义上，新自由主义可以被解释为“向古典自由主义的回归，试图将市场交易从更广泛的社会关系中抽离出来”。也许，在“进一步摇摆中”，“镶嵌型自由主义”可能生成(Callinicos, 2010, p 130)。事实上，霍布斯鲍姆(Hobsbawm)(2008)指出，“自1929 年以来资本主义系统最严重的危机”促使一些人思考基本经济转型可能正在发生，我们正在见证一个资本主义中的金融“政权更迭”(Wade, 2008)。这并不意味着，新自由主义时期已经结束。相反，正在出现的是新自由主义计划的重置和超越主权国的“国家—财政联结”的重新调整。

到 2009 年中期，许多美国和英国的银行：

恢复勇气，同时要求政府实行紧缩政策，并且为有前途的员工支付更多的奖金。但是，那些实力较强的银行，如高盛、摩根大通、巴克莱和汇丰从消除竞争对手、大规模破产和国家支持中获取更大的利润(Callinicos, 2010, pp 92－93)。

到 2011 年，许多英国最富有的居民遭受的损失已经得到补偿。根据《星期日泰晤士报》年度“富豪榜”，英国最富有的人身家有 3 960 亿英镑，略低于 2008 年（“Forget cuts and austerity. For the rich it's like the recession never happened”，*The Guardian*，9 May，2011，p 3；Elliott，2011）。

目前，主导方法似乎只有一个，那就是“宏观凯恩斯主义和微观新自由主义”（Callinicos，2010，pp 129）。这意味着美国愿意干预经济以保障和支撑企业银行部门，但是工人和失业继续以惩罚和强制干预为中心。在更一般的意义上，其目的是私有化的利润和社会化的风险。这就是 Dimitris Christoulas，一个 77 岁的退休药剂师，2012 年 4 月在希腊议会大楼前饮枪自尽的悲愤。现在对新自由主义的“紧缩”政策的绝望以及自杀抗议同样发生在穆罕默德 · 布瓦吉吉（Mohammed Bouazizi）身上，两年前他在突尼斯自焚（Smith，2012）。

此外，在撰写本书时，依然可以明显地感觉到，经济危机远没有结束。梅西（Massey）（2010，p 7）坚持认为：“现在似乎一切如常（过去三十年的常态）。然而，这可能只是一段易碎的、脆弱的稳定。”比如，在 2011 年 8 月的一周之内，1 500 亿英镑几乎被英国最大的 100 家公司抹去。在同一时期，股票市场经历了雷曼兄弟倒闭以来的最大单周跌幅，2.5 万亿美元的全球股票价值瞬间消逝（Hutton，2011）。欧元区的程度虽然不同，但存在的问题是显而易见的。希腊面临金融危机，被迫出售国有资产，以获得“国际货币基金组织”（IMF）、欧洲中央银行（ECB）、欧盟（EU）的资助。类似的解决“方案”，可能发生在意大利和西班牙。与此同时，爱尔兰共和国作为欧元区中第一个采取新自由主义的紧缩预算方案的国家，失业率是 14%，国家判断失当的紧急援助和接受的负债——克伦威尔（Cromwell）以来最大的社会破坏（Browne，2011）——花费数十亿欧元。

一个更普遍的问题是，欧洲部分地区的“后民主转向”。因此，相比于民主国家像企业一样管理而言，后政治的统治形式开始出现。例如，意大利在 2011 年 11 月见证了以马里奥 · 蒙蒂（Mario Monti）为首、由未经选举的“技术官僚”组成的看守内阁。在希腊，同样是“技术官僚”卢卡斯 · 帕帕季莫斯（Lucas Papademos）走马上任，担任总理。然而，在 2007—2008 年，这一事件出现之后，民众对精英应对危机的抗议迅速波及全球，这包括许多欧洲国家的罢工。在非洲，突尼斯革命的导火索也部分源于“2008 年全球金融危机爆发之在经济和其他方面的慢动作”，“食品价格上涨和失业率，再加上欧洲经济衰退之后工人汇款的减少”（Milne，2011，p 33）。

经济危机和社会工作

危机体现出资本主义的互联性。美国城市的丧失抵押品赎回权可以导致非洲的革命，或欧洲某个家庭护理工人被裁员。例如，在英国，这些非常贫穷的人——其中有很多与社会工作者保持联系的服务对象——将遭受更大的削减。从目前来看，地方议会为了2010年10月的综合开支审查，大规模削减开支，并将更多的压力“外包”社会工作和私营部门社会照料服务。例如，在2012年春天，维珍护理院(Virgin Carc)准备在德文郡提供儿童社会关怀服务。

“低工资委员会”2011年的一份报告显示，2010年4月社会照料支付费用是最低之一，在经济上只有员工收入的9%，并且低于每小时5.93英镑(McGregor，2011a)。在社会工作的主要领域，一致谴责工会日益广泛的就业，“更便宜的”社会工作助理代替合格专业人员(McGregor，2011b)。这也表明，财务缩减以及重新分类之后，社会工作者在“儿童保护”上的压力不及“儿童需要”大(Cooper，2011)。削减的结果是，当地政府比如Suffolk委员会和Barnet委员会等可能引入“简易委员会”。像廉价航空公司的乘客，支付最低收费只能享受最为基本的服务(Lombard，2010)。

在收入和财富分配上的发展以及戏剧性变化必然影响到一系列社会关系：我们可以在很多领域联想到新自由主义理论及其实际影响。例如，数据十分明显的表明，经济危机如何对心理健康产生不利影响。事实上，受危机影响最为严重的国家正在经历一个卫生紧急状态。在希腊：

有迹象表明，健康状况恶化，而弱势群体更糟。患病率显著上升，健康是状况“坏”或者“很坏”。从2007—2009年，自杀率上升17%；2010年相比于2009年，非官方数据增长25%。卫生部长指出，与2010年同期相比，2011年上半年上升40%。国家自杀热线报告，25%的人面临财务困难；2010年媒体报道表明，无力偿还高额个人债务人数的增加可能是自杀的一个关键因素。暴力也随之上升，谋杀和盗窃从2007—2009年间几乎翻了一番。而能够获得疾病福利的人数在2007年和2009年之间持续下降(Kentikelenis等，2011，p 1)。

正如《柳叶刀》(The Lancet)一文的作者所观察的，“希腊的整体健康值得关注。它提醒我们，为了金融债务，普通人支付最终价格”(Kentikelenis等，2011，p 2)。更重要的是，正在忍受的苦难显然是难以避免的。

在欧盟的其他地方也是如此，特别是这些国家受到最严重的袭击。在爱尔兰共和国，“精神卫生服务的人员在离开或退休后并不更换。据估计，大约10%的精神科护理人员在2009年离开精神卫生服务”(Mental Health Commission，2011b，p 10)。与希腊类似：

经济不景气和衰退已被证明能够导致自杀率增加。研究也表明，当前的经济危机，如股票价格下跌、增加破产和住房不安全(包括拆迁和预期的损失)，以及更高的利率皆是增加自杀风险的因素。失业自杀率是就业的两到三倍。爱尔兰最近的一项研究表明，在“凯尔特之虎(Celtic Tiger)”时期尽管失业男性的自杀率增加，但男性和女性的自杀率和非正常死亡的比率是稳定的，失业男性自杀风险增加2～3倍，而女性增加4～6折(Mental Health Commission，2011b，p 14)。

“心理健康委员会”(2011b，pp 14－15)也指出，由“2010年年中，在爱尔兰有十分之一的撒玛利亚人被称为‘经济不景气相关者’，2010年6月变为约50 000个，平均每月增加35 000个。爱尔兰的自杀率在2008年为424人，2009年则是527，增长24%。与此相关，抗抑郁药物的处方也大幅增加”(Mental Health Commission，2011b，p 16)。

结　论

Žižek(2008)指出：

很少有人认为可以从2008年的金融危机之祸中得福，从梦中觉醒，进而清醒地认识到我们生活在全球资本主义的现实。这一切都取决于它意味着什么，取决于何种意识形态或故事可以解释并且确定危机的一般形态。正常运行的秩序被强行打断之后，“散漫的”意识形态蜂拥而来……因此……占统治地位的意识形态的主要任务解释当前的危机，而不是将金融危机归咎于全球资本主义制度，但必须警惕由此出现偏差——监管松懈、大型金融机构的腐败……主要的危险是崩溃的叙事不会将我们从梦想中叫醒，相反，我们将继续心怀梦想。

国家象征和意识形态对危机的解释取决于不同国家的装置。随着新自由主义现代性的发展，统治精英吹响他们的号角，重新“修复”和确立对支配的理解。正如前面提到的，在英国，这些是与卡梅伦提出的“我们在一起”和“大社会”结构密切相关的。在爱尔兰共和国，核心议题是将危机归咎于公共部门的工人，以及所有人必须分担痛苦的虚假概念。当我们进入本书第二部分，并且检讨特定理论家的著述时，安东尼奥·葛兰西的思想有助于帮助我们理解保持权力和“霸权”的方法。

反思及交流 5

• 当一些人可能从事或即将开始社会工作者的工作时，新自由主义的观点是否阐明了你的经历？

• 在你工作的哪些方面可以检视“掠夺性积累”？

• 你可以确定，新自由主义是以一个特定的方式在特定领域、地域或国家装置中“上演”的吗？

• 你能够识别“不稳定”工作生活特定的重复或新兴的模式吗？这又如何影响社会工作？

• 监禁和入狱将如何影响当代社会工作？

• 社会工作伦理和新自由主义的张力体现在哪些地方？

第二部分

理论家

第六章

与葛兰西对话

引　言

在葛兰西(Gramsci)去世的20多年后，他少量作品的英文译稿才首次被刊发出来。在之后的一段时间，他的著作影响了整个英国的左翼势力(Nairn, 1964；Williams, 1973；Hall等，1978)。葛兰西：

> 能够吸引非意大利人注意力的最主要原因在于，他是一位由十月革命受到启发、为国家提供马克思主义策略的共产主义思想家，但是由于社会运动开展于非革命情境中的考量，他不足以作为典型……20世纪70年代，葛兰西在欧洲共产主义中的声誉达到顶峰(Hobsbawm, 2011, p 336)。

葛兰西是一位“毫无悔意”的马克思主义者，但是他拒绝了马克思提供的必须严格坚守的蓝图。在他入狱前从事新闻业期间，他就曾断言布尔什维克党在某种意义上不是“马克思主义”。是因为他们：

> 没有用这位大师的著作教条主义式地去编造一种不容讨论的僵化理论……他们生活在马克思主义的思想之外……判断是不是真正的马克思主义，不是通过肤浅的经济事实，而是通过人们自己，通过他们创造的社会，通过他们学会接受和理解彼此的社会现实(Bellamy, 1994, pp 39-40)。

英国撒切尔政府(1979年5月至1990年11月)对葛兰西的兴趣，引起了整个英国社会对葛兰西的广泛关注。实际上，正是通过在根本变革时期运用葛兰西的思想，才巩固了“撒切尔主义”的概念，并加深了对“右翼带领的伟大运动”的理解尝试(Hall, 1993)。斯图亚特·霍尔(Stuart Hall)，传播葛兰西政治分析和文化研究观点的重要人士，正是促使这一系列事件发生的关键人物(Hallt和Jacques, 1989)。霍尔不断地将自己的思想成果发表在英国左翼思潮杂志《今日马克思主义》上，让左翼人士能够用葛兰西的方式思考问题；同时，他的一些提法采用了萨丁语的形式，使受众能够更好地理解当代政治(Hall，1996，1998，2003)。从一九七几年起担任霍尔副手的约翰·克拉克也深受葛兰西的影响，他采用更为直接的观点来分析葛兰西之于社会工作和其他相关的社会福利体制变化与社会政治问题。近期，卡梅伦的保守党也采取了葛兰西学派的方法，运用他们(仍是明显的反国家和赞成市场化的)现代化保守主义不断关注他们的生活质量(Leggett，2009，p 155)。无论是从英国的范围来看，还是从国际的范围来看，葛兰西的方法在研究如何建构一个新的世界秩序和如何建立全球霸权上非常有效。

阅读葛兰西的著作可能没有你想象的那么容易，会遇到一些障碍，这些障碍主要有以下四点。第一，他像网络格式一样的散文断断续续，甚至缺乏连贯性。特别是他的《狱中札记》，由大量的笔记和短文随笔构成，经常改写、重写，无法将内容连贯的组织在一起(Martin，1998，pp 3－4)。第二，葛兰西在写文章的时候，要时常留意以逃避检查，所以他的文章常出现类似代码的形式，最明显的是经常用“实践哲学”来指代“马克思主义”(Morton，2003)。第三，葛兰西的著作假定了读者理解知识分子和党派背景，包括了解意大利的反法西斯战争、意大利共产党内部各种派别的矛盾、共产国际的轮换等基本情况。所以，对他的著作进行良好的注释，能够为理解他的思想提供很多帮助。①第四，由于他特殊的历史和文化背景，葛兰西明显的具有“在性道德、女人和家庭上的保守观点”(Forgacs，1988，p 276)。也因为如此，对现代读者来说，他在教育上面的观点也明显过时。

费格森和拉瓦莱特(Lavalette)(2006，p 311)认为，应该寻求提高社会工作抗逆力、探究如何开始发展新自由主义社会工作的替代选择。因为新自由主义社会工作已使得社会工作陷入了僵局，而葛兰西的观点能够帮助我们走出这一困境。本章在简短叙述葛兰西的生平之后，将提出最常见的

---

① 《狱中札记》(PN)，包括 33 个练习本，写于 1929 年 2 月至 1935 年 6 月。对葛兰西不熟悉的读者可以查阅英文译本，详见 Bellamy (1994)、Forgacs (1988)、Hoare (1988)、Hoare 和 Nowell Smith (2005)。然而，Edward Said (2002，p 9)指出，在 Hoare 和 Nowell Smith 的译本中，“缩减了部分内容”。Jones(2006)在一个简短的介绍之后，特别强调葛兰西文化研究的构想。Bambery(2006)提供了一个简洁、袖珍的指南。剧作家 Trevor Griffiths(2007)以葛兰西为原型改编，并于 1970 年首次演出。本章部分来源于先前发表的两篇文章：Thinking with the Sardinian：Antonio Gramsci and social work，*The European Journal of Social Work*，vol 11，no 3，pp 237－250；The “whalebone” in the (social work) “corset”？Notes on Antonio Gramsci and social work educators，*Social Work Education*，vol 28，no 5，pp 461－475。在此，感谢 Taylor 和 Francis 允许我使用我以前的著述。

关于葛兰西理论与现代联系的讨论。之后，本章将聚焦于他思想中的美国精神，福特主义和泰勒主义、霸权、常识(Common Sense)、知识分子、批判性反思等专属特质，最后的部分将探讨这些概念对当代社会工作和社会政策的影响。

谁是葛兰西

葛兰西于1891年出生在意大利撒丁岛。20岁时，他前往被誉为“意大利的红色之都”“先进工业中心”的都灵(Hoare 和 Nowell Smith, 2005, p xxv)。1919—1920年间，到处充斥着热烈的氛围，“第一次世界大战结束，工人和农民决心要走‘俄国人道路’，革命运动一触即发”(Bellamy 1994, p xix)。在1919年5月，葛兰西和德拉齐尼(Umberto Terracini, 1895—1983)、塔斯卡(Angelo Tasca, 1892—1960)和陶里亚蒂(Palmiro Togliatti, 1893—1964)创办了《新秩序》周刊。这份杂志成为“革命中知识分子的声音”，并成为那个时期工人阶级反对资本家而形成的核心组织工厂委员会的指导性期刊(Bellamy, 1994, p xiii)。

1920年工人革命失败以后，在意大利和欧洲的其他地方政治形势均急剧变化。工厂主们展开攻势，他们默许法西斯势力的形成并向法西斯阵营提供资金援助。1920年末，属于法西斯势力的黑衫军开始在农村和城镇中开展“讨伐之战”(punishment expeditions)，对抗社会主义者和工会成员(Martin, 2006)。1922年10月，法西斯主义的创始人墨索里尼(Mussolini)号召支持者“向罗马进军”，夺取了意大利的政权，开始建立法兰西式的社会和经济秩序，而此时，葛兰西仍作为意大利共产党的代表待在莫斯科。1923年10月，葛兰西回到意大利，1924年，他成为意大利共产党的领袖，但于两年后的11月8日晚被捕入狱。在随后的审讯中，将葛兰西送到监狱的检察官大肆宣扬其应该让葛兰西的“大脑停止思考20年”的观点(Buttigieg, 1986, p 10)。

对葛兰西来说，待在狱中的时间，

是十一年的死亡困扰(Fiori, 1990)。他的牙齿脱落, 消化系统功能丧失, 这让他无法食用固体食物, 同时, 他的慢性失眠症更加严重了, 严重到每周晚上只能睡一到两小时; 他还会吐血、头痛, 吐到抽搐, 痛到拿自己的脑袋往牢房的墙上撞。(Hoare 和 Nowell Smith, 2005, p xcii; Gramsci, 1979)

葛兰西于 1937 年在罗马的监狱诊所内逝世，享年 46 岁。他的葬礼“举办于 1937 年的 4 月 28 日，简单、快速，在现场看守的警卫数量远远超过了前来参加葬礼的哀悼者”(Buttigieg, 1986, p 2)。“这些年在监狱中慢性死亡的成果……是 2848 页的狱中笔记，在葛兰西死后偷运出诊所，并运出意大利才得以留存”(Hoare 和 Nowell Smith, 2005, p xviii)。

纵观葛兰西的一生，他在世的时候其实尚未声名显赫。为何如此呢？第一，他出身的撒丁岛，“对意大利北部来说，和今天的不发达地区没有什么差别”(Germino, 1986, p 24; Landy, 1986)。虽然撒丁岛人民常受到鄙视，但是她的地理位置和文化也赋予了葛兰西些许优势。意大利是：

资本主义世界的缩影, 因为这个国家, 既有大都市, 也有殖民地; 既有先进地区, 也有落后地区。撒丁岛……是落后地区的典型, 不是因为他的古老, 而是因为它是意大利半殖民地的一部分……因此, 葛兰西在他人生的前 20 年, 生活在一个绝佳的地方, 这个地方不仅能让他了解资本主义的发展和“第三世界”, 还能让他了解资本主义和“第三世界”间的交互影响, 这不同于其他众多国家的马克思主义者纯粹是来自其中的某一方, 而缺少对另外一方的接触(Hobsbawm, 2011, p 317)。

第二，葛兰西在儿童时期，身体就有所缺陷，而后经常要受到精神病痛的折磨，直至去世(Lawner, in Gramsci, 1979)。此外，由于他有“驼背”，“当地较为迷信……他常常会被拒绝”(Bellamy, 1994, pp x - xi)。他的缺陷常常引人注视，而忽略他照片中革命男子气概(也许他接受了学习 Che Guevara 的建议)的形象。但是这同样也有好的一面。杰米诺(Germino, 1986, p 21)认为“葛兰西的驼背极大的促使了他在‘历史边缘’中关注困境个人或困境群体”。

葛兰西近四分之一的人生都在意大利法西斯的监狱中度过，这应该是他无法在在世时声名显赫的第三个原因。但是，经历了动荡和斯大林时期，他获得了足够的空间去思考正式党员的结构范围，从经济、政治和社会环境三个层面重新审视马克思主义。在余下的章节中，我们将关注他的一些核心观点，或者是理论中的专属特质。然后，我们将尝试能否将这个复杂、不幸、才华横溢的形象概念化，并使社会工作者更好地了解他们的角色和他们所居住的世界。

理论特质

美国精神、福特主义、泰勒主义

葛兰西非常关注如何通过"现代化"变得更为"现代"。在他的思考中，现代化只是与工业化和工厂逐步引入大规模生产有关，就像意大利汽车制造商菲亚特(FIAT)大规模制造汽车一样。葛兰西对新的管理实践非常感兴趣，他常常向美国学习他们的先进经验，比如管理和控制个体工人的身体、工作速度、生产力程度和安排他们住在工厂外等方面。

他在20世纪20年代前期写的一系列短文中，就已经提到像都灵这样的工业中心快速变成"大工厂"的转变过程(Bellamy, 1994, p 137)。同时，他在文化领域不断被未来派艺术所吸引，他认为，"大工业时代意味着巨型无产阶级城市和漂泊动荡的生活"(Bellamy, 1994, p 74)。葛兰西自己对此变得狂热，他赞美工厂：

> 工人阶级……在不断创造一个全新的人类类型：工厂工人。工厂工人们正逐渐从心理上摆脱其务农或手工艺的过往，开始在工厂生活，从事产品生产，紧张但有条不紊。但是，工厂生活可能让他们在社会关系方面无所适从…… 不过在工厂中，是有秩序的、精确的、严谨的(Bellamy, 1994, p 152)。

葛兰西的理论常常关注于个体的身体约束这一主题，同时，他注重解答工厂和集体采用何种秩序以使劳动者之间更为团结这一问题，他认为：

只有当越来越多的无产阶级从事独有的且专业性要求高的工作，他才能越来越意识到他的同伴是重要的，是不能缺少的；在这个过程中，他逐渐发掘自己对秩序、方法和精密度的需求；他会不断发现，整个世界变得越来越像一个大型的工厂组织，他对这个世界有着他在工厂中同样的秩序、方法和精密度的需求；其实，他对整个世界秩序、方法和精密度的需求，就是从他工厂生活的生命经历透射出来，从一个工厂到另一个工厂，从一个城市到另一个城市，从一个国家到另一个国家，然后进入整个关系系统之中……资本主义逐渐从大生产中脱离，工厂的管理权落入无能的、不负责任的人手中。这只能证明，只有工人阶级真正热爱着劳动和机械(Bellamy，1994，pp 152－153)。

虽然葛兰西仍然旗帜鲜明的反对资本主义，但他支持机械化和现代化发展(Martin，1998)。对他来说，美国正奋发图强且大有可为，因为美国跟意大利不同，他没有传统的“重担”阻碍现代化的进程(Forgacs，1988，p 277)。他“不存在以往历史留下的拖累”，这为“工业化和商业的发展打下了坚实的基础”(Forgacs，1988，p 278)。在葛兰西看来，欧洲“有消极的历史残留在抵制美国精神……因为他们的直觉告诉他们，一旦新的工作和生产模式形成，他们将被毫不留情的一扫而空”(Forgacs，1988，p 293)。

人们为了适应新的生产过程而不断改变自己，创造出新的人类类型，这个过程也不断影响着社会类型和社会习惯的变化和创新。这种反向趋势引起了葛兰西的注意，他开始注意福特(Ford)的改革，不仅关乎福特的汽车工厂，而且是更为广泛的关于福特制的议题。

当时的福特致力于建构一种新型的工人以适应流水线作业，用这样的方式来解决工人的流失问题并提高工人所创造的利润。因此，福特被公认为“纯商人”中的“社会学家制造商”。他的员工关系办公室的领导被称作“造人者”(Grandin，2010，p 34)。福特对工人的掌控不仅在工厂之内，也在向工厂之外逐渐扩展。“1919 年，福特的社会事业部雇用了几百个劳动中介……向工人问问题，做笔记，并撰写个人报告”以保证福特的工人品行端正(Grandin, 2010, p 38)。

葛兰西对福特主义中的强制和认同的组合框架非常感兴趣，他认为：

工厂老板对工人私生活进行询问，是工厂老板为掌控他们员工“德行”而采用的一种方式，这种方式有利于新生产工艺的良好运行。有些人嘲笑这个积极的行为……他们拒绝了解这个重要的、意义重大的方式，且不愿意客观地学习美国经验，学习他们如何引领那么多人并焕发他们在历史上无以匹敌的决心，从而使他们以前所未有的速度努力创新，进尔创造出新型的工作者和人类的重要经验(Forgacs, 1988, pp 289 - 290)。

葛兰西跟其他左翼不同，他不鄙视上述努力。他也不主张工人组织起来反抗这种现代资本主义家长化作风。他认为：

美国的工厂老板关心如何持续地保证工人有足够的体能和健壮的肌肉来工作。他们希望自己的员工能够稳定地、技术熟练地、长久地投入工作当中。因为企业运作就像机器运行一样，员工就如同机器中的零部件，如果没有重大的损失，机器也不会经常拆解并更换新的零部件(Forgacs, 1988, p 291)。

因此，葛兰西认为：

工业主义是一种像动物或原始人一样，持续地、血腥地征服大自然的过程，当然，这其中也伴随着疼痛。在这个过程中，人们本能地使新的秩序规范更为复杂、严格、精确，使更复杂的集体生活变成可能。这一切都是工业化发展的必然结果(Forgacs, 1988, p 286)。

葛兰西不仅关注福特主义，也关注泰勒主义。他对劳动管理的方法和技术的兴趣依然没有消退。泰勒(Frederick W. Taylor)擅长将产品的生产过程分解，划分为若干个简单工序，工人只需要不断地重复即可。他曾经说，在这种情况下，一个“训练有素的大猩猩”都可以像工人一样有效率地完成工作。但是葛兰西认为：

泰勒实际上在用犬儒主义表达美国社会的目标，即让工人变得像机器一样高度自动化和机械化。这种不需要智力、创造力和主动性的参与，只需要身体重复动作，打破了原先从事专业工作时的身心关系。同时，这种形式还能够降低生产操作的专门化。这种形式既不是传统，也不是想象，它只是长久的工业化过程中最近的一个发展阶段。这个阶段比以往的阶段更加激烈，更加残酷，但这是创造一种新的身心关系以取代原先身心关系的阶段，这个发展阶段和之前的阶段大不相同，具有毋庸置疑的优越性。强制的选择即将来临：一部分老的工人阶级将被无情地从劳动力世界淘汰，也许是被世界简单地淘汰(Forgacs, 1988, p 290)。

泰勒主义、日益机械化的工作和脱离“人性内涵”的工作，是否会造成“人类精神的灭亡”(Forgacs, 1988, pp 294, 295 - 296)：

每个发展阶段刚开始的时候都需要一定的时间去适应，这个适应期一旦结束，工人的大脑非但不会僵化，还能获得完全的自由。因为在这种快速重复某个单一动作的工作中，被机械化的只有身体的姿态，而这种工作记忆肯定只能停留在肌肉和控制肌肉的神经当中，大脑变得完全自由。就像走路的时候，人的身体中跟走路相关的部分按照走路的模式相互配合，这个过程是完全不需要思考的……所以，工人的工作起码给了他很多思考的时间和机会，这让他哪怕在工作中，也可以持续思考。一旦他完成了适应过程，工作变得稳定，他也不会马上对他的工作感到满意。因为他认识到，工作把他逐渐被训练成一只大猩猩。所以，他会不断地思考，他的思想不会被驯化(Forgacs, 1988, pp 295 - 296)。

综上所述，葛兰西对美国精神、福特主义、泰勒主义的观点根植于“现代化”的目标之中。这些观点与其霸权主义的思想有直接的联系，因为他认为，统治集团试图获得胜利，现代化必不可少。[①]

① Martin(2002)提供了一个后马克思主义如何演进的清晰轮廓，尤其是 Laclau 和 Mouffe (1985)试图借鉴后结构主义的视角发展霸权概念(Smith, 1998)。Žižek(2004, p 3)提醒我们，霸权不仅仅涉及语词，在某些情况下一幅图片可以支配一个领域，其功能和一个政权、一个问题是相似的(Bren, 2010)。

●●● 霸权主义

葛兰西认为，基于现在的社会和经济状况，不是向资产阶级发动“运动战”正面对抗的时机。他建议采用“阵地战”这种斗争方式，微妙的对抗资本主义，在西方世界为长期的斗争战略创造更好的有利环境。所以，葛兰西认为：

在东方世界，布尔什维克已经取得胜利。现在，国家就是一切，市民社会处于原始状态，尚未开化；在西方，国家和市民社会关系得当，国家一旦动摇，稳定的市民社会结构就会立即显露。国家不过是外在的壕沟，其背后是强大的堡垒和工事：不用说，各个国家的数量有别……但是这恰好说明每个国家都需要进行准确的侦察(Forgacs，1988，p 229)。

因此，葛兰西认为，在西方社会，国家就像由资产阶级建造的城池外的“壕沟”，它的存在是为市民社会中寻求变革的人创造一个与城池对垒的机会。所以，葛兰西强调，斗争是获得霸权的重要途径(Nairn，1964；Williams，1973)。

“霸权主义者(hegemon)”这个英文单词，字面上的意思是“领袖”，但是其中也暗含了权威、领导和控制的意思(Ives，2004a，2004b)。在俄国十月革命前，霸权主义还参与了马克思主义在俄国的推进过程。Perry Anderson (1976)观察到，在19世纪90年代末期到1917年，在对抗封建主义的资本主义革命中，霸权主义打着工人阶级角色理论的大旗伪装自己，所以它显然也是俄国社会民主运动的中央政治思想之一。此外，葛兰西习惯用霸权主义的概念去理解稳定的资本社会中资产阶级对工人阶级的统治机制。

葛兰西在著作中也保持了“经济基础和上层建筑这两个层次的语言词汇，但是在实践中，他远远超越了这样的简单叠加”(Crehan，2002，p 72)。在马克思主义理论是主导理论期间，他将他的关注重点从经济基础转移开来，开始更深入的理解涵盖政治、文化、意识形态等内容的“上层建筑”(Joseph，2006)。这也是葛兰西理论中的重要部分。他明确了经济基础和上层建筑之间的关系，他认为，这不是一种静态关系，而是一种动态关系，生产的增多会使其更有动力取得优势。这也就是马克思主义所讲的“授权”。

通过辩证分析，他假设世界的任何事物都是在不断的变化过程中，任何事物都相互关联，不可能有系统的、严密的示意图可以表示这种关联。葛兰西的分析体系涵盖教会、学校、企业、工会和各种“娱乐”形式。他认为，社会结构是社会生活关系的来源，也是持续冲突的原因(Landy, 1986, p 53)。

所以在葛兰西看来，社会运动不仅仅是霸权主义那么简单，因为他操纵着“群众支持，而不是在精英政治的层面去构建社会阶层的联盟”(Robinson, 2006, p 82)。同时，他认为，实现霸权主义是没有捷径的。一个霸权主义事业要获得成功，必须重视人们的生活经验，并按照自己的意图对其作出回应。事实上，无论是霸权主义事业，还是与之相对的反霸权主义事业，他都需要嵌入“公民社会”之中。

(“公民社会”)是社会活动和机构的总和。这些机构不单单指政府、司法机关和被压抑的群体(警察、武装力量)，还应该涵盖工会、志愿组织以及在野党，这些都是公民社会的一部分。公民社会与政治社会不同，政治社会有强制性的规则和直接粗暴的统治，而公民社会则是存在于占主导地位的社会群体中的一致和霸权。在公民社会中，主导的社会群体同样可以组织起来共同反对原先的霸权，由此，新的霸权就被建构出来了(Forgacs, 1988, p 420)。

霸权主义还“假定了这个霸权群体能够活跃并持续有效的参与政治生活，而不是静态的、被动的成为主导意识形态的附庸”(Forgacs, 1988, p 424)。此外，“一个群体不是说在经济上占据了主导地位就自然具有了霸权的力量，而是需要去建构这种力量。”(Joseph, 2006, p 52)。葛兰西认为，建构霸权主义是一个复杂的任务，因为“霸权主义集团并不仅由阶层所决定，而是由社会、文化、政治和经济等广泛的因素共同决定的，所以要在阶层内，建立不同的版块和地位”(Joseph, 2006, p 53)。

Said（2002）等一些学者开始发现福柯和葛兰西思想的共性：

严格来说，权力需要被进行复杂的操纵。同时，权力并未被政党所熟知。政治是一种对权力的控制，这些权力并不仅仅关乎政府、选举、警察或军队。警察一直在每个人的日常生活中默默地起着应有的作用，无论是去上学，还是读小说，亦或是探访社工，这些正常的活动中都有警察的影响。对权力最重要的运作，有时候是在微观层面的……此外，福柯和葛兰西都认为，权力很少由一个人或群体把持，向其他没有权力的人单向施压（Ives， 2004a， pp 142－143）。

尽管葛兰西和福柯的思想有如此多的相似性，但是他们还是有所不同。葛兰西提到：

对主导支配权的解构，不应仅仅是毫不留情的批评，也应该注重用“反霸权主义”这个更聚焦的词语来代替压迫……福柯和葛兰西最大的不同在于，福柯并没有聚焦于人们为了达成既定目标有意识的重新解读现有词汇的行为……而葛兰西不同，他重点关注职能机构，关注集体政治行动改变甚至推翻系统性的不平等和压迫，以创建新的更平等的权利关系。（Ives， 2004a， pp 142－144）

葛兰西式“常识”：“每个人都是哲学家”

意大利与英国不同，在意大利的语言体系里，“常识”这个概念并不仅仅指好的、合理的、有效的意识，也指正常性的或一般性的理解（Ives，2004a， p 74）。

每个人的世界观由很多对世界的认识而形成，这些认识可能彼此矛盾，因此构成了一个不具有统一逻辑的整体。这些认识可能是从外界被动的获得的，可能是从过往经历中获得，但是都没有被质疑而被直接接受。在这种情况下（或在民俗学的背景下），他们形成了葛兰西所谓的“常识”。这些常识中的部分元素让人们觉得，自己与他人没有平等的权利并受到压迫的现状是正常的、无法改变的……这其实是自相矛盾的。常识中包含真理，也包含错误的解读。想要利用这些矛盾，必须首先赢得“政治支配权的斗争”。(Forgacs， 1988， p 421)

这对葛兰西的影响很大。因为它清晰的说明马克思主义并不仅仅是抽象的哲学，而应该是“形成人们常识的一部分，让人们可以批判性的理解他们的处境”(Forgacs， 1988， p 421)。因此，马克思主义应该“在人们现有‘常识’的框架下，细致的拟定一份核心价值和良好意识的清单”(Forgacs， 1988， p 323)。随着物质条件的不断变化，这份清单中的价值观和意识可能超越“常识”，并逐渐演变成新的理解。在葛兰西的著作中，他含糊的称作“实践哲学”(可能说的就是马克思主义)，应首先“论证‘每个人’都是哲学家，这不代表要将科学的思想从头开始引入每个人的生活，而是去翻新已经存在的，并让它变得越来越重要(Forgacs， 1988， p 332)”。

知识分子

早在1916年，葛兰西就开始建构他对于知识及知识分子思想框架。在“社会主义文化”一文中，他写到：

研究像百科一样的文化观念如何形成是非常重要的。人们就像一个容器，被暴力的填塞各种生活中的经验数据。这些数据虽然可能毫无关联，但是人们仍然要在大脑中将这些数据像字典一样排列归档，以回应不同场合的不同刺激。不得不说，这种文化毒害了无产阶级。这种文化观念只能创造出那些相信自己比别人优越的不合群的人，因为他们的大脑中被大量的事实和经验数据塞满，任何机会他们都会去抓住并炫耀，让自己和他人之间产生障碍(Bellamy， 1994， p 9)。

葛兰西认为，这种“虚假文化观念”只能培养出“脆弱的、平庸的知识分子”(Bellamy， 1994， p 9)。因此，他回避了当代知识分子在社会认识中占支配地位的优越感。他强调“知识分子”的社会地位、社会角色和社会功能。尝试扩大“除了知识界精英以外的社会群体对知识分子的认识”（Martin，1998，p 44；Williams，1983［1976］，p 169），而民主化议题支持了他的观点。在这一背景下，他主张“人们可以谈论知识分子，但是不能谈论非知识分子，因为非知识分子是不存在的……任何人类活动的开展都需要知识的支持”（Forgacs，1988，p 321）。因此，

所有人都是知识分子；但是，不是所有人在社会中都能起到知识分子的功能。这就和有人能够炸鸡蛋，你不能说他就是厨师；有人在缝夹克上的破洞，你不能说他就是裁缝一样（Forgacs，1988，p 304）。

葛兰西尝试定义“知识分子”：

其社会角色首先在于组织、管理、指导、教育或者领导他人。葛兰西关注分析知识分子无论是直接还是间接代表社会支配群体去组织开展社会施压或社会赞同行动，也关注如何在平民中产生能够反抗或改变现有社会秩序的知识分子（Forgacs，1988，p 300）。

此外，“口才不是判断是不是知识分子的标准……但知识分子要在实际生活中作为建构者、组织者和‘永久说服者’”（Forgacs，1988，p 321）。

纵观历史，最典型的知识分子其实是神职人员：

在很长的一段时间里，神职人员……把持了众多重要领域的权威：宗教思想，既是哲学，又是科学，还是道德、正义、仁慈、好坏的标准，在学校等教育领域传播。神职人员的分类考虑到了知识分子会受土地主压迫的情况。知识分子和土地主在法律上的地位是平等的，既保留了封建土地所有制，又具有了国家权利这一属性（Forgacs，1988，p 302）。

岁月流逝，我们逐渐发现“这种形式……产生了管理阶层，也产生了学者、科学家、理论家、非神职哲学家等”（Forgacs，1988，p 303）。这些“各类传统知识分子……认为自己是自由独立的社会支配群体”

(Forgacs，1988，p 303)。

对任何群体来说，最重要的特质是“发展支配权”，“与传统知识分子战斗，在思想上同化并征服他们，这种征服和同化是很迅速的，其越有效，越能成功，也越能够将自身的有机知识分子群体意义化”(Forgacs，1988，pp 304－305)。

在葛兰西的理论框架中，知识分子(就像我们所看到的，这是一种较大的构想)在维持和挑战现有的经济社会秩序中起着决定性作用。也就是说，知识分子(包括社会工作者和社会工作教育者)是公民社会中潜在的重要角色，现在被限制在霸权主义之中。因此，受压迫的群体去挑战现有秩序，最终能够主导现有秩序，必然不再是依赖本群体外界的知识分子，而是创造属于自己的“有机”知识分子。这种新浮现的“有机知识分子”的规则秩序就像葛兰西“鲸须在胸衣中”的名言那样(Robinson，2006，p 79)。其实，这并不简单：“如果我们的目标是去创造一个新的知识分子阶层，他们具有非传统发展的适时态度，具备最高水平的专业能力，如果是那样的话，我们需要克服许多史无前例的困难才能成功”(Forgacs，1988，p 320)。

葛兰西相信：

(困境在于)需要让两个互为补充的方面协调发展：大规模政党的功能是“集体知识”……学校必须被改革，以掌控身心技能的发展并确保身心达成一个“新的均衡”。对自由和自治的发展仍然是更为广泛的运动(Forgacs，1988，pp 300－301)。

葛兰西坚持认为，马克思主义政党——或“现代贵族”——是为社会主义而奋斗的一个至关重要的且不可或缺的力量(Showstack Sassoon，1986；Gill，2000)。然而，“在葛兰西那里，不是布尔什维克先驱者的活动及信仰，而是批判性的教育学赋予……工人阶级的历史愿景，并以此作为一个阿基米德点，使其转变为专业革命者”(Rupert，2006，p 94)。对于葛兰西而言：

现代贵族，迷思的贵族，不能成为一个真正的人，一个具体的个人。只能是一个有机体、一个由复杂原子构成的社会，其集体意志已经得到承认，在某种程度上宣称自身在行动，并且开始采取具体的行动形式（Hoare和Nowell Smith，2005，p 129）。

批判性反思

葛兰西强调梭伦（Solon）“认识你自己”的名言（后来被苏格拉底（Socrates）提出）具有十分重要的意义。在葛兰西看来，梭伦并不是鼓励以自我为中心的狭隘思想。这一格言富有政治和民主化的意味：

梭伦的目的在于，平民相信自己野蛮的起源，而贵族则是神圣的，贵族需要在神性中反省自己，并且认识到平民具有与贵族相同的人性，因此可以要求享有与他们平等的民事权利。而他确立的平民和贵族具有相同人性的意识，是古代民主国家兴起的基础和历史渊源（Bellamy，1994，pp 8－9）。

葛兰西以此作为理解的基础，在个体与更广泛的社群之间建立关联：

认识自己，理解自己，维护自己的身份，将自己从混乱中抽离出来，成为秩序的一个代理人，但一定是自身秩序，并自律地投身于一个理想秩序之中。但是，一个人如果不了解他人及其历史，以及他人努力创建的文明，是不可能实现其目的的（Bellamy，1994，p 11）。

因此，“终极目标”是“通过学习他人而认识自己，通过认识自己而理解他人”（Bellamy，1994，p 12）。在监狱期间，他回到同一议题，并且坚持认为：

迄今为止，对以前所有哲学的批评，层层累积于今日的大众哲学之中。而批判性阐述的起点是人们真正地意识到，到目前为止，“认识你自己”是一个历史的产物，是那些无穷多的观念以不着痕迹的形式形塑的结果。然而，一开始必须制定一个目录，将这些观念载入史册（Forgacs，1988，p 326）。

简而言之，葛兰西的观点是，如果试图寻求根本性的社会变革：

> 必须建构一个清晰而连贯的世界概念，他们……应当首先询问人们如何亲身经历真实的世界，以及如何应对每一天。“人们”和“他们”，包括“我”、“我们”、未来的世界开始发生的变化(Brunt，1989，pp 153－154)。

他的所有议题对社会工作者而言，就是批判性反思(White 等，2006)。因此，在21世纪的前25年，我们应当如何回应葛兰西的议题?

社会工作中的“堡垒”和“工事”：葛兰西在今天

必须承认，葛兰西对美国精神、福特主义和泰勒主义的强调尚有缺陷。工厂组织的观点也与马克思和其他马克思主义流派(比如法兰克福学派)并不一致，马克思倾向于分析工厂的剥削和异化(详见第四章)，而马克思主义流派对于现代性、机械化和技术的发展持怀疑态度。

简单的身心二元论，即“现代生产技术可以容许‘新思想和自由形式’”是难以令人信服的(Landy，1994，p 229)：葛兰西似乎并不承认工人卷入生产之后，重复的劳动将对工人的身心带来极大的损害(Bellamy，1994，p xxii)。特别是与福特主义和泰勒主义相关的作品中，他未能意识到这些方法是为了控制劳动的差异，规训每一个工人的身体，只是“部分”使用在生产过程之中(Braverman，1974)。引人注目的是，美国工会官员早在20世纪20年代就宣称，福特主义的工人虽享有“高工资的待遇，但他们并不是真正的完全的活着——而是一半已经死去”(Grandin，2010，p 181)。在这一非人化的工厂之中，工人不允许在生产线上说话，为此不得不开发出一种称为“标准化脸谱”的技术，即说话时不动嘴唇的能力(Grandin，2010，p 81)。到20世纪20年代中期，福特实际上“几乎放弃自由家长制”(Grandin，2010，p 69)。他继续支付比大多数工厂更高的工资，但他依赖恫吓以提高工作效率并执行劳动纪律（Grandin，2010）。

虽然葛兰西一直被认为“对统治阶级霸权下的新技术和新的生产组织不抱任何幻想”（Showstack Sassoon，1986，p 157），但也有证据表明，他倾向于以资本主义制度下的工厂生产作为一种新的社会模式。然而，葛兰西对于技术入侵工作场所的观察有助于进一步讨论当代社会工作的发展。在此情况下，有些人抱怨随着计算机技术的发展以及集中设计电子模板的更多应用，将导致社会工作越来越泰勒主义和技术化（Baines 2004a，2004b；Carey，2007）。此外，我们还发现社会工作者在工作以外的私人生活和活动被以福特主义的方式所监测（McLaughlin，2007）。

葛兰西也提醒我们，日常生活中的私人性和个人性如何在政治上被纳入权力运作之中。他非常感兴趣的是，“权力的日常运作形式以及如何将权力的微观实践不着痕迹植根于更加结构化的嵌入式机制之中”（Ives，2004a，p 71）。对于“日常”和毋庸置疑的关注可能引导社会工作向反思性的方向发展，并且进入反资本主义的轨道（Trotsky，1979）。此外，葛兰西强调规则是建构的而非既定的，而这在某种意义上将提出这一问题，那就是不同的国家背景下的社会工作学者、社会工作者和其他社会行业如何在新自由主义霸权时期被定位。在特定的霸权秩序中，社会工作将扮演何种角色？而霸权如何在具体的历史语境下观察和感觉，又当如何克服？同时，这将进一步促使社会工作者和接受福利与服务的服务对象共同反思，如何联合起来抵抗威胁或商品化的后果（Garrett，2009）。

葛兰西主义者对社会工作者的专业“常识”提出的质疑，需要教育者和实践者对那些以理所当然的假设为基础的官方话语给予分析和去熟悉化，而这些假设是被特定的历史背景和经济条件所决定的。这不仅体现在社会工作者的服务之中，而且在社会工作者的服务记录中也有说明。

对于霸权运作机制的审视也可能促使社会工作者进一步反思之于公民社会中“壕沟”“堡垒”和“工事”而言的伦理困境。对我来说，作为一个社会工作学者，当与商品化霸权勾连的计划减少、侮辱并利用社会工作服务时，以“赋权”为视角可以做些什么？这些质疑进一步启发我们思考社会工作者在微观实践中语言使用的方向。

正如彼得艾夫斯（Peter Ives，2004a，p 5）所指出的，“葛兰西将语言视为一个政治议题”。试图更深入且更多的站在政治的层面上思考社会工作主流话语中的语言问题，以及日常服务当中可能遭遇的问题：特定的用词“假定的是社会总体或基础结构，还是社会行动者的特征？”（Barrett，1992，p 202）。尤其是经常被讽刺为“政治正确性”，必须深入研究更深层次的语言和文化权力关系是如何运作的。“对于霸权的分析还可以采取过滤的策略，借助于意识形态的斡旋、吸收和伪装，揭开一个巨大的文化网络的骗局”（Hussein，2004，p 174）。

关键词和短语不断地在不知不觉中巩固新自由主义的霸权秩序（Williams，1983）；因此，需要“专门地描述社会生活，并且以积极的力量形塑”（Fraser 和 Gordon，1997，p 122）。弗雷泽（Fraser）和戈登（Gordon）所假设的“批判性政治语义”的发展完全符合葛兰西的进路（Fraser 和 Gordon，1997，p 123）：一个实践植根于“对理所当然的信念去熟悉化”的计划，“其目的在于批判的可及性，以及表明当下的冲突”（Fraser 和 Gordon，1997，p 122）。事实上，以此所导致的失败是社会工作者面对的最大问题，原因在于“草率的”使用关键词可能会“将特定社会生活的解释视为权威、去合法化或遮蔽其他”（Fraser 和 Gordon，1997，p 123）。而这通常是主流社会团体的优势所在，也同时是底层群体劣势之体现。

当然，从事这一反对活动是并不容易的，因为这些结构性权力（以及以权力命名和定义的投资）试图维持霸权，并且确定什么是被允许的，什么是应当“关闭”的。在学术机构中，教育者往往受限，原因在于项目课程（基于新自由主义的世界观或不断地向此方面发展）由中央“权威”预审并且确定。这并不是说，在社会工作教育中不存在批判性的“空间”。事实上，霸权“并不是一个迷人的状态，也不会永远存在……也不可能吸纳所有人”（Hall，in Fischman 和 McLaren，2005，p 430）。

当然，以更批判的知识形式参与专业教育和实践是非常复杂的，原因在于，社会工作也是在不同背景下以不同的方式被建构而成。事实上，虽然没有特别借鉴葛兰西的思想，但德里德·阿加·阿斯克兰（Gudrid Aga Askeland）和马尔科姆·佩恩（Malcolm Payne）（2006）在评价当前社会工作教育错误地专注于促进限制性的“文化霸权”时，特别关注这一议题。他们认为：

（社会工作教育已经）成为全球市场的一部分，那些有足够的资源生产社会工作文献的学者，才能够在世界各地以专业社会工作处理社会问题的方式传播他们的理论观点和技巧，并且在社会工作知识的生产及传播过程中忽视地方情境(Askeland和Payne, 2006, p 734)。

由此可见，需要一个“国际标准”，即使变化也应当确保“社会工作”存在一个普遍的定义。

但是，需要强调的是，葛兰西主义者并不只是关注用词的斗争，同时也致力于探究一个更正统的政治，并试图(如在工会、政党和专业协会中)寻求新自由主义霸权策略的替代性阵地。

结　论

葛兰西著述的一系列概念并不是“蓝图”，也并非嵌入在“证据为本的实践”或一个固定的“结果”中。相反，他的著述(和生活)映射出一系列相互关联的问题：例如，葛兰西的理论框架能否帮助我们在特定的时空中理解社会工作？他的理论框架如何介入我们的日常工作和(个人)生活？他怎么帮助我们理解那些试图限制我们的力量，以及在经济和社会动荡时试图解放我们的力量？因此，本章鼓励读者与葛兰西“对话”，因为他的著述可以帮助我们审视这些复杂的问题。这并不是说，他的概念可以直接“在纸面上理解或机械的应用”(Morton, 2003, p 121)。相反，我们可以从葛兰西的著述中提炼出一些关键议题，启发我们认识社会工作的约束条件及可能性发展路径。

下一章将集中讨论布尔迪厄。像葛兰西一样，布尔迪厄是另一位欧洲思想家、社会理论家，也在晚年时成为一名政治活动家(Hobsbawm, 2007)。尽管葛兰西和布尔迪厄是两个非常不同的理论家，双方“少有对话”，但他们关注的议题是类似的。阿布迪拉赫曼·侯赛因(Abdirahman Hussein, 2004, p 176)认为，霸权——正如前文所述，是葛兰西的一个核心议题——是一种：

生活模式，是可理解的——一种理解自我和所居住世界的方式——在很长一段时间的进化过程中被不断的重复和强化。就像我们呼吸的空气一样，是看不见、摸不着、全封闭式的，是自然物质和生活节奏的一部分。鉴于这些原因，启蒙也是绝对必要的。

在接下来的章节中我们将看到，对于个人如何内化和认同主流社会结构的解读与布尔迪厄的“惯习”概念密切相关。

反思及交流 6　透过葛兰西审视“大社会”

英国是一个“破裂社会”，保守党-自由民主党联合政府于 2010 年掌权。在此背景下“大社会”被提出，而如何“实现”至关重要。

在葛兰西的视野下，“大社会”是一个潜在的霸权计划：

• 在最初提出“大社会”时，政治和社会格局的主要特征是什么？

• 提出“大社会”的核心理念是什么？

• 语言和具体运作过程是什么？“大社会”的官方话语是如何被建构的？

• 如何尝试建构一致的同意且能够“战胜”不同的利益和声音，进而实现“大社会”的霸权计划？

• 在建构“大社会”的理念中，“知识分子”和“专家”扮演的角色是什么？相比之下，谁的观点和看法是被边缘化的？有没有特定的视角是沉默、温和的或被“重新包装的”？

• 社会工作和社会工作者的角色如何界定？在“大社会”背景下，社会工作的隐形发展轨迹是什么？

第七章

与布尔迪厄对话

引 言

皮埃尔·布尔迪厄(Pierre Bourdieu),“一位已经转向人类学的哲学家(后来是一名社会学家)”(Callinicos, 1999a, p 288),是“法国南部一个偏远乡村的邮递员的儿子”(Noble和Watkins, 2003, p 521)。1955年,也就是阿尔及利亚独立战争开始第二年,他应征入伍。战争期间,他在阿尔及尔大学工作,并且开展人类学的田野调查,由此奠立其一生学术研究的基础。[①]此后,他返回法国,先后出版40余本著作和400余篇学术论文,在社会学界享有盛誉(Lane, 2000)。福勒(Fowler, 2003, p 486)认为,布尔迪厄的“代表作”是出版于1979年的《区隔》一书(Bourdieu, 2004),同年利奥塔(Lyotard, 1984)的名著《后现代状况》也在法国引起极大的反响。

除了法国之外,社会工作的文献往往忽视布尔迪厄,以至于米内利(Dominelli)的《社会工作社会学》(1997)一书的索引中也并未提及。这种忽视让人感到惊讶,因为布尔迪厄是除了鲍曼之外为数不多的享有盛誉的社会理论家(Bourdieu 等, 2002, pp 181-255)。在英国,休斯敦(Houston, 2002)试图考察社会工作与布尔迪厄的关联(Emond, 2003)。在美国,法拉姆(Fram, 2004)、艾弥拜尔(Emirbayer)和威廉姆斯(Williams)(2005)也打算一探究竟。

布尔迪厄以散文化的语言风格和等身“著述”而闻名,这往往会对初读者带来极大的挑战。指出这些潜在的障碍后,本章将解释他的“概念阿森纳”(conceptual arsenal)(Wacquant, 1998, p 220),以及重要的理论“术语”,如“惯习”“场域”和“资本”。并且,我们也将检视布尔迪厄理论中的一些不

① 关于阿尔及尔(Algeria)的作品,见 Bourdieu (2008, pp 3-31)。Sociological Review,第57卷,第3期,出版于2009年,从他在阿尔及尔的照片理解布尔迪厄的社会学、殖民主义,是一个非常特别的视角。详见 Back (2009), Haddour (2009), Loyal (2009), Puwar (2009), Schultheis 等(2009)和 Sweetman (2009)。本章部分内容来自我早期的论文,详见 Making social work more Bourdieusian: why the social professions should critically engage with the work of Pierre Bourdieu, European Journal of Social Work,第10卷,第2期,pp 225-243;The relevance of Bourdieu for social work: a reflection on obstacles and omissions, Journal of Social Work,第7卷,第3期,pp 357-381。感谢 Taylor 和 Francis 及 Sage 允许我使用我以前的著述。

足，尤其是多元文化主义、种族、族群性以及国家等议题。

布尔迪厄并没有受到大学环境的约束和限制。虽被冠以“斯大林主义式的宗派主义”，但他长期坚守“左派立场”（Wacquant，2005b，p 11）。本章的第二部分将介绍他对于知识分子角色，尤其是社会学功能的论述。最后，将重点讨论布尔迪厄对于社会工作的理解。这是由于，在新自由主义占主导的语境下，布尔迪厄往往容易被泛化。

理解上的潜在障碍

那些不懂法语的读者在阅读布尔迪厄时常常受困于其散文化的语言风格，并且往往归咎于英文译者，其实大可不必如此，因为主流的翻译是获得了作者首肯的。Jenkins(2002，p 26)指出，除了散文化的语言风格之外，“深入阅读的错觉也可能令读者生厌”。其他人，比如 Lemert(2000)，也认为布尔迪厄的语言风格给人留下深刻的印象。然而，Wacquant(1998，p 217)，作为布尔迪厄的忠实伙伴和长期合著者，承认布尔迪厄的写作往往“深陷于语言表达之困”，由此导致“读者乍看上去如果不是棘手的语言，就是令人生畏的语词”。

在采访、新闻以及好辩的镜头中，布尔迪厄的思想是相对容易理解的，但在学术论文的写作中他却尽量避免使用简练的短句，并且坚持认为“语意的复杂性只能通过一种复杂的方式表达”（Bourdieu，1994，p 51）。而经过深思熟虑之后，布尔迪厄之所以选择这一复杂的文体，是因为他打算与“天真的熟悉和直接理解的错觉决裂”（Bourdieu，1996，p 2）。在一次以“替代性的表达(In other words)”为题的采访中，他详细地指出：

我的文字中充满了暗示，是因为我不希望读者对其进行任何的歪解和简化。不幸的是，我表达的如此之详细，但是他们并没有注意到这些。他们的阅读如此速度之快以至于忽略了我的微言大义，甚至或多或少误解了我的本意……可以肯定的是，我不希望我的表达是简洁明了的。如果放弃严格的用词的话，虽然简单可读，但往往可能会面临风险。最重要的原因是，表面上的清晰往往是主流话语的一部分，并且认为一切皆是不言而喻的，一切都是刚刚好……不管是为了保证表达的客观性，还是限于某种政治理性，我相信你不得不接受这一点，那就是话语可以而且必须像试图解决的问题那么复杂(或多或少是复杂的)……我不相信存在“常识”和“清晰”的美德(Bourdieu, 1994, pp 52 - 53)。

这一社会学的愿景(sociological aspiration)隐含在布尔迪厄大部分著述中，而“表面上的清晰(false clarity)”或许值得在社会工作中分享。

另一个障碍是，尽管布尔迪厄终生抵抗误导性的“标签”，但一些批评家和评论家坚持认为这是对他的“束缚”，或者造就了一个被“分裂的”布尔迪厄形象。尽管布尔迪厄的著述是“后现代唯意志论政治的解毒剂”，但是有些学者，比如 Lash(1990)坚持认为布尔迪厄是一个“后现代主义者”(Lovell, 2000, p 34)。也有人称他为“马克思主义者”，是以“马”作为其“学术资格”的(Wacquant, 2001b, p 103)。我们很容易理解布尔迪厄为什么被标记为“马克思主义者”，因为在他的分析中常常使用马克思主义的术语和词汇，比如“无产阶级”“文化帝国主义”“阶级力量”等。此外，布尔迪厄清楚马克思主义对自己政治立场的影响，例如，他尖锐的反对市场原教旨主义、裁员和各种商品化的文化表达形式。他充满激情地攻击失业率，似乎也暗示其对于马克思主义的坚持，或与其站在同一立场，或者受到马克思主义的世界观的形塑。

在下文中，将聚焦于布尔迪厄的三个概念：惯习、场域和资本。虽然下文致力于论述这些概念之间的差别，但是也会像第六章那样，考察三个概念之间的关系及其动态实践过程。

检视布尔迪厄的“概念阿森纳”(conceptual arsenal)

惯习

在 20 世纪六七十年代，主观主义和结构主义是最为重要的两条思想脉络，而布尔迪厄试图重申前者的结构面向和后者的主观维度。他认为，结构主义和“一代的结构主义者”试图回应的核心问题是，“主观主义”意味着一种存在于空气之中的松弛的“人文主义”，并且只能诉诸自满的“生活经验”(Bourdieu，1994，pp 4-5)。因此，他利用惯习将主观主义与主观主义者的愿景区别开来，并且试图：

重申被Levi-Strauss和结构主义者(包括Althusser)倾向于废弃的行动者概念。在他们看来，行动只是结构变迁过程中的副产品。其实，从古至今，社会行动者并非像时钟那样自律，也并不按照规则行事(Bourdieu，1994，p 9，p 20)。

在他看来，结构主义者的问题(比如Althusser)在于提出一个“不存在行动者的宏大理论(grand theory without agents)”，忽视了“一个工人，或者一个农民，或者任何一个行动者”(Bourdieu，in Karakayli，2004，p 359)。简言之，他们“没有为行动者留下余地”(Bourdieu，in Overden，2000)。

从亚里士多德(Aristotle)到阿奎纳(Saint Thomas Aquinas)、黑格尔(Hegel)、韦布尔、涂尔干、莫斯(Mauss)和胡塞尔(Husserl)，在他们的哲学以及社会学的著述中都提及惯习的理念，而布尔迪厄则将惯习视为自己的“标志性概念(hallmark concept)”(Shusterman，1999，p 4)。然而，他致力于批判忽视了主观主义的结构主义的客观主义，进而重新建构惯习的含义。在“社会生活不断整合以及个体化的过程中”，布尔迪厄以惯习的概念超越个体与社会之间的矛盾。这意味着“以‘主体’为核心，但同时受到了社会境况的约束”(Bourdieu，1994，p 15)。可以说，这定义了一个人“整体的存在方式”(Bourdieu 等，2002，p 510；Bourdieu，1994，2002a，2002b)。Lemert(2000，p 101)认为，“布尔迪厄的社会学著述中最为出彩的段落就是对惯习的阐述”：

(惯习)是一些有结构的结构，倾向于通过结构化的结构发挥作用……这些实践和表象活动客观地得到“调节”并合乎“规则”，而不是服从某些规则的结果……是集体的协调一致，却又不是像乐队那样听从指挥(Bourdieu，2003b，p 72)。

此外，实践“受到过去条件的限制，总是倾向于复制客观结构”(Bourdieu，2003b，p 72)。因此，惯习可以理解为“持续的，可转换的倾向系统，它把过去的经验综合起来，每时每刻都作为感知、欣赏和评价的母体发挥作用”(Bourdieu，2003b，pp 82－83)。与此相关，惯习具有自我审查或自我编辑的特质，是“被客观条件持久灌输的……产生一些在客观上与这些条件相容的、最不可能的实践活动……是不可想象的事物”(Bourdieu，2003b，p 77)。

在儿童时期，也许下文的构想并不足为奇，但尤为重要。惯习“规定每个行动者的‘早期教育’，进而持续影响到一个人的一生”(Bourdieu，2003a，p 81；Cronin，1996；Circourel，2003；Tomanovic，2004)。进而言之，布尔迪厄坚持维护兴趣在教育中的重要角色与意义。事实上，尽管Althusser和布尔迪厄的理论取向不同，但他们均倾向于认为学校是“现代意识形态的基础”(Fowler，1997，p 22)。在《世界的重量：当代社会的社会疾苦》一书中，布尔迪厄指出学校往往处于“受访者疾苦的中心”(Bourdieu，in Bourdieu 等，2002，p 507)。对于布尔迪厄而言，在教育中的“休闲放松”是与“孩子在物质上有保障”直接相关的，而工人阶级以及失业工人的孩子则可能遇到障碍和困难(Fowler，1997，p 24)。我们并非不考虑例外情况，比如工人阶级以及失业工人也有可能让孩子“获得”成功的高等教育，而是由于“(社会)系统中毕竟存在精英与平民之分”(Moi，1991，p 1026)。然而，布尔迪厄承认，“在现代民主国家中，教育系统是符号暴力的主要行动者之一”(Moi，1991，p 1023；本书第九章)。

此外，布尔迪厄建构惯习概念时，有两点特别值得指出。首先，已经被许多评论家指出，身体在布尔迪厄理论脉络中具有重要意义(Moi，1991；Butler，1999)。布里奇(Bridge，2004，p 62)宣称，布尔迪厄对于“阶级划分的理解是围绕着身体的空间移动而展开的——即铭刻着胳膊和手的姿势、头部的倾斜等”。其实，惯习是“铭刻在身体上的社会”(Bourdieu，1994，p 63)：“身体不是在生活中记忆过去，而是定义过去”(Bourdieu，in Butler，1999，p 115)。同样，惯习可以解释为“历史化身于身体之中”(Bourdieu，1994，p 190)。后来，许多社会学家开展了与社会工作直接相关的研究，比如身体预示着阶级和性别如何影响行动者的社会互动。按照布尔迪厄和 Beverley Skeggs(1997，p 91)的观点，身体

“在对空间的使用中传递出强烈的等级观念”。近来，由于工人阶级这一身份群体的失语，“傻帽儿”标签被建构起来，并用以嘲笑一部分工人阶级(Haywood 和 Yar, 2006；Tyler, 2008；Jones, O., 2011；Toynbee, 2011b)。

其次，布尔迪厄多次强调惯习是不确定的(尽管有时以确定的形式出现)，因为“受到不同视界与分野规则的影响，社会世界有可能根据不同的方式构筑而成”(Bourdieu, 2002a, p 237)。这一概念让人想起马克思的论述，个人“创造自己的历史，但是他们并不是随心所欲地创造；并不是在自己所选定的条件下创造，而是在直接碰到的、既定的、从过去继承下来的条件下创造”(McLennan, 2000, p 329)。Fowler(1997, p 23)也认为，“人(行动者)，无论是个人还是集体，一定是在特定的社会条件下改变或复制社会结构，并且在革命时刻已经将其内化为惯习的一部分”。

对于布尔迪厄而言，“使无限数量的‘举措’有效”常常让人产生一种“游戏感”(Bourdieu, 1994, p 9, 65)。比如，他在阿尔及利亚的田野调查中发现，婚姻并不是一个简单的服从当地规则的过程，而是让人意识到自己在游戏中能够“找到”最佳合作伙伴，是一种“游戏感”。同样，布尔迪厄认为：

(惯习)并不是自然的，也不是天生的，而是历史、社会阅历和教育共同造就的产物，并且有可能随着历史、社会阅历和教育的变化而发生改变……一个人的性情是持久存在的，但不是永恒的，也表现出一定的延续性与非延续性……惯习则很难发生变化，但是也可能通过教育以及意识的觉醒而改变(Bourdieu, 2002b, p 29)。

因此，他热衷于回应他人的批评，即过多的注意惯习对于行动者完全约束的一面(Haugaard, 2002；Jenkins, 2002；Noble 和 Watkins, 2003)。布尔迪厄进一步指出，“他人的批评其实是一个结构产生惯习，而惯习再生产出新的结构的无限循环模型”(Bourdieu, 2002b, p 30)。并且，即使是：

在传统社会或现代社会的特定行业，惯习也从来都不是循环往复的——这是惯习和习惯之间的区别。而是作为一个相互影响的动态系统，在本质上是可以再生产的(Bourdieu, 2002b, p 30)。

在与Loic Wacquant共同撰写的《反思社会学导引》(Bourdieu和Wacquant, 2004)中，布尔迪厄表达得更为细致：

与某些人的理解正好相反，惯习不是宿命。由于惯习是历史的产物，所以它是一个开放的性情倾向系统，不断地随经验而变，从而在这些经验的影响下不断地强化，或是调整自己的结构。它是稳定持久的，但不是永久不变的！不过，在指出这一点的同时，我还必须指出另外一个问题，即这里存在某种可能性，它深刻地体现在与确定的社会条件维系在一起的社会命运之中，那就是经验也会巩固惯习。这是因为，从统计角度看，大多数人必然要遭遇的情境，很可能与起初形塑他们惯习的那些情境一致(Bourdieu, in Bourdieu和Wacquant, 2004, p 133)。

其实，“惯习与模糊性和不确定性直接相关”(Bourdieu, 1994, p 77)：“但是在一定范围内可以提供临时的应对之策”(Bourdieu, 2002b, p 31)。Houston (2002, p 157)指出，早期讨论布尔迪厄与社会工作的相关性时，惯习的概念意味着“我们不是机器人或盲目的车辆，而是在发生新情况时根据一种非常松散的指导方针制定战略、适应、即兴创作或创新”。在迁移的过程中，家庭破裂、疾病或残疾带来“紧张和矛盾”，进而可能产生一种“裂缝的惯习”(cleft habitus)(Bourdieu, 2007, p 100)。

同样，在他去世前不久的一次访谈中，布尔迪厄认为：

(惯习)再现了社会的一部分。但同时也发生了改变。社会建立在冲突之上。人们能够探寻各自的预期和生活方式……而一旦出现新的变化，他们依旧能够探究自己。因此，社会行动者和政治干预的问题变得尤为重要(Overden, 2000)。

伊格尔顿(Eagleton, 1991, p 50)指出，一个人或一个团体的惯习是“实践的意识形态”，这是一种“创造性的、开放式的，也不需要对主流理念进行简单的‘反思’”。惯习，像人类语言本身那样，“是一个开放式的系统……允许不断创新，而不是一幅僵化的蓝图”（Eagleton，1991，p 156）。

场域

布尔迪厄的惯习概念与场的概念密切相关。场或场域，是“一个结构化的社会空间，各种力的交汇之所”，决定着行动者或行动团体在空间中的相对位置(Bourdieu，1998b，p 40)。而人“位于一个点……占据一个地方。点……可以被定义为行动者或某一事件发生的物理空间点”(Bourdieu，in Bourdieu 等，2002，p 123)。然而，个人也“构成社会空间，或与之发生关系(或与场域发生关系)”(Bourdieu，in Bourdieu 等，2002，p 124)。

> 空间可以被描述为各种力相互拉扯的场域。换言之，一旦进入场域，意味着一系列权力关系的确立。必须指出的是，这些关系无法归结于个体行动者或行动者之间的直接交互。(Bourdieu，1991，p 230)

乔普拉(Chopra，2003，p 427)指出：

> (布尔迪厄)以场域的概念解释社会空间的构成及其运作，区别于惯习的分析路径。后者认为，社会空间产生于同类人在特定的社会环境中的互动；而前者则强调，各种不同的人、不同的场域(尽管可能是重叠的)、不同领域的活动与实践(比如，文化、经济、社会和政治)。

进入现代社会之后，这些场域(包括社会工作)的数量激增(Cronin，1996)。

因此，任何一个社会场域“就是一个关系空间，并且像地理空间那样是真实存在的”(Bourdieu，1991，p 232)。此外，任何一个社会场域是“一个由一系列不言而喻的规则构成的结构，人们可以乐在其中”(Eagleton，1991，p 157)。这对于在特定社会场域中那些占据特定位置的人而言是非常重要的，因为“任何话语……要么被正确的遵守，要么视为废话(在知识场域中，这些话语往往可能是愚蠢的和幼稚的)”(Moi，1991， p 1022)。即便如此，场域“并非由任意行为所产生，而必须遵守不言自明的规则”(Bourdieu 和 Wacquant， 2004， p 98)。

场域至少具有三个关键特质。首先，场域是惯习的动态过程。其次，场域试图维持其自主性。在布尔迪厄看来，随着新自由主义力量的渗透和破坏，维持文化和科学再生产的自主性越来越重要，并且也越来越紧急。再次，场域意味着竞争。为此，资本的构成非常重要。

• • • 资本

对于布尔迪厄而言，资本“如果把场域排除在外，就不存在了，也不会发挥作用”(Bourdieu 和 Wacquant， 2004， p 101)。因此，在“大多数场域中，我们可以观察到不同形式的资本积累时的竞争特质”(Bourdieu, in Bourdieu 和 Eagleton， 1994， p 271)。Wacquant(1998， p 221)指出，“性情倾向系统的获得取决于他们在社会中的位置，也就是特定的资本形式”。更为重要的是，只有那些获得相关资源的人才能够参与到界定场域的斗争之中。因此，一个行动者在场域中的位置取决于“可获得的资本的数量与类型”(Peillon， 1998， p 216)。“站在合法性的角度，说话的权利取决于得到场域中拥有雄厚资本的行动者的认可”(Moi， 1991， p 1022)。

布尔迪厄(1991， p 230)进一步指出：

> (不同)类型的资本就像纸牌游戏中的主一样是有权力的，可以在特定的场域中获得利润(事实上，在任何一个场域或次场域中皆如此，均存在一种可以作为权力或股份的特定类型资本)。

此外，他还对资本给予如下阐述：

> 无论什么时候，都是游戏者之间力量关系的状况在决定每个场域的结构。在我们的眼里，游戏者的形象就好像是面对一大堆不同颜色的符号标志，每一种颜色都对应一种她所拥有的特定资本，与此相应的是她在游戏

中的相对力量，她在游戏空间中的位置，以及她所采用的策略性取向，这些都是我们在法语中称她“参加游戏”的意思；她所采取的每一步行动，不论是不惜冒点风险还是多少有些小心谨慎，是颠覆还是守成，都既取决于她手里符号标志的总数，也取决于这堆符号的组成状况，这也就是说，取决于她拥有的资本的数量和结构(Bourdieu，in Bourdieu 和 Wacquant，2004，p 99)。

……………………………………

他区分了资本的三种类型。首先，经济资本，指物质和金融资产，股票和股票所有权等。其次，文化资本，即“稀缺的符号商品、技能和头衔”(Wacquant，1998，p 221)，例如，高等教育场域中的区隔。此外，布尔迪厄认为：

……………………………………

(在)战后繁荣的西方社会，“文化资本”——教育凭证以及熟悉的资产阶级文化——成为生活机会的主要决定因素，藏匿于个人天赋和学术精英的斗篷之下。并且，文化资本的分配不均有助于维护社会等级(Wacquant，1998，p 216)。

……………………………………

再次，社会资本可以被理解为资源或联系人，“得益于一个特定组织或网络的增加”(Wacquant，1998，p 221)。Nowotny 受到布尔迪厄概念框架的启发提出“情感资本”这一概念，但他认为这是一种变异的社会资本，只具有私人性，而并没有延伸到公共领域(Reay，2000，2004)。Parker (2000，p 88)发展出“帝国资本”——殖民统治历史优势的积累。

符号资本不同于以上三种形式的资本，但又可以成为其中的任何一种。布尔迪厄 (1991，p 230)指出，“符号资本，通常称为声望、名誉、信誉等……建立在知识和认可的辩证基础之上，是各种类型资本的一种特定形式”。在“针对常识的生产，或者更准确地说是被官方合法命名的垄断的符号斗争中，行动者以符号资本参与其中”(Bourdieu，1991，p 239)。那些缺乏“适当的”象征资本形式的行动者发现自己在特定的场域中处于不利地位。他们甚至可能从“他们的名字、口音和居住地”中发现，自己累积的是布尔迪厄意义上的“负符号资本”(Bourdieu，in Bourdieu 等，2002，p 185)。

布尔迪厄的潜在困境

布尔迪厄、多元文化主义、“种族”和族群性

在下文中将重点分析布尔迪厄著述的潜在困境。首先是他对多元文化主义、种族和族群性的讨论有牵强之嫌。在《世界外交》中攻击了美国“文化帝国主义”，布尔迪厄和 Wacquant 认为，“多元文化主义”与“全球化”“灵活性”“治理”“可雇性”“底层阶级”“排序”“新经济”“零容忍”“社群主义”等像是 Orwell 笔下的“奇怪的官腔”(Bourdieu 和 Wacquant，2001，p 2)。“北美‘多元文化主义’既不是一个概念，也不是一个理论，亦或一个社会或政治运动”，而只是一个“屏幕话语”。布尔迪厄和 Wacquant 批评“少数人”“族群性”和“身份”只是反映出“资本主义”“阶级”“统治”和“不平等”的简单一面(Bourdieu and Wacquant，2001，p 2)。[①]两位学者对文化研究的批评更为激烈，称之为“混合领域”(Bourdieu and Wacquant，1999，p 47)。他们接着指出：

> 美国文化工业喜欢爵士乐和说唱，或最常见的食品和时尚服装，比如牛仔，部分可以归因于年轻人生来是少数下层的准诱惑。因此，新的世界公认的主题毫无疑问是对象征效力的深入分析，比如边际或颠覆性问题的研究，如文化研究、少数族群研究、同性恋研究或妇女研究。在作者的眼中，这些都来自前欧洲殖民地，例如解放的吸引力。事实上，激进知识分子(或是在种族不平等案例中的“颜色知识分子”)站在社会批判的角度，对文化帝国主义尤其是国家的霸权利益给予深刻批评(Bourdieu 和 Wacquant，1999，pp 50 - 51)。

尤其是在“种族”问题上，布尔迪厄和 Wacquant 指出：

① 一个古老的拉丁版圣经，由 St Jerome 等人在 4 世纪编辑。

白人和黑人之间的鸿沟是美国传统中一个十分复杂的社会现实，甚至影响到国家对于族群差异及其实践的分界准则（Bourdieu and Wacquant，1999，p 44）。

当然，在这些指责中存在大量的事实。比如，英国社会工作中的“二分法”使得爱尔兰人是无形的（Garrett，2004）。同样，有时候也可以说是由于“多元化”与“差异”的修辞而长期掩盖着社会阶级和贫困（Garrett，2002）。事实上，这一主题将在第九章和第十章中重新讨论。在此，旨在阐述多元文化主义容易上当受骗，是参与欺骗的“屏幕话语”，是不靠谱的，而更深层次的问题则与“种族”和族群性有关。

詹金斯（Jenkins，2002，p 92）指出，布尔迪厄“除了他早期的北非研究之外，其实较少涉猎种族问题”。然而，这应当返回法国文化和政治生活的“场域”之中。正如韦伯那（Werbner，2000，p 150）所指出的，大多数“法国评论家承认，共和党从文化上的个人平等转向多元的国家整合之后，法国知识界开始深深为之担忧”。在更广泛的政治和官方话语中，当“平等的原则被流离失所的‘族群性’起源与宗教信仰所替代时，那些不适合共和党的动员方式遭到强烈的批评”（Dikec，2006，p 163）。而这在国家确认的“伊斯兰恐惧症”案例中更是如此（Murray，2006）。2005 年 10 月到 12 月，居住在郊区的失业者和穷人引发“暴乱”，导致占主导地位的共和党的融合模式更为脆弱（Dikec，2006；Murray，2006；Balibar，2007；MacCormaic，2009）。并且，这些无确实根据的争论将在法国政体内部引发一个更普遍的身份危机（Liogier，2010；详见本书第十章 Alain Badiou 的论述）。

因此，布尔迪厄和 Wacquant 的论述在法国的背景下是可以解释的（即使信服之人较少），从“第三共和国普遍主义”到最近的动荡中，种族主义的理解和分析是法国的主要范式（Lane，2000，p 200；Balibar，2007）。然而，“多元文化”的概念比布尔迪厄和 Wacquant 试图构筑的分析框架更为复杂（Lewis，2005；Lewis 和 Neal，2005；Yuval-Davis 等，2005）。例如，争辩的核心不仅仅是美国主导国际知识界这一结果那么简单。例如，欧盟资助的研究经费鼓励对族群性、种族主义和欧洲移民的比较。多元文化主义像一场“理论旅行”，“掩盖了不同国家甚至不同城市和地区在差异性和不稳定性上的斗争，这是由于多元文化主义总是受到一个预先存在的结构和已经到位的政策的影响”（Werbner，2000，p 154）。其实，多元文化主义并不是一个“由政府自上而下推动的政策”，有时也是：

为了回应基层需求的变化，是基层与国家互动的产物。批判性的多元文化主义——不像已经存在于一些欧洲国家的多元文化——是一个另类模式，通过排除或边缘化少数族群来攻击旧范式、非神圣化禁忌话语以及神圣不可侵犯之物（Werbner，2000，p 154）。

在英国和其他地方，社会服务对“多元文化主义”的促进，至少在某种程度上已经是为被边缘化少数族群斗争和提供服务的产物。

当然，布尔迪厄并不完全忽视“种族”和族群性问题的根源，只是在《Le Monde Diplomatique》论文中过分强调“反对多元文化主义”这一方面（Puwar，2009，p 373）。非常明显的是，他终其一生反对以国家为中心的种族主义和仇外心理（Bourdieu，2008，pp 284－288）。2005 年“骚乱”之后，他“挑战右翼媒体的论述，即某些犯罪或破坏行为是内战的一种初级形式”（Bourdieu，2008，p 202）。

《世界的重量》（Bourdieu 等，2002）在更抽象及概念的层次上，以“负符号资本”指称法国学校中的“外国尤其是北非的青少年”。这不仅与“他们身体禀性的外部特征有关”，也涉及他们的名字、口音、居住地（Bourdieu，Bourdieu 等，2002，p 185）。然而，布尔迪厄的分析可以一直向下延伸。例如，布尔迪厄提出“分裂的惯习”的概念（Bourdieu，Bourdieu 等，2002，p 511；Bourdieu，2002b，p 31）——对于研究当代欧洲移民是一个可能有用的概念——应当给予更全面地检视（Sayad，2004）。在这一脉络中，帕克（Parker，2000，p 82）发展出“流散惯习”的概念，意指“在流散中用于支配日常实践的感知、鉴赏和行动体系”。这一定义非常重要，因为惯习无法捕捉到“种族主义的生活经验以及在中长时间段中被社会空间的优先权所映射的阶级立场”。而“流散的社会位置意味着种族主义的社会不平等所带来的顽固承约和抵抗，而这作为一个额外元素与布尔迪厄的模型是不符的”（Parker，2000，pp 83－84）。

布尔迪厄的"左派"与"右派"

布尔迪厄在论述国家角色，尤其是塑造公众观感时令人印象深刻：

> 在现代社会，国家对于社会现实的生产和再生产具有决定性的贡献……特别是通过社会类别……确立分类的所有基本原则，比如性别、年龄、"能力"等。以持久而明确的象征差异，确立其公认权威……通过它能构建实践，国家建立和反复灌输常见符号形式的思想，社会知觉的框架或内存，国家形式的分类，或者更准确地说，感知、升值的实际计划和行动(Bourdieu，2000，p 175)。

Wacquant (2005b，p 17)进一步发展这一观点，他断言：

> 国家除了"在那里"之外并不存在，那里有官僚体制、当局和仪式；国家以"这里"为生，通过教育让我们认识被建构的社会世界，进而以国家倡议的心理形式铭刻于我们身上。由此，在任何"政治"行为之前，我们已然同意其规定了。

布尔迪厄(2001b，p 5)对于国家的论述仍然是有问题的，特别是他对于国家"左派"与"右派"的区分。在他看来，国家的"左派"由社会工作者、青年领袖和中小学教师组成，换言之，"所谓支出部门的一系列行动者是在以往国家斗争中留下来的痕迹"(Bourdieu，2001b，p 2)。相反，"右派"则是财政部和银行技术官僚，"对于左派提出的问题一无所知，沉迷于财务平衡，通常面对'预算限制'的昂贵社会后果"(Bourdieu，2001b，p 5)。在某种意义上，布尔迪厄对于内部分裂的论述是有说服力的。然而，尽管他承认两者之间的紧张关系，但还是应当将国家视为一个复杂的整体。在此，"左派"的行动不能全部被视为有益的，因为有可能掩盖其潜在的监管目的。如果布尔迪厄的二分法是准确的，那么我们怎么理解第三章关于"关怀"侵权行为的讨论？"国家的左派"不仅可以是一种惩罚，而且在历史上和现代的背景下是区分穷人"应得"和

"不值得"的一种关键意识形态。

布尔迪厄对新兴"超级国家"充满的信心也应当被给予批评。比如欧盟，正如在第五章所讨论的，领土越来越广阔，是新自由主义的表征(Callinicos, 1999b, pp 92-93; Harvey, 2010)。

• • • 布尔迪厄和工人阶级

对于布尔迪厄的第三个批评集中于他的概念基础。对布尔迪厄最了解也最具洞见的评论人之一福勒(Fowler, 2001)在检视布尔迪厄的著述时发现，惯习可以替代反思。尽管如此，布尔迪厄有时显得过于确定，尤其是在占主导地位的团体中，过分强调社会行动者的被动。他说，例如：

> 体力劳动者作为一个群体，曾经的骄傲植根于传统以及持续的技术和政治遗产之中。而今如果依旧存在的话，将陷入道德败坏、贬值和政治幻灭之中，这是激进主义危机的表现，或者更糟的是，孤注一掷的支持准法西斯极端主义(Bourdieu, 2001b, p 100)。

查尔斯沃思(Charlesworth)在和约克郡罗瑟勒姆镇的工人阶级受访者讨论布尔迪厄的著述中的关键段落时，发现他们"着迷于布尔迪厄的思想，并且清楚地知晓布尔迪厄试图要表达的意涵"。他认为，这些人"满怀热情地将布尔迪厄对他们生活方式的解释握在手中"(Charlesworth, 2000a, p 27; Charlesworth, 2000b)。尽管在表面上是得到认可的，但是布尔迪厄的进路依旧是有问题的。正如诺布尔(Noble)和沃特金斯(Watkins, 2003, p 524)所指出的，布尔迪厄"断言惯习不是宿命，而是一个开放的性情倾向系统，不断地随经验而变，但是他依旧聚焦于惯习的稳定持久"，比如：

> 人不是傻子，他们远不是我们所设想的那么行为乖戾、那么容易受哄骗。因为经过漫长的多方制约过程，他们所面对的各种客观机遇已经都被他们内在化了。他们知道怎样去"识别出"适合他们的未来，这一未来为他们而设，他们也为这一未来而生("这不属于我们这类人"这句话所指

定的意涵正与此相对）。这一切都是通过一种实践性的预期完成的，这种预期仅仅通过现状的表面现象，就能把那些毋庸置疑地强加在行动者身上的，让他们认为是“不得不”去做、“不得不”去说的东西，而那些东西事后若回想起来，也好像是“唯一”能做、“唯一”能说的了（Bourdieu，Bourdieu 和 Wacquant，2004，p 130）。

因此，惯习往往被视为一个静态的实体，这可能破坏了布尔迪厄实践理论对互动实践、策略和关系的强调。例如，弗里德曼（Friedmann，2002）已经确定惯习容易发生改变的五个领域：社会流动性；迁移，包括“移民惯习的大规模调整”、移民的孩子倾向于选择“大都市的惯习”（Friedmann，2002，p 302）；社会运动的影响，尤其是女性主义运动，共享集体关系；晚期资本主义时期惯习的加速改变；社会秩序坍塌时社群惯习的崩溃（Rwanda，Kosovo，等），“但是据说依旧稳定，如日本”（Friedmann，2002，p 304）。

站在女性主义的角度，布尔迪厄承认“所谓决定论”，并且一些“人认为布尔迪厄的社会学不正当的强调女性与男性统治的合谋”（Fowler，2003，p 485），但他总是坚持认为他的实践理论并不是一个总体支配理论（Adkins，2004a，2004b；Lovell，2004；Skeggs，2004a，2004b，2004c）。[①]因此，在《帕斯卡尔的沉思》中（Bourdieu，2000）：

重申行动者拥有“边缘自由”的观点。人们在危急中总是倾向于坚守希望，并且至少可以暂时抛弃“文明的例程”。而这有可能导致客观结构和内在认知类别的不匹配。尤其是在危机中，容易让人伤脑筋（Fowler，2003，p 485）。

尽管如此，布尔迪厄总是“急于解释惯习的惯性……没有活力”（Noble 和 Watkins，2003，p 524；Adkins，2004a，2004b）。此外，他借

① Terry Lovell（2000，p 36）指出，女性：

在他的社会场域计划中具有重要位置，尤其是作为社会实体，可以存储价值和资本流通于男性之间，并且在家庭和亲属关系的资本积累策略中具有重要意义。而阶级通过社会场域中的图形表示进行渗透，像是布赖顿岩石上的字码，但性别在很大程度上像“种族”那样是无形的。

重量的不足映照思想上的贫苦，进而维持在第六章中葛兰西提出的霸权，并支持主导的世界观（Friedman，2009）。诺布尔和沃特金斯（2003，p 525）发现，“习得惯习很少可以转化为传播、内化、谆谆教诲和调节”，也就是布尔迪厄所说的“忘记学习第二个自然的乏味过程”（Noble和Watkins，2003，p 527）。同样，不同个体间的惯习如何“计算”以及变化“依旧处于布尔迪厄的理论发展”之中（Lau，2004，p 373）。

布尔迪厄在讨论阿尔及利亚的失业者时指出，他们的贫穷是“由于一种强制的必要性，即不允许他们探寻一个合理的出路”（Jenkins，2002，p 28），而这一想法“与奥斯卡·刘易斯（Oscar Lewis）饱受批评的‘贫困文化’的概念多有相似之处”（Jenkins，2002，p 28）。正如莱恩（Lane，2000，p 16）所强调的，如果：

> 传统阿尔及利亚社会正如布尔迪厄所认为的那样是静态的，是抵抗创新的，那么难以解释本土解放运动，或者证明其强大到足以引发法兰西共和国的垮台和阿尔及利亚殖民地统治的结束。

同样，布尔迪厄未能考虑到阿尔及利亚社会的跨文化性质。例如，阿尔及利亚的民族主义吸纳了西方马克思主义，即阿尔及利亚工人在战争中第一次面对法国工厂时所持有的，以及本土传统，特别是伊斯兰教的文化（Lane，2000，p 17）。

布尔迪厄对工人阶级的生活以及工人阶级缺乏能力推动社会变革的观点也遭到类似的批评（Calhoun，2003）。对他来说，具有支配意义的世界观具有深刻的现实主义特质：

> 我非常清楚哪些人主宰……哪些人反对和抵制主宰……但在一定时期内，斗争占支配地位，并且非常浪漫（到了这一程度，“斗争”最终成为一种荷马绰号，容易被妇女、学生、支配者、工人等围困），以至于人们忘了曾经近距离非常清楚地观察到：支配在他们的大脑中也具有支配地位（Bourdieu，1994，p 41）。

可以反驳地说，为了应对激进马克思主义中虚假乐观主义的部分，布尔迪厄只是屈服于一种相反但同样具有误导性的定义：容易将被压迫和支配视为一种合谋。[①]因此，他“提出一个工人阶级的模型。不过，在《区隔》（Bourdieu，2004［1984］）一书中，他是以一种特别少见的、浪漫的但有尊严的方式提出，而在《世界的重量》（Bourdieu 等，2002）一书中，则被视为一种种族主义，是以可怜兮兮的、无用的和滥用的方式被提出”（Skeggs，2004a，p 87）。在后文中，Skeggs 指出：

工人阶级的惯习缺乏绝对性和完整性……但是我所知道的工人阶级文化的元素在价值上不仅仅是工人阶级的吗？比如，创造性的享乐主义；反虚伪的幽默、尊严、高荣誉的道德标准、忠诚和有爱心……所有工人阶级的性情都是中产阶级渴望的吗（Skeggs，2004a，p 88）？

布尔迪厄对工人阶级生活也同样反映在他的评论中，“工人们知道很多，比任何知识分子、社会学家知道的都多。但有一点他们不知道，那就是他们缺乏掌权和谈判的工具”（Bourdieu 和 Eagleton，1994，p 273）。在与特里·伊格尔顿（Terry Eagleton）的对话中，问及缺乏异议、批评和反对时，布尔迪厄认为：

这是一个非常好的问题。即使在经济学传统中，在我们知道的马克思主义那里，我认为抵抗能力作为一个意识的能力被高估了。我担心，我不得不说的话，将令自信的知识分子，尤其是更慷慨的左翼知识分子震惊。我会被认为是一个悲观、沮丧的人等。但我认为最好是知道真相，事实是，当我们用自己的眼睛看到那些生活穷苦的人——当我还是一个年轻的学者的时候，与当地的无产阶级、工厂的工人们在一起——很明显，他们准备接受的比我们相信的更多。这对我来说是一个非常强烈的经验，也是我要表达的意见（doxa）：他们忍受很多，但我们并不知情……这并不意味着统治者可以容忍一切，但他们同意他们比我们相信的东西多，我们比他们知道的东西多（Bourdieu 和 Eagleton，1994，p 268－269）。

卡利尼科斯（Callinicos，1999a，p 295）在评论布尔迪厄时指出，法国

① 有时，布尔迪厄将工人阶级的生活描述为，在“市中心的单调乏味的日常生活”（Bourdieu，1998b，p 21），可以被视为有点自视甚高。

社会学家“并未注意到基层社会集体逃脱支配结构与文化区隔结构的可能性”。最根本的问题在于，在应对新自由主义的挑战时，直到布尔迪厄去世，在他的政治实践与“概念装置之间依旧存在一个惊人的差距”(Callinicos, 1999b, p 88)。Wolfreys(2000)认为，布尔迪厄的惯习概念“是一个饱和结构……以至于打破再生产循环的可能性服从于无休止的约束之中”。[①]引人注目的是：

除了自身的再生产过程的机制之外，要么缺乏真正意义上的驱使系统再生产的动力，要么可能破坏或彻底改变再生产的过程，由此导致具有解释力的惯习概念陷入循环论证之中(Wolfreys, 2000)。

因此，对于布尔迪厄而言，“失业的抗议运动”只是一个“社会奇迹”(Bourdieu, 2001b, pp 88-91)。Schinkel(2003, p 86)认为虽然“大多数解放运动并没有在社会学中找到一个起源，但是对于布尔迪厄而言是一个无须导引的‘奇迹’”，为此他批评布尔迪厄未能承认“人民解放的潜力”。

其他的一些批评也觉得布尔迪厄的部分工作似乎“唤起一种幼稚的科学主义，只有(敏感)的社会学家才能够完全理解社会关系”(Devine和Savage, 2005, p 16)。同样，Bohman(1999, p 142)声称，隐含着的布尔迪厄的分析进路是相信“只有圣人和讲话者——社会学理论家——在某种程度上才拥有激进变革所需的自反性和新奇的清晰度”。也许最令人不安的是：

如果继续依赖科学与信念之间的敌对的话，布尔迪厄的社会学很难从理论上解释真正参与民主的可能性。虽然是无心的，但还是意味着某种精英主义(Lane, 2000, p 197)。

① 在一个脚注中，Wacquant补充说，

惯习，可以通过社会分析加以转变，也就是说，通过意识的觉醒，或者一种形式的自我进路，个人可以对他的性格倾向施加影响……这种自我分析的可能性和有效性部分取决于所考查的惯习和原始结构，部分取决于自我意识觉醒所发生的客观条件。(Wacquant in Bourdieu and Wacquant, 2004, p 133; Bourdieu, 2007)

批判性知识分子与实践者

批判性知识分子对信念(doxic)理解的挑战

布尔迪厄(Bourdieu和 Eagleton, 1994, p 272)自称是“第一代知识分子”,“曾经”是高等教育的一个社会“奇迹”。部分原因是他对社会学的批判具有强烈的个人自传色彩:

> 我主要关心的是如何理解发生在我身上之事。我猜想,过往的经历可能被描述为奇迹——我被置于一个不属于我的地方。所以,生活在一个并不属于我的世界,迫使我必须设法明白两件事:拥有一个学术头脑到底意味着什么,同时我又失去了什么。因此,即使我的工作——我的全部工作——是一种自传,其他人的工作也是如此,那也同样需要得到理解(Bourdieu和 Eagleton, 1994, p 272)。

斯塔比尔(Stabile)和 Morooka(2003, p 327)坚持认为:“布尔迪厄的核心问题在于以一种特别的视角去理解成为一个知识分子到底意味着什么。”

更具体地说,作为一个活跃于政治公共领域的批判知识分子对于他而言到底意味着什么?在探究他的角色之前,简要地考察他对于意见(doxa)的评论是非常重要的,因为这些为他的行动提供知识基础。

在《实践理论概要》(Bourdieu, 2003b)中,布尔迪厄以阿尔及利亚田野调查的基础,指出任何一个“已经确立的秩序倾向于(在非常不同的程度上和非常不同的方式)产生对自己的恣意专断的规化”(Bourdieu, 2003b, p 164)。然而,“传统的世界被认为是一个‘自然世界’,是自然而然的”。也就是说,“已经确立的宇宙和政治秩序不是任意妄为的,不是其中的一个可能,而是一个不证自明且自然的秩序,也就意味着无须言说,但无可置疑”(Bourdieu, 2003b, p 164):“另一个事物到来的时候勿需多言,其发展态势也自然是不言而喻的。传统就是沉默,尤其是将自身作为一个传统”(Bourdieu，2003b，p 167)。

为了“反对意识形态或常识，不仅在游戏者之间传达某一特定程度的意志力，而且避免 Althusserian 对‘意识形态’的使用”，布尔迪厄倾向于使用意见(doxa)一词(Stabile and Morooka，2003，p 242)。与葛兰西的“霸权”概念有些类似，意见(doxa)：

如果是作为一个整体的社会空间中的客观事实的话，在惯习的意义上来自个体的实践和认知，并且将在场域的意义上对国家和社会团体的实践和认知产生影响(Chopra，2003，p 421)。

在一个信念(doxic)社会中，似乎并没有为社会转型留下空间。因此，完全的“信念(doxic)社会权力规则并不意味着不会提出宇宙的合法性问题”(Moi，1991，p 1027)。然而，令人不解的是没有一个社会或支配力量能够排除所有的挑战。布尔迪厄本人认识到，有可能通过对意见提出质疑或反对，在危机时刻或时期可以为运动和变化提供机会，进而“根据经验重新定义”(Moi，1991，p 1027)。

尽管布尔迪厄的观点来自他“传统”或农民社会的田野调查，但是他对于信念(doxic)具有社会学洞见，或自然而然地认为可以解释资本主义社会的动态过程。更具体地说，他的分析对于在学术或知识场域中区别“合法性”或信念(doxic)知识的解释者、doxosophers 与批判性知识分子的区别是具有启示性意义的(Bourdieu，2001b，p 7)。在《学术人》(Bourdieu，2001a)中，布尔迪厄嘲笑那些意见发言人是“神圣的知识分子”、反对改革的当权派，对于象征资本和自我价值信心满怀，他们“获取学校的荣耀……最倾向于不失真的复制，是赞誉和认可辩证法的最终产物”(Bourdieu，2001a，p 83)。

相比之下，布尔迪厄倾向于维护以上所有的“批判性知识的可能性和必要性”，认为“没有对关键权力的真正反对，就不会存在真正的民主”(Bourdieu，2001b，p 8)。在“他看来，对意见、知识的质疑是知识分子的基础工作”(Stabile 和 Morooka，2003，p 335)。批判性知识分子在“尊重权力的基础上”培养、维护和保护“自由”，“批判已有观念、扬弃非此即彼”，并且注意到问题的复杂性(Bourdieu，2001b，p 92)。这些知识分子不同于对“传统荣誉漠不关心的”学者，而是时刻准备挑战既有的

"真理"和公约(Fowler, 1997, p 32)。这就是"民间知识分子的使命"(Wacquant, 1998, p 227),他们"愿意也有能力以知识为武器加入政治斗争之中"(Stabile 和 Morooka, 2003, p 334)。批判性知识分子:

投入一个将专业与特定的能力、权威和价值联系起来的政治斗争之中,换言之,那些进入政治领域的人并没有放弃他们的研究义务与能力(Bourdieu, Schinkel, 2003, p 80)。

因此,"'学识'和'承诺'齐头并进"。(Schinkel, 2003, p 80; Poupeau 和 Discepolo, 2005)

有人指出,布尔迪厄试图构建一个新的"传统"知识分子(Hoare 和 Nowell Smith, 2005, pp 7-8; McLennan and Squires, 2004, p 92)。相对于具有支配地位的社会群体而言,他们是独立的和自主的,致力于进步事业和社会斗争,不过与葛兰西的"有机知识分子"不同,他们是不会与任何政党联系在一起的(Bourdieu, 2008, p 216)。然而,布尔迪厄认为迫切需要"一个可以将'特定知识分子'(福柯意义上的)链接起来的关键网络,进而发展为一个名副其实的集体知识分子"(Bourdieu, 2003a, p 20)。"集体知识分子"的任务是帮助创建并实现现实主义"乌托邦"的集体生产条件,甚至是"助产士"(Bourdieu, 2003a, p 21)。他指出:

整个大厦的关键思想需要重建。重建工作不能仅仅受到一个伟大知识分子、一个主流思想家以及权威发言人的影响(Bourdieu, 2003a, p 21)。

如果布尔迪厄承认的话,在社会科学"深深卷入现代权力形式"这一点上的思考与福柯类似,而他对"合格的自主权"可能促使学者"在促进抵抗力量时完成角色"的坚持,则与福柯不同(Cronin, 1996, p 76)。自主必须为反对新自由主义的腐蚀和媒体的灾难性扩散不断辩护,即使这一辩护的发生仅限于专业层面,或者只是一种学术精英主义。他斥责"技术政治的有机知识分子""垄断公共辩论"(Bourdieu, 2008, p 215)和"束缚媒体知识分子的复杂性"……试图引进知识生活和公共空间的演进逻辑(Bourdieu, 2008, p 240)。为了应对这些变化,他帮助出版一系列出版物,如 *Liber*,受到 1993 年国际作家议会就职典礼的影响参与"知识分子”的建立(Bourdieu, 2008)。在新自由主义霸权期间，他致力于从“政治、经济、媒体力量，及其他类型的正统”中独立，“基于历史传统多样性的理解和识别”，以及对新类型的“行动主义”的渴望与培育，强调一种“新国际主义”(Bourdieu, 2008, pp 238 - 242)。

社会学和社会学家

理解布尔迪厄的基础在于识别批判性知识分子的角色，也就是社会学与社会学家的角色。在《反思社会学导引》(Bourdieu and Wacquant, 2004)中有一段话非常精彩，意图指出原始基督教的精神和圣保罗对基督徒的吸引力不适合现代世界，布尔迪厄和Wacquant(2004, p 251)断言：

> 要求转换目光，一个教社会学的学者必须首先“给予他人新的眼光”……任务不是成为一个“新人”的话，至少应当有一种新的目光，社会学的目光。没有目光的转换，是不可能产生精神革命，实现一个人对于整个社会视界的转换。

社会学的这一“新视界”将揭开“自欺、集体娱乐和鼓励对自己撒谎，这在任何一个社会这些皆是最神圣的价值观和社会存在的基础”(Bourdieu, 1994, p 188)。布尔迪厄坚持指出(1994, p 181)，这并不意味着社会学家可以像“公正的仲裁者或神圣的旁观者”那样，以一种简单的方式声称“真理”。他/她应该“是一个努力说出真理的人，并且随时与真理之外的事进行斗争”。

有两个因素对于社会学家能够履行职责是至关重要的。首先，不断的自我审查。因此，社会学必须成为“针对自己的武器和警惕的乐器”(Bourdieu, 1994, p 27)。而这则需要反思自己的惯习和场域。其次，不断努力维护社会学意义的“例外自主”(Bourdieu, 1994, p 27)。因此，布尔迪厄(1994, p 178)认为，一个人“不进入社会学，就不会切断所有的粘连，不会郑重放弃信任，不会宣布与所有的父子关系或从属关系决裂”。在法国，他担心社会学忽视对贫困和阶级问题的关注，进入所谓的“现代化”轨道(Lane, 2000)。关键的问题是，社会学家将国家置于何种位置。因此，在许多场合，他严厉批评与新自由主义共谋的“知识分子”。布尔迪厄和 Wacquant(2001， p 5)确定两类关键人物，他们“自从启蒙运动从公共场景中淡出之后依旧不断挤压自主与批判性知识”：

> 一类是阴暗走廊中的部门专家……或为了准备技术文件从智库中隔离出来，善于以经济学或数学表达，过去为了非技术理由常常调整政策……另一类是王子的沟通顾问——一个从学术界叛逃出来进入支配服务的人，其使命是为新国家和商业贵族的政治计划披上学术外衣(Bourdieu 和 Wacquant， 2001， p 5)。

2000 年，他们在《世界外交》上发表一篇文章，试图向吉登斯发难，而后则更为直接。正如我们在第二章所指出的，他提出“生活政治”的概念，被 Harry Ferguson 认为是社会工作理论与实务的新探索(详见第二章)。其实，吉登斯提出的“第三条道路”是“王子的沟通顾问”的“现世蓝本”(Bourdieu 和 Wacquant， 2001， p 5)。2001 年在一次放映法国电视纪录片时，布尔迪厄痛斥那些为国家服务的社会学家为“走狗”和“工贼”(Wolfreys， 2002)。相比之下，布尔迪厄同情那些失业者和在社会经济上被边缘化的群体。对吉登斯的批判并不是简单地诽谤，这反映出布尔迪厄后期著述中反复出现的两个相互关联的主题：新自由主义经济学及其对部分文化自治领域所带来的危险和威胁，如艺术、文学和科学(Bourdieu， 2008)。

对法国的批评也同样适用于欧洲和欧洲以外的其他地方，例如他专门批评一些知识分子推动所谓的“现代化”：

> (这些知识分子)将效率和现代性与私营企业联系起来，而将传统和低效对应的则是公共部门，同时与用户的关系逐渐被更平等、有效的关系所替代。最后，他们将公共服务与潜在利润转移到私人部门，甚至消除低效的公共服务(Bourdieu， in Bourdieu 等，2002， pp 182 - 183)。

上述批评导致许多作家认为，“政治转向”是布尔迪厄的晚年贡献。正如 Wolfreys(2000， 2002)所指出的，法国对改良主义社会民主的放弃和对新自由主义的支持，导致布尔迪厄采取更为激进的立场。然而，值得注意的是，布尔迪厄的早期贡献非常重要，但十分可惜的是这些著述并未以英语完成(Lane，2000；Bourdieu，2008)。也许，晚年的改变就是“早年的直率批评”(Schinkel，2003，p 69；Bourdieu，2008)。

• • • 政治

布尔迪厄是因为特定的社会和政治原因才如此吗？这一提问毫不奇怪，布尔迪厄将新自由主义视为“天灾”并与之斗争，这是“不可避免的”需长期与之进行的斗争(Bourdieu，2001b，pp vii，30)。正如布尔迪厄在第五章所指出的，各种各样的不稳定和临时性工作是“新兴资本主义最糟糕的时刻”(Bourdieu，2008，p 202)。作为回应，他呼吁回归凯恩斯的国家监管市场，呼吁恢复经济规制：

> 社会中的所有关键力量坚持将经济计算纳入经济决策的社会成本之中。应对长期失业、痛苦、疾病、自杀、酗酒、吸毒、家庭暴力等的政策成本是巨大的，不管是在金钱上，还是在心理上(Bourdieu，2001b，p 39)。

我们现在正目睹“人类最宝贵的经济和社会基础被破坏”(Bourdieu，2001b，p 37)。至关重要的是，“知识分子和工会的批评……应当优先于国家的消失”(Bourdieu，2001b，p 40)。不像时髦的社会理论家贝克(2000a)那样嘲笑工会是“僵尸”，布尔迪厄坚持认为工会在践行社会民主中具有至关重要的作用。事实上，他认为，欧洲的社会运动只有把“工会、社会运动和学者”联合起来才会有效。如果反霸权的联盟得以建立，那么也就意味着“工会联盟”的终结(Bourdieu，2008，pp 282－283)。1995年12月，公共部门的罢工浪潮席卷法国，布尔迪厄多次干预，比如在一个铁路工人的大型会议上发表演讲。他积极参与领导，以至于Wolfreys(2000，p 13)认为，“这是悲观情绪的有效解毒剂”。2002年初，在布尔迪厄去世前不久，他声称自己“在过去的三十年里比任何时候都对未来满怀信心，尽管全球资本在表面上已经取得胜利”(Stabile和Morooka，2003，p 338)。

在国际事务中，布尔迪厄反对北约巴尔干半岛的干预(以及轰炸)，其原因在于他支持一个新的国际主义，反对“民族分裂……并且强调以国际运动对抗全球资本”(Bourdieu, in Ovenden, 2000)。事实上，他认为这对于应对“全球化的神话”是至关重要的(Bourdieu, 2001b, pp 28 - 29)。今天：

这被视为民族主义进化的必然结果。(但是)相比之下，对于发达经济体的实证分析……表明，“全球化”并不是资本主义的新阶段，而是政府为了证明他们自愿放弃金融市场的一种“修辞”。(然而，在现实中，这是)国内政治决策打破阶级力量的平衡，有利于资本的所有者(Bourdieu 和 Wacquant, 2001, p 4)。

一如前文所言，布尔迪厄作为一个批判知识分子的最后一点是对“文化帝国主义”的分析和批判。对于布尔迪厄和 Wacquant(1999, p 41)而言，文化帝国主义是：

与奇异的历史传统相关联的权力的一种普遍化排他主义，而今天的许多主题直接来自对美国社会及其大学社会特质的知识对抗。

这一过程虽然在表面上往往是顺其自然的，体现出一种“政策转移”(Dolowitz, 2000)，但其实可能被视为一种“符号暴力”(Garrett, 2007b；本书第九章)。对于布尔迪厄和 Wacquant(1999, p 54)来说，他们有足够的证据支撑这一论断。例如，“‘下层’科学神话的扩散是查尔斯·默里(Charles Murray)的知名媒体及其副本干预的结果……也与公共援助领域弱势群体的‘依赖’主题有关”。

Pileggi 和帕顿(Patton)(2003, p 313)已经指出，“布尔迪厄在美国并不受欢迎”。然而，他和 Wacquant 对美国“文化帝国主义”进行批判的关键不应该被误认为反美：越来越多的指控针对的是源自一个新“符号麦加”的公共和外交政策(Bourdieu 和 Wacquant, 2001, p 3)。当然，布尔迪厄确实指出了这一政策动态转移的一个重要方面。例如，倡议“零容忍”，突出 2011 年夏天英格兰的“骚乱”，这些均与美国的政策话语有关。“严厉的爱”的整体氛围可检视新工党、保守自由民主党的政策、家庭话语以及社会服务，这在很大程度上摆脱了美国的影响(Jordan, 2001；

Swanson，2000；Prideaux，2005）。

诚然，事实可能比布尔迪厄和 Wacquant 所认为的更为复杂，美国不仅是“自由主义的大本营”，而且“对新自由主义严厉的批评也来自美国”（Friedman，2000，p 140）。此外，尽管美国的军事力量依旧强大，但世界体系在资本积累方面已经逐渐分散，而重要区域的积累也是如此。然而，布尔迪厄非常警惕的是，资本在美国的破坏，尤其是可能会以类似的方式影响欧洲（Bourdieu，2008）。对于在社会和经济上被边缘化的社会工作者更是如此，也将受到新自由主义的影响。而今，美国的贫民区“已经基本废弃，没有警察、学校、医疗机构、协会等”（Bourdieu，in Bourdieu 等，2002，p 123）。事实上，美国一些城市的公共权力“已经变成针对穷人的战争机器”，社会工作者只能在他们的办公室中看到“服务对象”的影响（Wacquant，in Bourdieu 等，2002，pp 137－138）。

反对“装置”社会工作者和社会工作教育者

布尔迪厄认为社会工作者是“致力于解决国家矛盾”的“国家行动者”（Bourdieu，in Bourdieu 等，2002，p 184）。在《世界的重量》（Bourdieu 等，2002）中，他对“‘街道层面’官僚们的真实制度困境”用墨颇多（Stabile 和 Morooka，2003，p 337），并且发现许多社会工作者“在努力应对由于某些新自由主义猖獗而带来的物质和精神的痛苦时，如果不采取完全否认的手段的话，可能会感觉被遗弃”（Bourdieu，in Bourdieu 等，2002，p 183）。社会工作者面临的主要问题之一是，他们：

> 必须不断地两面作战：一方面他们打算帮助人们争取集体利益，但往往涉及自身利益时，许多人便失去了斗志；另一方面，试图反对政府和官僚单方面的分裂以及封闭（Bourdieu，in Bourdieu 等，2002，p 190）。

布尔迪厄十分警惕“社会工作逻辑之间的矛盾，即训练有素的战斗或满怀雄心的善举与有纪律的、谨慎的官僚主义之间的矛盾”（Bourdieu， in Bourdieu 等，2002， p 190）。在此，一个关键的悖论是：

官僚机构是如此的僵化，以至于……需要拥有主动权以及创新意识才能发挥作用，并且或多或少的困难在于，如果不是卡里斯玛的话，这些公职人员将深陷于此。如果官僚循此逻辑……那么官僚体系必将瘫痪（Bourdieu， in Bourdieu 等，2002， p 191）。

此外，这一矛盾“意味着机动、倡议和自由的可能，即在维护官僚体系的同时，打破官僚程序和法规”（Bourdieu， in Bourdieu 等，2002， p 191）。

也许，并不需要一个布尔迪厄式的社会工作，但是需要一个被布尔迪厄形塑的社会工作，包括他的理论洞见、对新自由主义和所谓的“紧缩”政策的反对。进而言之，至少有两个方面对于 21 世纪的批判和“激进”社会工作非常重要。

根据布尔迪厄著述的分析，新自由主义不仅仅是一个抽象的框架，而且切实影响到我们的日常生活，尤其是深深地卷入社会工作实务及其相关领域之中。首先，对于社会工作者来说，保卫服务场域的自主权非常重要。服务场域中的社会工作者“易于在纪律和市场的规则与实践方面训练有素”（Pileggi 和 Patton， 2003， p 318）。在后来的干预中，布尔迪厄主要担忧的是许多以前自治或准自治的场域可能会被猖獗的新自由主义腐蚀。因此，从场域转换到装置“发生在特定的历史条件下……当所有运动只能自上而下发生时，并设法粉碎和撤销来自统治者的阻力”（Bourdieu， in Bourdieu 和 Wacquant， 2004， p 102）。换言之，装置是“病态的国家场域”（Bourdieu， in Bourdieu 和 Wacquant， 2004， p 102）。由此，一些热衷于遵守信念的人理解，并且更愿意承担“装置知识分子”的角色（Bourdieu， 2008， p 387）。此外，很可能存在一种等价类的社会工作者和社会工作教育者“装置”。

其次，布尔迪厄的理论图式——被称为他的“概念阿森纳”——可能帮助社会工作者提出更好的实务形式。他的贡献在于，帮助社会工作者本能地检视内在，即社会工作者和社会工作学者的个人惯习和专业场域。事实上，布尔迪厄的原创力在于他建构社会权力的微理论，比如惯习构成、个性以及霸权空间。而这也正是社会工作发挥作用之所在。在福利场域，惯习的概念对于连接（或拒绝）社会工作者与服务使用者之间的关系尤为重要。布尔迪厄的理论贡献在对儿童及其家庭的服务过程中，能够更好的洞察到“好父母”。（Polansky 等，1983）。也许，布尔迪厄对于身体的关注是与社会工作者及其日常人际关系最为相关的。对他来说，文化资本是微妙却非常重要的，包括“身体的言谈举止和发音（口音）”（Bourdieu 等，2002，p 28）。因此，身体被视为“文化资本的工具”，对于中产阶级而言，“漫长的教育过程”往往意味着形塑“一种特定的身体形式”（Gunn，2005，p 60）。而教育的结果是遵守中产阶级参与者的行为规范。在这一高度紧张的背景下，专业人士和中产阶级（当然，并不经常出现）的父母可能会“如鱼得水”，以展示其自信、从容，而这是工薪阶层参与者所缺乏的（Bourdieu，in Bourdieu 和 Wacquant，2004，p 127）。而惯习如何体现意识，也有助于社会工作者理解病体面临的约束与限制。虽然并不使用布尔迪厄的理论图式，但 Havi Carel（2008）提供了令人回味的记述，那就是身体已经“糟糕”到出现无法预知的情况和严重的疾病。

根据布尔迪厄的理论图式，一些具体化的类别比如“儿童保护”和“家庭支持”，值得社会工作者小心谨慎地对待和深入反思。英国政府对清单和调查问卷资料等中的记录进行了评估，显示出一个家庭文化资本的存量（Garrett，2003）：因此，涉及各种类型的中产阶级的区别，如精心布置的花园、国家节日及礼仪（Department of Health，1988；Department of Health，Department for Education and Employment，and Home Office，2000）。以社会实践和社会工作评估为基础，对惯习、场域和资本的审视可以帮助社会工作者应对这些阶级偏见。其实，文化资本的焦点问题也是社会工作者对养父母“育儿能力”的评估。为此，应当鼓励社会工作者检视资本是如何隐式地影响儿童收养过程，更具体地说是资本的形式如何影响甚至决定“亲生父母”以及收养的孩子。而不同的位置决定着他们所占据的社会空间，这是一个至关重要的因素。

显然，社会工作者以政治资本参与到场域之中，“对于服务对象而言是耻辱的、消极符号资本”（Peillon，1998，p 223）。社会工作者需要经常与那些缺乏资本的人合作，他们不仅缺乏经济资本，而且还缺乏布尔迪厄笔下的其他资本类型。在政治和媒体话语中，还可以发现特殊的地理位置是如何与赤字资本联系起来的。在这一过程中，社会和地理空间生产出符号位置，这些地点表征为犯罪和其他各种威胁、麻烦。在英国，特别是20世纪80年代的撒切尔政府时期，利物浦经常是这样的地点（Lane，1987）。在爱尔兰共和国，则是利莫瑞克（Hourigan，2011）。并且，在每个城市中，特定贫困社区被建构为贱民区：例如，利物浦的“Toxteth”，利莫瑞克的“Moyross”和“Southill”。为这些偏见寻找一种替代的可能是渐进和批判社会工作实务的核心。

相比其他职业而言，社会工作的场域是相对缺乏符号资本的。而媒体则在呈现其缺点时扮演着重要的角色（Gaughan和Garrett，2011）。然而，一些机构则可能拥有足够的符号资本，来承受批评、阻碍或公开审查之后的破坏性。在爱尔兰共和国尤为明显，符号资本的数量由罗马天主教堂的牧师、修女和其他相关宗教人物决定，而工业学校和类似机构滥用符号资本的相关信息要么被封锁，要么被保留下来（Anderson，2010）。关在这些机构的孩子们既没有经济资本，也没有布尔迪厄意义上的其他形式的资本储备。这些家庭的大多数孩子（但不仅限于城市和农村贫困人口的家庭）可能特别容易受到虐待和犯罪。工业学校的调查报告（Commission to Inquire into Child Abuse，2009）证实，“性虐待的掠夺性质”（包括选择和培养社会弱势群体和弱势儿童）意味着他们应当得到“专门的特殊服务，儿童之家、医院、初级和中级学校”。而那些在视觉、听觉和学习上有障碍的儿童“特别容易受到性虐待”（Commission to Inquire into Child Abuse，2009，p 26）。此外，正如我们在第三章指出的，符号资本的世俗形式——被“专家”——进一步加剧被拘留的困境。

布尔迪厄的著述可以用以强调专业特质，并且指明其未来走向。更为重要的是，布尔迪厄承认“说话”处于社会工作的中心（Parton和O'Byrne，2000）。相比之下，布尔迪厄的方法是多元而开放的，可以听到很多不同的“声音”。正如他所指出的，“我们必须放弃单一、中心、支配，换言之，也就是准神圣的观点……我们必须代之以多元视角工作，甚至竞争的观点”（Bourdieu等，2002，p 3）。尽管布尔迪厄强调“积极而有条理的倾听”，而不是“偏听一半”（Bourdieu等，2002，pp 609，614），并且将社会工作传统定位于“尊重人”，但是在越来越受到紧张压力以及前卫新自由主义对于“时间纪律”“快速思考”以及实实在在“成果”的要求等背景下，这一实践是怪异的，并且具有颠覆性（Bourdieu，1998b，pp 28－30）。

结 论

当布尔迪厄于 2002 年 1 月去世时，世界仿佛失去了一个罕见的和“最濒危的物种：一个知名大学的知识分子……冷静而有激情地在科学和政治上投入其周遭世界之中”(Stabile 和 Morooka， 2003， p 326)。正如卡利尼科斯(Callinicos， 2000， pp 118 - 119)所观察到的，因为布尔迪厄的早期著述“关注阶级如何维持，以及社会差异如何影响人们的日常生活”，所以他对于“不必要的社会痛苦非常敏感——他称之为 la misere du monde”(Robbins， 2002)。他去世时，被认为是“反全球化运动的非官方理论家”(Schinkel， 2003， p 81；Grass 和 Bourdieu， 2002)。可以预见的是，由于他的批评和反对立场，在公共领域他“被那些早在 20 年前自由资本主义和平共处的部分法国知识分子所妖魔化”(Callinicos， 1999b， p 87)。

像本书中其他社会理论家一样，布尔迪厄的著述使读者心灰意冷、模糊不清、恼怒不安，但同时也深受启发。他迫使他的读者一次又一次回到他的著述，“带走”不同的或精致的理解。最重要的是，在社会工作话语中，布尔迪厄的理论图式及其所长期坚持的社会结构(和纯粹的黏性)有益于制衡新自由主义现代性背景下对个人意义的过分夸大(Ferguson， 2001)。布尔迪厄的颠覆性在于坚持审视“真理”和“拒绝妥协”(Bourdieu， 1994， p 4)，在“紧缩”条件下逐渐引导、指示和形塑“激进的”社会工作(Lavalette， 2011a)。布尔迪厄的核心议题是为什么人能够忍受压迫，而他在底层动力学方面的经验和理论分析，尤其在现有社会关系的凝固方面，对于社会工作场域最具贡献。更重要的是，阅读他的作品可能会刺激社会工作发展出“社会学眼”(Bourdieu， in Bourdieu 和 Wacquant， 2004， p 251)。

下一章将讨论哈贝马斯的著述。有人指出，将他的社会理论置于现代主义框架内对于社会工作尤为重要。

反思及交流 7

- 如何借助布尔迪厄的概念帮助我们理解社会工作？
- 布尔迪厄的社会力量有哪些主要特点？如何在社会工作“场域”中理解信念？
- “惯习”“场域”和“资本”如何有助于分析多学科著述中的困境？
- 技术如何影响社会工作者的“惯习”感？
- 社会工作者如何捍卫新自由主义对社会工作场域的入侵？
- 你认为布尔迪厄的理论图式主要面临哪些困境？

第八章

与哈贝马斯对话[1]

① 本章大篇幅地修订了之前出版的论文，详见 Making social work more Habermasian? A rejoinder in the debate on Habermas, *British Journal of SocialWork*, vol 40, no 6, pp 1517 - 1533。非常感激牛津大学杂志允许我再一次向这份材料求助。

引　言

尤尔根·哈贝马斯(Jürgen Habermas)于1929年出生于德国杜塞尔多夫(Dusseldorf)。在青少年时期，他“与他的很多同伴一起加入了希特勒青年团”(Houston， 2009，P13)。随后他的专业和学术生涯根植于左派马克思主义思想当中，再后来是社会民主主义。有人认为“他的思想，尤其是他在公共辩论中的频繁参与，应该被看作致力于提供可能从他自己民族的过去中来保护民主社会的哲学观点”(Neilson， 1995， p 809)。谈到他对现代性的理论创建，哈贝马斯将他自己同韦布尔的悲观主义——以及他占主导地位的“铁笼”观念(Roberts， 2004)——以及法兰克福学派对受欢迎的大众文化的蔑视保持距离。对哈贝马斯来说，有意义的沟通是对现代性恶果这一观点的反驳。事实上，他的“主乐调”是其“在公平中不受拘束的、公开的辩论”的观念(Baert， 2001， p 85)。也许矛盾的是，他有一种“密集、沉重、消极的写作风格”(Scambler， 2001， p 1)。

换言之，哈贝马斯仍然是“对启蒙理论的论述条理最清楚、最具说服力的捍卫者之一”，在那个时期的学术和文化背景下，后现代主义成为越来越聚焦的“主义”(Baert， 2001， p 89)。“似乎很少得到承认”的是哈贝马斯也曾和很多其他后现代主义者一样，是“旧思想的启蒙理念的诅咒者”。但是，“后现代主义者认为启蒙运动项目不可救药地存在着缺陷。哈贝马斯致力于引人注目的重建之中”(Scambler， 2001， p 9)。自20世纪70年代以来，这些对启蒙运动的重建版本的辩护，对那些他认为的反启蒙运动的倡导者的反对，已经在他的作品中越来越明显。

哈贝马斯不仅继承了德国的知识传统。“不出所料地和雄心勃勃地”，他希望，例如，识别和表达个人与社会的发展变革之间的联系(Scambler， 2001， p 11)。他吸收了瑞士发展心理学家Jean Piaget(1886—1980)和美国发展心理学家Lawrence Kohlberg(1927—1987)相关的理论观点。这些数字也被放置在西方社会工作教育的主流话语中间，和哈贝马斯对交流沟通的兴趣一起，可能会导致一些社会工作学术评论家强调他的观点对实务工作者的有效性。Hayes和Houston(2007)曾认为，他的构想可以帮助社会工作者去从事家庭小组会谈(FGCs)，加强了这一论坛中的参与者之间的“赋权”对话。在概述他们为强调社会理论与社会工作的相关性方面深思熟虑的贡献和意愿的同时，本章将指出 Hayes 和 Houston 对哈贝马斯式社会工作提倡中的问题。

本章的前半部分扼要地介绍了 Hayes 和 Houston(2007)的论点，他们提供了一个看待哈贝马斯的主题和知识观点的清晰视角；其他的评论家对哈贝马斯的评价，如 Finlayson(2005)，也会被提到(Outhwaite, 1996)。接着，提到的是哈贝马斯对权力关系分析需要修改的部分。而哈贝马斯对福利国家的观点也同样面临挑战。为追求这一批判，葛兰西和布尔迪尼将与哈贝马斯一起被“带进对话中”。在指出女性主义对他工作的批评的同时，本章也将关注到 Mikhail Bakhtin(1895 — 1975)和巴赫金圈。[①]

哈贝马斯式社会工作？

海因斯(Hayes)和休斯敦(Houston)(2007, p 988)在阐述他们关于哈贝马斯对社会工作的重要意义的观点时，认为“统一思路”在他的整个“工作语料库”中是“无约束对话”。与此相关的是，德国社会理论家试图“强调人类交流中的扭曲以促进和保护他所认为的为了建立合作、理解和共识的人类自然倾向”(Hayes 和 Houston, 2007, p 989)。

哈贝马斯范式的部分概念基础是他所说的“生活世界”和“系统”，这是在《交往行为理论》第二卷中被勾画得最清楚的(Habermas, 1987)。胡塞尔·埃德蒙(Edmund Husserl, 1859 — 1938)是第一个使用“生活世

① 对于巴赫金的评论，见 Brandist (1996), Brandist 等 (2004), Gardiner (2004), Hirschkop (1999, 2000, 2004), Hirschkop 和 Shepherd (2001), Neilson (1995; 2002), Pollard (2008), Smith (2004)和 Vice (1997)。这些贡献注明了哈贝马斯和巴赫金的理论观点中的相似点和不同点(Roberts, 2004)。后者最多的值得注意的合作者是 V. N. Voloshinov, 一位语言哲学家，以及 P. N. Medvedev, 一位文学理论家。存在的争议是哪个三头政治是产生这些作品的原因：于是很多学者都偏爱“巴赫金圈”，反对简单的巴赫金。

界”术语“以自然科学的理论的、客观化、数学化的视角对比普通百姓的自然的、前理论的态度”的哲学家(Finlayson, 2005, p 51)。对于哈贝马斯来说,“生活世界”是“社会生活中非正式的和非经济化的领域:政党、大众媒体、志愿组织等之外的家庭、文化、政治生活”(Finlayson, 2005, p 51)。“生活世界”是“社会融合的力量”,是“社会意义的传统”(Finlayson, 2005, p 53)。每一次,一个“成功的交往行为的发生,共识就会被达成从而反馈到生活世界里并且补充它”: 在这种方式下,“生活世界”就能够发挥“一种阻止社会解体的堡垒的作用,抵制意义的碎片化并防止冲突的爆发”(Finlayson, 2005, p 53)。

哈贝马斯所指的“系统”可以被分成两个不同的子系统——金钱和权力——这“在社会生活的表面切下了深深的沟渠,导致其代理人自然陷入了事先建立起来的工具型行为模式当中”(Finlayson, 2005, p 54)。虽然他对“系统”并没有完全负面的观点,但他也害怕其将侵占、取代甚至破坏“生活世界”:

生活世界殖民化的概念,指的是一个复杂的、最终有害的历史和社会进程。首先,金钱和权力的控制媒介脱离了生活世界……工具性行为的网络在其密度和复杂性上有所增加,使他们逐渐侵入生活世界中并吸收其功能。而战略决策留给了市场,或被交到了专家管理者手中。生活世界的透明度逐渐被屏蔽,行为和决策的依据从公众的监督和可能的民主控制中撤销。随着生活世界范围的缩小,被哈贝马斯称为“社会症状”的整个范围出现了,这包括,但也不限于市场对非市场领域拓殖的消极影响(Finlayson, 2005, p 56)。

因此,对于哈贝马斯来说,“工具性、合理性、金钱、官僚机构和权力——诱捕的‘系统’——霸占了存在于‘生活世界’”中经过时间考验的共识交流过程(Hayes和Houston, 2007, p 990)。更广泛地说:

对社会生活的拓殖发生于现代社会中,带来了各种形式的社会问题:(1)共同含义的减少;(2)社会关系的侵蚀;(3)归属感的缺乏;(4)道德败坏;(5)社会秩序的不稳定(Hayes和Houston, 2007, p 990)。

然而，在对哈贝马斯的工作的论述中，海因斯和休斯敦（2007，p 988）认为，前后的变化是可能的。他们认为《交往行为理论》（Habermas，1984，1987）“强调了在发达资本主义下国家与民主之间两极分化的关系”，然而在他后来的贡献中，如《在事实与规范之间》（Habermas，1996），他“提炼了他在‘生活世界’和‘系统’之间的互动关系的观点。在这一重新工作的位置上，被强制描绘的是在这两个领域中建设性的调停或调节”（Hayes和Houston，2007，p 991）。以这种方式，“一种互补的而非对抗的关系在‘生活世界’和‘系统’之间展开。接着我们所看到的是，从旧的殖民理论到更积极意义这两个领域之间调解的可能性”（Hayes和Houston，2007，p 992）。一些评论家，如Cook（2001）曾认为，“他的这种明显转变，代表了他从早期的批评社会理论转向一个更自由改良主义者”（Hayes和Houston，2007，p 988）。

家庭团体会谈模式（FGC）适合哈贝马斯式的分析，因为“如果‘系统’和‘生活世界’同时发生的话，必须以一种合作交换的形式在家庭团体会谈中表达出来”（Hayes和Houston，2007，p 1003）。家庭团体会谈与儿童保护个案会谈（CPCCs）对比，我们知道这些新兴论坛明显区别于英国传统的儿童保护个案会谈以及在美国举办的一些个案评审会。我们认为，儿童保护个案会谈，是“主导的或被拓殖的（用哈贝马斯的术语来说），由‘系统’和社会工作专业的声音来主持和记录会谈，并在很大程度上承担起实施决定的责任”（Hayes和Houston，2007，p 994）。

与休斯敦（2003，p 62）早期的言论相呼应的是，哈贝马斯“关于道德论述的观点为决定提供了一个框架”，在“正规的社会工作会谈中更加系统和公平”。有人断言，如果这些参与其中的人愿意借助哈贝马斯的道德论述的话，家庭团体会谈的行为可以被加强。这对海因斯和休斯敦（2007，p 1000）来说是非常重要的，因为目前“对儿童的福利计划没有达成明确的、道德的规则共识”。因此，为解决这种“显著的差距”，他们从哈贝马斯（1990）的《道德意识和交往行为》中设立了6项必要条件（Hayes and Houston，2007，p 1000）：每个被所涉问题影响的人都包含在对话中，假设他们有交往能力同他人有意义地进行交流；每一位参与者都被允许介绍、挑战和批评任何言论；允许参与者毫无限制地表达自己的态度、愿望和需求；参与者必须对其他人的观点、主张和引用的框架有真诚的同理；权力必须被审查，从而使得唯一合法的权力具有更好的言论权；参与者必须(1) 在合理论证的基础上，努力达成共识；(2) 摒弃在清晰的目标和存在的胁迫上缺乏透明度的交流战略形式。他们同时补充了七项必要条件，我们将在第九章中看到，Axel Honneth 关于认同哲学的论述：参与者必须通过不同的认同形式确认彼此的身份，(1) 展示出积极的关注；(2) 承认他人的个人和社会权利；(3) 尊重他人的能力和特质。

验证"生活世界"和"系统"

海因斯和休斯敦的著述引起了一系列具体的问题。那些想法如何与"生活世界"和"系统"联系起来引导我们对社会工作的理解？更广泛地说，对"社会福利"的理解？哈贝马斯的"系统"是否更适合被命名和被阐述为一个历史性的特定的资本主义制度？这个理论化的主体，是否未能解决涉及个人和更广泛的社会力量的权力结构问题？哈贝马斯强调的"过程"，事实上是否未能对"权力如何运用在社会工作和相关领域中的"这一问题得出一个满意的答案？推广哈贝马斯观点是否有可能冒着赋予社会和经济关系以虚假和谐的风险，实际充满了冲突和不和谐。

在这种情况下，"生活世界"或许可以被解释为一种过于理想化与和谐的社会空间。海因斯和休斯敦(2007， p 993)认为，例如在"哈贝马斯术语中，家族的网络构成了一群特殊的从'生活世界'里出现的杰出人物，而社会工作专家们则是'系统'的代表"。这种理解对社会工作的专业化是绝对重要的，暗示了代理人所行使的权力(在这种情况下指社会工作者)代表特定的国家形成，比起那些在私人领域的"家庭网络"，这更可能伤害到孩子和家庭。除了根植于一种家族主义形式(Barreett 和 McIntosh，1982)，这种解读适合明显自由主义形式的推理，因为它同意"私人的比公共的更好"的观点，以及有"太多的官僚主义"，也存在太多的"保姆国家"。正如我们在第二章看到的，20 多年前，奥斯本(Osborne)和盖伯乐(Gaebler，1992)提供了一个公共部门的新自由主义的示例，这在当时的美国，以及随后的欧洲，都是颇具影响力的。

一个更根本的问题是(如果我们使用这个术语的话)，“生活世界”和“系统”的概念太简单化了，因为这些都没有真正地被分开、被封闭以及独立成体。在他的巨幅作品中，哈贝马斯对性别问题少有提及，这加深了他对“家庭”的误读，也使得他把它定位在“生活世界”里面。具体而言，在女性主义视角下，南茜·弗雷泽(Nancy Fraser)曾经对哈贝马斯在性别和在资本主义动态的社会关系矩阵中父权制的运作上未能得出令人满意的分析，而撰写大量的学术批评(Fraser, 1999)，其理论建构将在第九章中更加详细地讨论。她认为女性主义者们：

从对当代家族的决策制定、财务掌控以及殴打妻子问题的实证分析中可以看出，家庭(用哈贝马斯的话说)充溢着金钱和权利。他们都是以自我为中心的，有战略的，有工具的计算，而且常常有对服务、劳动力、金钱和性的交换的剥削——而且频繁的是，有胁迫和暴力。但是哈贝马斯对比现代家庭和官方的资本主义经济的方式，趋向于把这些都封闭起来。他过分夸大了这些机构的区别，也阻碍了将家庭分析为经济体系的可能性，也就是劳动力、交换、计算、分配和利用(Fraser, 1989, pp 119 - 120)。

弗雷泽的评论对社会工作者来说是意义重大的，提醒我们——就像在第一章里讨论的那样——把女性主义分析合并到专业知识基础上，并将它融入家庭中对儿童的虐待和伤害的评价中(White, 2006)。更需要强调的是，一种资本主义现代性的“批判社会理论”要求“性别敏感类别”(Fraser, 1989, p 128; Goode, 2005, ch2)。然而，哈贝马斯最大化地忽视了性别敏感式的思考和工作。并且，在一些哈贝马斯的著作中，也许会发现一种隐含的、怀旧的和对以前的时代的渴望而这优先于拆解了的“父权”(Habermas, 2006, p 156)。此外，在当代，家庭仅仅保留“内部空间伪隐私的幻觉”(Habermas, 2006, p 157)。对哈贝马斯来说，出现了“空洞化的家庭私密领域”，而这些所剩下的，就是一种“泛隐私”类型(Habermas, 2006, pp 157, 159)。但这种观点可能会挑战那些经历过虐待的、在他们家里尝试说明虐待行为却从未被相信过的人(McKay, 1998)。

在其他地方，哈贝马斯(2001a, pp 131 - 171)的关注点在“家庭成员中不对称分配的权力”和“系统化扭曲了的沟通”放大了这些批判。他在“充满冲突的家庭”内对“沟通病理”的反思只对父权制问题有一些短暂的注意(或更广泛的建构社会阶级因素)。哈贝马斯用典型的实证和功能主义的方式将“病态的”或“功能障碍家庭”与他所说的“正常家庭”进行对比(Habermas, 2001a, pp 162-163)。虽然他承认“权力的系统和生活世界能够互相渗透，但这不等于对生活世界核心领域里的方式的承认”，比如家庭自身是被权力关系构造的。正如艾伦·艾米(Amy Allen, 2008, p 104)所说，“房间里的大象”是对“正常家庭”自身如何提供“主导和从属”关系的讨论。她继续提到：

这从性别权利不对称中燃起的矛盾将会系统化地扭曲男人和女人之间在大多数家庭内的沟通；这样的曲解将进一步超越矛盾，以至于它会继续沟通互动行为表面之下燃烧……系统化扭曲的沟通范围变得明显……比起哈贝马斯所要假设的更加宽泛；事实上，它变得无处不在(Allen, 2008, p 104)。

国家福利所实现的角色对社会工作者来说有尤其重要的意义，哈贝马斯对此有不足的解释。海因斯和休斯敦(2007, p 990)认为他：

探讨了现代福利国家的角色，把它看作是国家殖民统治“生活世界”的一个关键手段。换句话说，通过为需要帮助的人提供政府干预，政府专业化侵蚀了较早的照顾传统，比如社区邻里和社会网络。

也就是说，哈贝马斯倾向于辩证的理解“福利国家”的影响。在19世纪60年代早期，他指出“典型的风险，尤其是失业、疾病、老龄化以及死亡，时下很大程度上是由国家福利担保的”(Habermas, 2006, p 155)。这反映了西方民主国家对其在消除贫困中所扮演的角色过度自满的评价，他自信地断言，家庭自身不被“期望提供很大程度上的次要支持”，因为“家庭成员个体现在是被公开保护的”(Habermas, 2006, p 155)。除了在历史上被怀疑之外，哈贝马斯的分析并没有在重要的历史关节成为平衡社会和经济力量的产物。“福利国家”并不稳定反而十分多变，很有可能在不同时期面貌不一(Coates 和 Silburn, 1970；Hall 和 Jacques,

1989；Clarke，2004，2005）。正如约翰·萨维尔（John Saville，1957，p 2）所观察到的，半个多世纪以前，福利国家的出现是“三种主要力量互动”的结果：工人阶级反对被剥削的斗争；工业资本主义对更高效的运作环境的要求，尤其是对高产劳动力的需求；业主对需要付费的政治安全的认同。

然而，由于新自由主义的开端和苏联的解体，随着社会保障消减的引入、更多的“限时”和“有条件的”福利支持、对服务的“使用者付费”的引入、第三级教育的获得，福利提供的减少变得更加普遍。这深深渗透到英国新共和党的政策方针当中。2008 年早期，当时的住房部长卡罗林·弗林特（Caroline Flint），把住房问题放在政府的“现代化”政策议程的前列，认为失业业主应被强制签订“承诺协议”，证明他们渴望找到工作：

> 这将会是一种文化的大变革，改变了把钥匙交给业主却遗忘他们 30 年的那一时期。我们应该向新业主提出的问题是，他们将会做出什么承诺去提高他们的能力、找到工作，并且获得他们可以获得的支持（Fabian Society，2008）。

工党领袖米利班德（Ed Miliband，2011）近期表达了类似的感受，他认为当决策被这些应该获得“社会住房”的人制定时，优先权应当被“给予这些有所贡献和有所回馈的……这是对这些在社区里做正确之事的人的奖励”。与此观点相关的是，在 2011 年 11 月，由保守党支配的伦敦自治市旺兹沃思同意引入一个试点项目，要求新的业主应该积极地去寻找工作、参加培训或参与当地的志愿服务；否则的话，他们可能会失去他们的房子（Hennessy，2011）。

这表明即便是在社会民主之中，福利——以社会住房提供的形式——对这些做“正确的事情”的人的奖励，变得更加“有条件”了。事实上，并不存在哈贝马斯确定的“福利担保人”类型。而且，占主导地位的话语现在高举“福利”，并将其重设为“依赖”，但是由于必须对错误地形塑人们的行为负有责任，所以在新自由现代化中给他们留下不合适的位置。

回顾“清晰透明沟通之理想国”

除了他对话的重点以外，哈贝马斯觉得所有有争议的问题都可以在一个程序清晰的框架下以对话的方式来解决，这也许是错误的。谈到国际地缘政治，例如，他发现军事力量的使用在20世纪90年代早期的第一次海湾战争时是可以接受的，而且支持轰炸南斯拉夫（Habermas, 1997, 2001b, 2003；Anderson, 2005）。但是本章的下一部分，将会讨论哈贝马斯的理论并没有为社会工作者的理论与实践提供足够的依据，因为它并没有说明权力差异如何容易复杂化，甚至破坏他的话语伦理学和详尽的程序框架。作为哈贝马斯在社会工作专业上的倡导者，海因斯和休斯敦明确承认“削弱意识形态普遍的和潜意识的影响”，承认“家庭内部的对话”不应在权力、竞争的兴趣和结构的联盟下被视为完全自由的（Hayes 和 Houston, 2007, p 1001）。然而问题是，家庭团体会谈中的哈贝马斯方式存在困难，而且相关的讨论是询问无效甚至模糊的。

尽管本书并不打算发展福柯的视角，但看起来福柯提供了一个更加微妙的，尽管仍然有问题的对于权力关系的理解（Chambon 等，1999；Skehill, 2004）。他坚持认为，“如果一个人单独使用国家或国家机器，那么他将会陷入权力贫困问题。权力是有不同的形式的，比起一系列的法律或国家组织，也是更加负责、密集和普遍的”（Foucault, 1980, p 158）。因此，对他而言，“权力关系是多重的，他们有不同的形式，可以表现在家庭关系中，或在机构里，或在主管部门里”（Foucault, 1988d, p 38）。也就是说，权力关系比哈贝马斯认为的更加流畅和无所不在。通过建立规则来筛选、归类或取消不同的权力关系，进而管理像在家庭团体会谈这样的讨论会中的话语，这也是不容易的。也许正是有鉴于此福柯批判了哈贝马斯过分强调“清晰透明沟通之理想国”以及“可以存在这样一个没有障碍，没有约束，没有强制因素的交往的国度”这一观点（Foucault, 1988a, p 18）。

在下文中，我们的目标将是勾勒出与权力差异相关的问题，并认为除了哈贝马斯对不受约束的对话的可能性上的强调，“分层社会中的不公平会‘传染’甚至酝酿某种非正式排除”（Asen，2000，p 428）。

回到葛兰西和布尔迪厄

海因斯和休斯敦在关于哈贝马斯的观点中有一个盲点，那就是他们没有合适地考察到当代经济和社会的背景，即对新自由主义及其必要性、观察问题的方式以及这种经济和文化背景制造的组织结构没有疑问。这一疏忽的结果是，在家庭团体会谈中的个体参与者冒着和他们全部的社会关系撕裂的风险：特别是没有说明“经济关系中无声的强迫”如何在家庭生活之上和之内施加压力(Marx，1990，p 899)。

很多对哈贝马斯的批判否认他的社会理论是至关重要的，并且“认为他的分析是对混合经济的冗长的辩护”（Finlayson，2005，p 57)。事实上，正如加德纳(Gardiner，2004，p 43)曾观察到的，我们可以说哈贝马斯的姿态：

> 是理想主义的，无论是从哲学的还是从日常的用词之中，因为它假设社会经济性质中的物质冲突，可以被有效地超越或至少有效地升华成一种理性的超脱于根深蒂固的权力差异的话语。

与此相反，葛兰西的作品促使我们思考在福利范围内的变化，如与儿童及其家庭相关的会谈的管理是如何与更多的社会力量联系起来的；一个在特定社会中的特定统治联盟，是如何保有“霸权”的。葛兰西式的对家庭团体会谈的思考可能会因此刺激社会工作和社会政策研究议程，从而寻求历史化，并且调查推进家庭团体会谈作为目前干预机制的理由。家庭团体会谈是否以及为什么在不同的国家背景之下具有不同的形式？我们如何尝试和理解一些关键词，例如“赋权”，它们又是如何在家庭团体会谈中运作的？焦点的但却不确定的支持家庭团体会谈的观点可能是什么？如果家庭团体会谈含蓄地批判了社会工作实践，那么这些批判是如何形成的以及谁是这些批判的定义者？谁的声音在家庭团体会谈中心话语中被忽略或边缘化？为什么会这样？家庭团体会谈如何改变社会工作中的工作以及相关的活动形式？此外，考虑到独立部门项目的核心地位参与到家庭团体会谈当中，新的结构会促进私有化形式吗？

这种形式的批判性反思——在特定的结构、特定的场所、特定的时刻，与特定专业角色更深的询问——可能会帮助社会工作者参与到家庭团体会谈以及其他与儿童及其家庭的会谈之中。葛兰西提倡的严格的学术提问是可取的、具体的结构，比如家庭团体会谈。不像哈贝马斯的论述往往是枯燥的、概略的和程序的，葛兰西更有能力去促进更深入和政治化的评价，尤其是在如何使更广泛的社会力量渗入或转移到儿童福利实践当中的问题上。这在微技术实践中是显而易见的——比如评估时间表，其他表格和电子模板——不仅仅力求构建交往的邂逅，而且也经常暗中强化，或者直接承认，现存的经济和社会关系模式。例如，儿童福利专家们“用符合孩子最大兴趣的方式解释法律、政策和程序”（Houston, 2010a, p 1749）？“真诚的”论点是指什么？社会工作者如何和其他人“促进伙伴关系”（Houston, 2010a, p 1749）？这种语言以及这些流畅的概念在被放置在特定位置的霸权顺序时，是如何发挥功能的？

再一次，葛兰西的想法是有用的，因为尽管语言本身“对葛兰西来说不是一种希望的源泉，也不是救援工具”（Ives, 2004b, p 164），在他写作的那段时间里，他意味着“欧洲最语言取向的革命”（Hirschkop, Ives, 2004b, p 55）。更基础的是，如彼得 · 艾夫斯（Peter Ives, 2004b, p 136）说的那样：

> 葛兰西对于语言的观点，体现了以政治关系为架构的所有辩论，这是非常“合理的”，还有一些必要的说法包括，“你想说的是什么？”“你的意思是什么？”“说得更清楚一些”，这些都是审查和监察制度的形式，充满了发言者的权力动态……因此，葛兰西向我们展示了所有有意义的生产、传播及接收都发生在社会政治背景下，而非“普遍的”道德行为框架。

如前章所述，布尔迪厄比哈贝马斯更注意新自由主义的影响，他通过突出不平等如何对社会互动产生影响提出了一个有益的连接点。布尔迪厄的概念工具事实上是阐明了一些情境中交换互动的复杂性，例如家庭团体会谈。布尔迪厄式的做法破坏了一种观念，那就是在程序规则下的布置可以提供一个“技术性修复”，并且解散那些根植于权力差异中的沟通交往的阻碍。事实上，哈贝马斯的观点似乎对家庭团体会谈以及类似的讨论会中个体参与者的社会地位关注比较少。考虑到个体、家庭成员和“专业人士”来自不同的社会领域，而布尔迪厄所概括的资本类型有不同的权限，那是否可能存在真正开放的、公开的、透明清晰的沟通交往？这并不是暗示布尔迪厄的方式彻底破坏了海因斯和休斯敦对哈贝马斯方式的解读。相反，它是表明，布尔迪厄的分析形式使他们的观点更加复杂化。

当海因斯和休斯敦讨论家庭团体会谈时，将遭遇一些难题。当讨论“独立协调员”的角色时，Hayes和Houston认为它实现了非常重要的角色，“像是监考老师在‘生活世界’和‘系统’领域之间巡逻，利用了他们各自的观点，同时鼓励合作”。

重要的是，他们（独立协调员）在角度和规范……家庭和专家之间的对话中处于一个重要的位置。这是他们保护“生活世界”和“系统”之间的边界，培育动力实现沟通和开放讨论。由此，联络员可能可以作为调解员跨越双方不同的利益和需求（Hayes和Houston，2007，p 1002）。

这似乎意味着“独立协调员”是社会中立的，他们的“巡逻”和“保护”活动（用海因斯和休斯敦提出的相对男性化的形象）是存在于权力关系之外的。但在布尔迪厄的框架中，独立协调员的活动不可避免地受到了他们惯习的影响，这体现为在家庭团体会谈中的穿着、说话和行动的方式。事实上，独立协调员将会被认为是在他们的领域以“合适的”行为方式表现，用一些“专业的”语言定义，进而呈现家庭团体会谈中的核心问题，判断什么是可以讨论的以及什么是应该排除在外的。在新自由主义背景下，例如，和家庭资源以及经济环境相关的问题容易被视为在很大程度上是超出会谈范围的。简单地说，大量的微观社会学因素似乎在哈贝马斯的观点中消逝了。

引介巴赫金：公开对话并反对透明

被描述为“公开对话的守护神”（Emerson，in Irving and Young，2002，p 19)的俄罗斯文学理论家巴赫金(Mikhail Bakhin)可能会分享一些哈贝马斯理论诉求方面的观点。但是他的论文与德国理论家存在差异，因为巴赫金也是“对主导的潜力非常敏锐的，他青睐边际、有条件和非正式”(Irving和 Young， 2002， p 25)。这样的倾向性与巴赫金对未完成性上的强调有关：

在他的文章中对所有认为趋于终结、关闭和系统的观点，他不断地使用术语“未完成性”，这是由于他的信念他的信仰，相信这个世界不仅仅是一个凌乱的地方，也是一个开放的地方。未完成性这个词表明了他的核心思想：创新，惊喜，发现，全新，开放性，潜力，自由以及创造力——相比于社会工作者通常相信的那些价值观，这些价值观给予我们一种更有希望和更广阔的视野(Irving和 Young， 2002， pp 20－21)。

虽然艾云(Irving)和杨(Young)，作为在社会工作论文中对巴赫金的最主要倡导者，对他的文章适合于社会工作“后现代主义”过于自信，强调巴赫金的核心观点提供了有效的指引。他们认为他对理解社会工作最大的贡献是他的对话理论(或对话性)：

口语表达真正的人类的唯一合适形式，是开放式对话。生活的本质是对话。活着就是要参与到对话当中：提问、倾听、回应、同意等。在这种对话中，一个人是在他的整个生活(社会)中全身心参与的：用他的眼睛、嘴唇、手、灵魂、精神，用他的整个身体和行为。他把自己全部投入到话语当中，话语进入人类生活的组织对话当中，进入世界讨论中(Bakhtin，in Irving和 Young， 2002， p 22)。

海因斯和休斯敦指出，这更接地气的存在主义，甚至是神秘的沟通实践的方式，是与哈贝马斯的程序式方式非常不一样的。差异性也明显体现在巴赫金写在“狂欢节”上的说明：

对于 Bakhtin 来说，所有完成了的、固定的、确定的，也是过于狭隘的、教条的和镇压的；从另一个角度来说，狂欢就是在开放性和不完全性体现为最高价值的世界里……它包括了所有严重的嘲弄，对世界封闭的态度，在所有结构中上下颠倒的，“被罢黜的”（Irving and Young，2002，p 25）。

这对狂欢的专注破坏性地揭示了巴赫金与哈贝马斯，除了在沟通实践如何被包括在内这一点上具体共同的兴趣以外，他们的路径是不同的。而且，他在“开放式”对话和狂欢（带着官场式的可笑战略和“官方的”话语实践）上的强调，可以视为是把巴赫金与他决心强调的“实践的”和“证据为本的”理论置于“官方的”当代社会工作之外，（Webb，2006）。[①]特别是在社会工作微观实践的方面，巴赫金可以帮助理解像在家庭团体会谈这样的讨论会中的动态：在此巴赫金论文的一个关键方面是他关于“透明性”的提醒，我们可以看到，这在哈贝马斯话语道德中是非常核心的。然而对巴赫金的一种批判性评论指的是他的“对透明性观点的强硬拒绝”（Garvey，2000，p 377）。在“实践的方面，透明性与暴政紧密联系起来，巴赫金对于用语言的方式颠覆和破坏削弱自治的制度更感兴趣”（Garvey，2000，p 379）。当然，与哈贝马斯相比，巴赫金对“发言者实现透明性的能力缺乏自信，因此他更专注于对达成共识的冲动的探索以及削弱自治的理想化集中制的过程”（Garvey，2000，p 371）。因此，对他来说，“不透明性、模糊性在巴赫金的观点中和透明性、清晰性在哈贝马斯的观点中起到的作用是一样的”（Garvey，2000，p 370）。

巴赫金对沟通交往中“透明性”的质疑最初是简单的和有煽动性的，甚至和社会工作方法在沟通交往中以及在“同伴关系”中的使用是不一样的。但是，他的观点——就像布尔迪厄的一些观点——对这种权力差异是更加留心的，这逐渐削弱了 Hayes 和 Houston 推动的哈贝马斯式程序框

① 有更多被怀疑的关于享乐主义的文章。在那个“逃避的主要机制是个人的享乐主义”的时期，享乐主义作为“商品……支撑全球资本主义”（Langan 和 Ryan，2009，pp 472，479）简而言之，享乐主义被纳入新自由主义的支配顺序当中。

架。也许巴赫金对“透明性”观念的质疑也阐明了服务的使用者有时害怕触碰到国家以及国家的部署、监视和追踪机制，而且不愿意表达他们的经历甚至为评估放弃一些“信息”(Garett, 2003, 2009)。

存在争议的是，巴赫金提出了一个更好的观念，那就是真实的人在真实的情境中，这是实务者的核心要素。事实上，它已被认为是哈贝马斯式的观点，“关于在公共领域的理性对话的观点，并没有实际地反映，也很少说明，真实的人在他们每日的生活当中的经验和活动”(Gardiner, 2004, pp 30 - 31)。相似的，艾格尼斯·海勒(Agnes Heller, 1982, pp 21 - 22)敏锐地觉察到哈贝马斯的问题缺乏：

> 对希望和绝望、冒险和被羞辱的丰富的体验……人类生理属性的那一面正在遗失。这是一个没有身体、没有感觉的问题；“人格的结构”被认为等同于认知、语言和互动……人们仅仅具有理性的沟通，可以说是没有感受的对“美好生活”印象的需求(Goode, 2005, p 48)。

对于哈贝马斯，这种“肉体”的缺乏和比较单调、清醒的视角，在人们共同寻求改善艰难困苦的道路上，是面临更深的潜在问题的，这个潜在问题侵蚀了受其理论建构对社会工作实践的效能。

结 论

这一章已经尝试对海因斯和休斯敦表达的哈贝马斯的理论建构如何能够帮助社会工作者参与到家庭团体会谈和类似的讨论会之中，提供了批判性的评论。哈贝马斯的观念被认为是存在问题的，因为“生活世界”——“系统”具有二元性，以及他没有注意到权力差异的复杂性。在下一章中，我们将进一步检视霍耐特，哈贝马斯曾经的一位学生；南茜·弗雷泽(Nancy Fraser)，他主要的批评者中的一位。他们两位都因为其对认知的理论建构，而在社会工作文章中得到关注。

反思及交流 8

• 哈贝马斯关于“生活世界”和“系统”的观点如何改变我们对社会工作的理解？“生活世界”和“系统”的概念是可信的吗？

• 你是否可以提供一些例子，关于你在社会工作实务当中发现的或使用的沟通行为和战略行为？而这些观点又是如何与你的监管经验联系起来的？

• 哈贝马斯的程序是否未能对权力如何在社会工作和相关领域中运作提供满意的解释？

• 我们能够认可社会工作当中任何独白主义的力量吗？

• 巴赫金如何能够帮助我们更好地理解社会工作在政府机构中的工作？

• “狂欢”之后发生了什么？

第九章

与霍耐特和弗雷泽对话[①]

① 本章回顾并修改了某些材料，详见 Recognizing the limitations of the political theory of recognition：Axel Honneth，Nancy Fraser and social work，*British Journal of Social Work*，vol 40，no 5，pp 1517－1533。我对牛津杂志让我能够再次利用我早期的工作充满感激之情。

引 言

> 在洪堡特(Humboldt)哲学系学习期间，我获得的一个观点是(我忘记从谁那里学到的)，所有人类行为的潜在动机是对“被承认”的渴望。“承认”是人作为一个存在的价值和尊严，如果得不到承认的话，那么此人就是微不足道的，就像奴隶。由此，“承认”这一概念深深地刻在我的灵魂之中，留存在我的想象里。这是一个不争的事实(Lasdun，2007，p 133)。

正如杰姆斯·莱思登(James Lasdun，2007)小说《七个谎言》中的主人公，社会工作领域中的许多学者纷纷将目光转向承认的伦理和政治。而且，他们在社会工作实务方面也贡献颇多(Froggett，2004；Webb，2006，2010；Houston，2008，2010b；Houston 和 Dolan，2008；Marthinsen 和 Skjefstad，2011)。

在哲学中，“承认被指定为一种主体之间的互动关系，其中的每一个人皆视其他人为平等的人……一个人只有在被承认的美德中才能成为一个独立的个体，也同时作为一个主体而承认他人”(Fraser，2003，p 10)。在此意义上，“承认并不源于我们感激别人的一种礼貌，而是一种重要的人类需求”(Taylor，1992，p 26)。德国哲学家黑格尔(1770 — 1831)在 19 世纪 90 年代早期强调“为承认而抗争”(Kampf um Anerkennung)，而现在则意味着这一承认议题在学术领域的复苏。

“当代最为杰出的两位承认理论家”是新黑格尔主义哲学家查尔斯·泰勒和阿克塞尔·霍耐特(Honneth)(Fraser，2003，p 28)。泰勒(1992)《承认的政治》一书被认为是“催化剂式的论著”(Markell，2003，p 2)或“信号式的著述”(McNay，2008，p 2)，极有可能是当代政治理论中最有影响力的著作。他全神贯注地参与到加拿大政治之中，更确切地说是在法语社群中以魁北克人的身份，引起更大范围的共鸣。同年(1992)，霍耐特的《为承认而抗争》在德国首度出版(Honneth，1995)。虽然泰勒和霍耐特的著述存在较大差异，但是他们和美国女性主义哲学家南茜·弗雷泽(Fraser)共同构筑了一个基础性的同时又充满竞争的理念，“现代政治已经从阶级、平等、经济、国家观念转向身份、差异、文化和伦理”(Thompson，2006，p 3)。从他们开始，“承认的观念”处于“当今正义概念的核心”，也由此意味着“一个正义的社会将是每个人都得到应有承认的社会”(Thompson，2006，p 3)。

可能是由于语言表达方面的晦涩，承认的政治虽一度出现在一些社会工作文献之中，但长期被忽视。本章无法为读者呈现承认理论的延伸内容或复杂定义(Thompson，2006)，但是可以通过批判性地阅读霍耐特和弗雷泽的著述扩展社会工作。本章将首先聚焦于霍耐特的理论贡献，他关于“哲学与政治的 comprehensiveness”(Houston 和 Dolan，2008，p 462)的讨论被一些评论家视为社会工作及其相关领域的新的理论基石。在指出霍耐特理论中的相关问题之后，本章将转向对弗雷泽著述的检视。由于她长期与霍耐特的承认理论展开对话，也许将能够提供更加令人信服的观点。[①]然而，大多数承认理论的支持者(包括弗雷泽)无法准确而清晰地审视新自由主义国家对当代社会关系的重要影响(详见第五章)。至于背后的原因，可从社会工作所倡导的承认理论中窥见一二。并且，若以英国和爱尔兰为例，社会工作者是被国家雇佣的，也将按照国家的规定扮演专业角色。

承认理论：霍耐特与弗雷泽

一如前文所述，哲学家泰勒最先详尽引介承认这一概念，但霍耐特对承认的阐释在社会工作理论中引起极大的关注，并真正地得到认可(Houston，2008，2010b；Houston 和 Dolan，2008)。在霍耐特看来，影响

① 霍耐特(1949—)是德国法兰克福大学的哲学教授。在 2001 年，他成为社会研究所所长。弗雷泽(1947—)是一位美国女性主义者和批判理论家，她是纽约社会研究新学院的教授。

和塑造个体一生及其与他人建立亲密关系的三个重要因素是：基本的自信（涉及曾经以及现在的恋人关系）、自尊和自爱。霍耐特认为，无论在概念上还是遗传学上，原初的爱的关系将影响到互相承认的其他形式。霍纳特非常推崇早期童年“客体关系理论”，尤其是温尼科特（Donald Winnicott）关于儿童发展的假设——“儿童的发展不能简单地从互动关系中抽离出来，原因在于儿童正是在互动过程中不断成熟起来的”（Anderson，1995，p xiii）。

温尼科特（Winnicott，1965，p 161）重申，在最初的几个月甚至几年中，儿童与其母亲的关系非常重要，而父亲只不过是“保护者而已，让母亲可以自由地照顾自己的孩子”。霍耐特准备以“母亲”指代那些可以履行母亲职责的人而不是生理上的母亲，但是他依旧坚信“所有爱的关系皆来自无意识的对原初体验的回忆……与母亲和孩子在最初几个月之间的生活有关”，即使这一切藏匿于“主体的背后，并贯穿其一生”（Honneth，1995，p 105）。

霍耐特认为“心理分析”的视角“尤为符合承认现象学的目标”（Honneth，1995，p 98）。他认为，如果按照温尼科特的标准的话，“青年黑格尔的直觉已经达到令人惊讶的水平”。在这一情境下，英国的儿科医生和心理学家所强调的“母亲与孩子之间的良好关系”成为孩子日后与他人建立互动关系的基础或“模式”，同时也深深地根植于相互承认之中（Honneth，1995，p 104）。霍耐特还坚持认为，他的抽象理论是以证据为本的，并且得到经验研究的证实。在此，他参考了由约翰·鲍尔比（John Bowlby，1907—1990）主持的“开创性研究”。鲍尔比是一位英国的发展心理学家，通过研究社会条件“足够好”的儿童得出的结论是，“婴儿会主动创造人与人之间的亲近互动，并且以此作为今后所有关系纽带建立的基础”（Honneth，1995，p 97）。为此，“承认理论得到经验研究的支持”。“当前，精神疾病患者与日俱增，也许可以追溯到儿童成长过程中的互动不畅”（Honneth，1995，p 97）。相反，如果婴儿在与最初照顾者的互动中得到爱的积极回应，那么这些婴儿将会获得“与身体相关的自信”（Honneth，in Thompson，2006，p 26）。

只有当一个人拥有“自信”时（或与生俱来，或在爱的关系中产生和获得），他才能够获得自尊。正如霍耐特所认为的，“与是否能够进行自我的良好评价相比”，自尊与“普遍作为人的尊严”的关系更为紧密

(Anderson，1995，p xiv)。与此相关，享有权利“对于自尊非常重要”(Anderson，1995，p xv)。为此，“自尊意味着像每一个具有同等地位和待遇的其他人一样，而自爱则包含着一种让人与众不同的感觉”(Anderson，1995，p xvi)。然而，“一个人与众不同的地方一定是一些有价值的东西。因此，自我认为没有任何价值即是缺乏自我认同的基础”(Anderson，1995，p xvi)。

如前所述，相比于其他理论家而言，霍耐特对承认理论的理论建构已经在社会工作领域获得极大的关注。一个可能的原因是，他的研究进路根植于温尼科特和鲍尔比的社会心理学，而后者的论文是以20世纪50年代及以后的儿童照顾社会工作这一主流话语为中心的。与霍耐特相同，女性主义哲学家弗雷泽同意“承认的显著性是不容置疑的”，并且非常乐意拒绝“经济学家所认为的，承认是一种简单的分配附带现象”(Fraser和Honneth，2003，pp 1，2)。但是，与泰勒、霍耐特相较，弗雷泽最倾向于远离心理学的简化论或“心理学建构”(Fraser，2003，p 31)：这不是心理学领域的转变或者转移，而在根本上是社会和经济问题。事实上，“心理学建构”似乎是霍耐特理论的关键。弗雷泽认为，承认理论应当避开“心理学建构”，并且避免将误承认的不公平视为个体心理学的缺陷或失误问题。对于她来说，更为严肃的问题是，当误承认被确认为“受压迫的自我意识结构的内部扭曲的话，下一步将是谴责受害者”(Fraser，2003，p 31)。此外，很多经历过伤害、拒绝和失去的人，无法根据心理学的解释找到让自己信服的对于永久“伤痕累累的”和“受伤的”解释(Honneth，1995，p 135；Markell，2003，p 18)。一些与社会工作及其相关服务有关联的个体在遭遇社会苦难和(误)承认时，往往通过集合他们的经历、形成“幸存者”记忆以及组织为团体予以回应。这在社会工作中是非常重要的，尤其是社会工作者经常需要针对个体和团体开展服务。比如，儿童和“矫正”青少年，他们的早年生活受挫或与父母之间的关系受损。然而，这并不总是导致不可挽回的悲惨生活。我们也不能够假设，早期生活中的“自信”一定可以为双向认知的动态性奠立基础，因为即使是看似“被很好地养育”和“安全的”个体也有可能遭遇紧张的人际关系。更重要的是，“自信的”人往往具有高度的扩张性、掠夺性，持种族主义主张，厌恶女人。而那些表面上缺乏自信的人，在生活和行为方式上可能便于他人获得自尊和承认。总之，也许“在霍耐特模式中缺乏的正是调解的理念”

(Alexander 和 Lara, 1996, p 131)。

尽管弗雷泽并不纠缠于此，但霍耐特所承继的西欧更具体地说是英国20世纪五六十年代的社会心理学仍然是容易受到批判的，而那段时期所谓"科学的"见解总是容易令人想到以冷战为中心的社会、经济和性别秩序(Winnicott, 1965, ch18)。其实，这是霍耐特在理论建构上对于温尼科特和鲍尔比"不合格依赖"的体现(McNay, 2008, p 132)，为此应当感谢女性主义者的批判(McNay, 2008)。值得注意的是，鲍尔比的论文在20世纪50年代影响极大，并且为那些"离经叛道的"、被放置在主导"规范"之外的母亲提供了一个规范的知识基础(Bowlby, 1990)：比如"未婚妈妈"(Spensky, 1992)。与此相关的是，霍耐特对于"母"子关系的强调。申言之，霍耐特的承认理论建基于一个确切的心理决定，即很多的早期互动和不够重视的"习惯"可以让他们生活的地方拥有更为丰富和饱满的感觉(Lovell, 2007；本书第七章)。

弗雷泽的进路则是非常具体的，体现为"平等参与原则"以及允许所有(成年)社会成员与其他同辈群体互动(Fraser, 1989, 1997, 2000, 2003；Fraser 和 Honneth, 2003)。因此，目标在于排除"那些系统地轻视一些人及其相关特性的规范"(Fraser, 2003, p 36)。此外，她的平等参与原则也意味着驱除"投机的和破坏性的要求"，比如种族主义和排外思想(McNay, 2008, p 149)。

弗雷泽坚持在政治理论的脉络中考察有关承认的争辩，由此令她感到不安的是这意味着"承认政治"将替代"再分配政治"。并且，进一步的危险在于，以"身份"问题以及特定"少数群体"社会运动为中心的"差异"政治有可能导致政治的边缘化，而非专注于阶级以及经济上的不平等与经济正义。在一段时间内，美国社会工作的支配话语也是如此，并且英国也强调将"多元"和"差异"问题置于阶级不平等和经济剥削问题的优先位置上(Garrett, 2002；亦见第十章巴迪欧的相关讨论)。弗雷泽指出，那些反对承认政治的人倾向于认为全球增长的贫困和大规模的不平等更值得关注。对他们而言，承认"差异"即是阻碍追求社会公正。相反，那些认可承认政治的人则对政治再分配持怀疑态度，并且不屑于盲目的经济平均主义将为妇女和少数民族群体带来公正。因此，我们"必须抉择：再分配还是再认同？阶级政治还是身份政治？多元文化还是社会民主？"(Fraser, 2003, p 8)。相反，弗雷泽则试图论证这些假设是一种虚假的对立，并且不是“本身自足的”（Fraser， 2003， p 9）。她寻求发展一种“二重性”的公正概念，而不是赞同相互排斥的二元论。没有“减少任何一维，而是将两者整合在一个更为广泛的总体框架之中”（Fraser， 2003， p 35）。

因此，弗雷泽主张再分配和再承认在社会正义理论中是平等的，而且是互相交织的。并且，她反对向经济主义或文化主义的单方面倾斜。进而言之，她认为个体和团体面临的不平等根植于经济和文化之中；换言之，经济和文化是相互交织和相互贯通的。没有一个领域可以是纯粹经济的或纯粹文化的，因为“每一个实践”同时是“经济和文化的，只不过所涵盖的比例不尽相同”（Fraser， 2003， p 63）。弗雷泽指出，“所有社会经济秩序和文化秩序皆是互相重叠的”（Fraser， 2003， p 51）。不过，值得警惕的是以葛兰西的方式维护霸权（和不稳定），而这要求我们应当对下述情况给予检视“在一个给定的社会形态中，经济和文化是如何实现相互联系的”（Fraser， 2003， p 51）。

可见，弗雷泽与霍耐特“顽固的一元论”是不同的，后者更侧重于强调承认理论“能够支撑对于公正的解释，可以处理所有的承认问题”（Thompson， 2006， p 104）。因此，考虑到“社会主义式的再分配只是获得承认的附属”，霍耐特坚持认为承认可以成为“根本的总体性的类别”（Fraser 和 Honneth， 2003， pp 2－3）。而弗雷泽的分析则试图以“两个类别的合作基础和正义互相不能减少”为核心而展开（Fraser 和 Honneth， 2003， p 3）。相较而言，弗雷泽的视角更为可信，主要原因在于弗雷泽可以阐明并且检验承认（或误承认）与经济和再分配的关联。简言之，个体“可以融合多元，并且成为交叉节点”（Fraser， 2003， p 57）。正如社会工作者那样，这一理解更为强调复杂性，尤其是如何介入他者的生活以及他者的生活（生活机会）如何被交叉分层的形式而形塑。

因此，呼唤一种概念化，以此“建构出可以阐述后现代全球化资本主义从属地位动态发展过程的理论”（Fraser， 2003， p 8）。在此意义上，弗雷泽提出“透视二元论”（Fraser， 2003， p 63）。并且，她以专注性别为中心对“透视二元论”进行具体阐释，即“性别的二重性消解了再分配范式和承认范式之间的张力”（Fraser， 2003， p 22）。事实上，对于资本主义制度的历史解释可以论证弗雷泽的理论建构。例如，资本积累的原始模式不仅是劳动力剥削和资本积累及集中的过程，更意味着工人阶级差异和分歧的累积。“这将在性别上建立等级制度，和‘种族’以及年龄一样，成为阶级统治和现代无产阶级形成的主要构成部分”(Federici, 2004, pp 63 - 64)。弗雷泽进一步指出，这些“在资本积累过程中强加的分配——尤其是在男人和女人之间——持续的蹂躏着地球中每一个角落人们的生活”(Federici, 2004, pp 63 - 64)。

类似的观点可以从植根于“种族”的社会区隔而得出，即种族主义的准则“与资本主义劳动力市场直接相关”(Fraser, 2003, p 58)。不过，更为重要的是，弗雷泽认为“一个真正的批判性视角……不能只看到分配和承认在表面上的分开。相反，必须探索到表面以下，进而揭示隐藏在分配和承认之间的关系”(Fraser, 2003, p 62)。

因此，“透视二元论”的方法应该帮助我们觉察到弗雷泽意义上“平等参与原则”。对弗雷泽而言，她不仅在描述和解释这一世界，而且蕴含着一个更为全面的改变世界的政治愿景。不过，她强调对“积极策略”的超越，即“以不扰乱社会结构为基础，以改变不公正的社会安排为目标”(Fraser, 2003, p 74)。在她看来，“转型式策略”力图通过重构一个潜在的框架改变不公正的社会后果(Fraser, 2003, p 74)。申言之，真正的“转型式策略”旨在精心营造“反霸权集团的社会运动”(Fraser, 2003, p 86)。虽然弗雷泽的批判是有效的，但在下文中笔者将以政治理论的最新争辩来进一步分析她的承认理论的核心假设。

另类概念化

近年来所取得的许多研究成果皆将承认理论作为阐明一系列对立观点的基础。比如，奥利弗(Oliver, 2004)曾经指出，“对于支配文化或团体的承认”其实是“一种压迫的病理症状”，进而“创造出对承认的需要”(Oliver, 2004, p 79)。因此，她解释道，“自卑的内化让受到压迫的人感觉到某种缺失，而这只有更为高级的支配者才能拥有或者给予他们”。隐含的“一个诊断结果是，对承认和理论的追求可能事实上是预先假设的，由此导致特权阶级、统治和不公平得以永存”(Oliver, 2004, p 80)。

马克尔(Markell，2003)有见地的指出，承认政治倾向于“将注意力从那些有权力的人身上转移到被误承认的人……并且集中分析误承认的结果，而不是背后所藏匿的基础问题”(Markell，2003，p 18)。此外，承认理论试图呈现一个静态的、稳定的文化观念，而且对人类的意义给予不充分的理解。作为另类方案，马克尔提出“政治承认”，具体“涉及解决而不是徒劳地试图克服以冲突、敌意、误解、不透明和异化为生活特征的社会风险”(Markell，2003，p 38)。

对承认理论的另一个批判来自马克尔(2008)对理论家的关注，这些理论家认为“离压迫和不公平真正的原因距离我们很远，而承认只是某种特定的伤感话语”(McNay，2008，p 10)。有一些理论家“走的更远，甚至认为承认政治在本质上只是中产阶级的特有现象，是特定的群体对个人苦难和痛苦的说辞而已”(McNay，2008，p 10)。“对承认的渴望可能与自然和天生很遥远，而只是一种对个人的思想体系的操控”(McNay，2008，p 10)。麦克内伊从福柯出发试图对承认理论进行总结，即“对承认的普遍渴望”可以被解释为“一种毛细血管式的国家权力，通过他们之间的一种关系类型控制个体”(McNay，2008，p 133)。因此，霍耐特所强调的“自然的和天生的对于承认的渴望意味着一种惩罚结构，并且在后现代社会中已经被个体彻底内在化，进而实现自我规训”(McNay，2008，p 133)。

有鉴于此，一个值得探究的问题是，如何将承认政治置于社会工作理论与实务的核心之中？

将承认理论置于社会工作的核心

显然，边缘化的、从属的团体成员抑或其生活和文化样式，已经被系统地剥夺了尊严、自尊和承认。这一否定和不尊重的过程同样延伸到社会工作实务之中，比如儿童及其家庭的介入过程。而缺陷、失败以及滥用“照顾”等可以部分归因为，对这些特定团体或个体的误承认(Wardhaugh

和 Wilding，1993）。比如，（误）承认可能与英国社会服务试图回应 Victoria Climbié 和 Peter Connelly 相关（Secretary of State for Health 和 Secretary of State for the Home Department，2003；Healthcare Commission 和 HMIC，2008；Garrett，2009）。在爱尔兰，我们也可以想到一些对承认理论的滥用（Murphy 等，2005；Commission of Investigation，2009，2010；Commission to Inquire into Child Abuse，2009）。

因此，这似乎在很大程度上支持以下观点，即社会工作者应当对道德和承认政治非常熟悉。并且，一旦成为事实的话，那么意味着在社会工作实务中将予以明确。此外，社会工作话语中的承认通常指涉对霍耐特不加批判地吸收，这意味着首先将完全与职业伦理相关，并且强调对人及其生活相关方面的"尊重"。同时，"多样化"和"差异性"的议题也可以在承认伦理的框架中得到解释。更为重要的是，这一理论建构具有呼吁专业"共识"的潜力，其"使命"似乎与"神圣"是一致的（Beckett，2003）。

以个人为中心的承认政治似乎与新自由主义完全对立（Webb，2006）。在社会工作实务中，对儿童及其家庭的社会支持也可以视为承认的实践表达（Houston 和 Dolan，2008）。申言之，承认理论是道德核心，以此能够开拓社会工作，并且将新鲜的、不断更新的以及更为"人性"的方法注入社会工作实务中。对于贫瘠荒芜的当代社会工作实务而言，无疑可以获得共鸣以及特定的意义（详见第四章）。然而，在承认理论的建构中，虽包含着极为繁杂多变的观点，但主要理论家依旧忽视或低估了新自由主义国家的作用。事实上，这往往能够团结其支持者，并且质疑社会工作是在国家要求下而开展的这一观点。并且，国家的消逝也错误地将社会工作置于支配的社会和经济关系之外。在下文中，我们将依此而展开。

承认理论和新自由主义国家的消逝

大多数理论家在考察承认时（包括弗雷泽非常有说服力的分析），旨在维护资本积累的模式，而对造成现代社会中大量压迫和苦难的国家分析则是缺席的。令人惊诧的是，大多数的理论家并没有明确提及国家(Houston和 Dolan， 2008)，即国家作为一个分析、批判的主体是缺失的。由此理论家倾向于“将承认的制度化形式视为人与人之间自发的对于承认的交换”(Markell， 2003， p 26)。在此意义上，国家像是炎热夏天里的冰激凌那样融化和消逝。

另外的一种进路是，将国家置于“更为重要的角色，是一个可以解决所有关于承认争执的调节机制，可以超越社会生活中的冲突”(Markell，2003， p 26)。此路径的问题在于，国家是一个“中立的供给系统”(Feldman， 2002， p 418)，能够解决承认问题的争辩，似乎超越于“社会”之外，并且“奇迹般地克服冲突”(Markell， 2003， p 26)。然而，必须指出的是，国家是在特定的时空中形成的，并未处于社会和关系之外，而是阶级斗争的产物。

在这一理论脉络下，人与人之间的(误)承认是冲突产生的根源。因此，这意味着通过面对面的交往，冲突的关系将会减少。甚至，在更一般的层面上，压迫也往往被认为是“人与人之间的误承认”，而不是“系统生成”的剥削形式(McNay， 2008， p 9)。正如麦克内伊所指出的：

> 不能否认，不平等是个人互动造就的。但是，这在某种程度上将掩盖结构性的权力对于身份和主体性的渗透。申言之，结构性的权力从日常生活中被移除(McNay， 2008， p 9， emphasis added)。

而面对面的互动正是休斯敦所强调的。休斯敦断言，“宗派主义是由对他人身份的误解所导致的，无论是否发生在贝尔法斯特、巴格达或贝鲁特”(Houston， 2008， p 38)。休斯敦(2008， p 38)指出，扎根于殖民统治和帝国主义而非简单“门户之见”的(当前以及以往的)冲突，可以通过“接触”产生一种“共同性机会”，进而得到解决。强大的结构性力量在分化的社区中扮演着重要角色，即集中改善(误)认同和社会差异之间的结构关系。这一评论也为“包容性转变提供证据，而承认的思考者也试图构建出一种对话式”。其中，个体是“有能力的”和有素质的，“而他人也同样如此，而不是深陷于与他者的对立关系之上”(McNay， 2008，p 7)。此外，休斯敦不仅没有把个人互动与既有的结构动力联系起来，而且似乎忽略了一种可能性，即冲突情境下参与进来的两派可能已经准确评估了各自兴趣及其斗争的性质。不可或缺的是，“包容性”的假设具有根植性和规范性的特质，即成功的承认既是可能的又是可预的。然而，可以质疑的是，他们能够“认可”并且与侵略军共同寻求“共同性”吗?

大多数评论家也承认，北爱尔兰是一个很好的范例，即国家在促进和保持(误)承认、压迫和苦难等具有重要意义。1920 年，北爱尔兰政府创设爱尔兰行动，推动阶级与新宗教派的斗争，一直到 1988 年 4 月签订贝尔法斯特协议。不可避免的是，这在结构上对社会工作教育和实践具有根深蒂固的歧视影响(Garrett, 1999)。历史学家也强调，大英帝国养育和推动“差异”和宗教身份作为一种划分和控制潜在叛乱民族主义的战略。在此，对福利的管理在筛选和管理人口上发挥着重要的作用(Midgley 和 Piachaud, 2011)。例如，在印度，英国统治明显扩大和激化了种姓规范和公约。事实上，“殖民的种姓同质化”“自独立以来一直影响着印度”(Jayaram, 2011, p 93)。近来，英国的社会分化过程已经被置于和打击“恐怖主义”相同的位置之上，“导致群体的聚集，尤其是穆斯林，制造不便、苦难甚至折磨”(ICO, 2006, p 8)。如 Guru(2010)大胆指出的，这些过程必然会对社会工作实践产生负面影响。

符号暴力：自由主义国家作为(误)承认的引擎

在当代大多数的新自由主义社会之中，国家至少以两种相互交织的方式划分和隔离人民。首先，将新自由主义国家视为“差异”的建构者和整合者。这是通过空间和领土的分离而实现的，具体体现在空间规则和建筑排列上(Jones, 2012)。在北爱尔兰，“和平”墙的建造是一个有说服力的个案。在更一般的层面上，与边界相关的比如住房、教育和交通基础设施等，也涉及如何安排和配置等问题。海沃德(Hayward, 2003, p 502)指出，美国的国家角色“不单单是回应现存的社会差异，而是制定、重新制定和强化身份或差异的关系”(Balibar, 2007)。她认为，这一趋势在美国城市规划中相当明显，国家扮演着“锻造美国黑人的贫民区”的角色

(Hayward, 2003, p 503)。

其次，国家对类别宣传和特定群体的标签负有责任。国家：

> 不仅试图垄断军事、税务以及具体的运作，而且合法使用符号力量，包括通过一个公章命名、分类和定义对象(Loyal, 2009, p 420)。

国家拥有“通过保持或改变代理人而建构类别，进而(重新)改造的力量”(Loyal, 2009, p 420)。在他们命名和分类的实践中，国家可以被确认为主要的定义者和(误)承认的生产者。在历史上，社会工作曾经参与过分类实践的合谋，而这在无形中可能会羞辱、忽视接受服务的“个案”。这可能源于不批判，或对国家“类别、感知主题、思想体系和组织规则的不知情的使用”(Loyal, 2009, p 420)。国家分类“在决定、差别配置和对物质资源的获取上至关重要，从而塑造了……生活”(Loyal, 2009, p 421)。对于布尔迪厄(2000, p 175)来说，这必然与“符号暴力”的概念相联系，而国家的功能及其角色在于，“观点的一般符号形式，认知或记忆的框架……分类形式……实践性的认知、鉴赏和行动”的制度化(Bourdieu, 2000, p 175)。①反过来，这有助于“理解 doxic 的形成”和“不容置疑的背景性假设”(Loyal, 2009, p 420)。

符号暴力可能将模糊的标签贴在不同类别的福利服务的使用者身上，比如，“求职者”或“问题家庭”。在当代语境下，政府对被责备的家庭运用的语言是充满鄙视的，对“福利依赖”也是鄙夷的(Fraser 和 Gordon, 1997)。在表 9.1 中，爱尔兰共和国的“救济金”办公室强调那些向国家寻求经济帮助的人是如何被置于有害的、占支配地位的话语之中的。尽管灌输的是管理主义的语言(“客户”“质量”)，但是“议程”提供了一个符号暴力的例子，即国家实施歧视性的“分类形式”和“感知社会框架”。在一个经济被银行家、房地产开发商和顺从的政治阶层所破坏的国家，救济金索取者是不可预见的、短暂的和引来麻烦的人群。不稳定的其他人暂时设在“我们的”办公室，被隐式和显式地呈现为犯规的或庸俗的；并

① 符号暴力可以被解释为一种意识形态的暴力形式，往往被污蔑或贬值，也容易被那些经历过的人视为合法化(Bourdieu, 2000, ch5)。根据 Eagleton(1991, p 158)，符号暴力是“重新思考和阐述布尔迪厄的方式，可以详细阐释葛兰西式的霸权观念”，也反映出“布尔迪厄的所有作品代表着一种原始的对称之为‘微观结构’意识形态的贡献”。

且，容易采取种族主义行为、暴力、酗酒和吸毒。

在具体的关系模式中，索取者们如何被对待将进一步影响到隔离、社会分工和(误)承认。而这不仅存在于“客户议程”之中，而且还将是最平凡和复发的情况：比如，等待被福利官员访谈或学习。“等待是体验权力影响的有利方法之一，是时间和权力之间的联系”。这体现在“……延期、推迟、耽搁、产生虚假的希望，或者反过来着急、出乎意料”(Bourdieu，2000，p 228)。事实上，在布尔迪厄(2000，p 228)看来，等待“意味着放弃”(参见表9.1)。

表9.1　客户议程：社会保护部门的行为规则
我们的目标是为我们的客户提供优质的服务。为了实现这一目标，请尊重我们的员工以及其他客户和政府办公室。请尤其遵守以下规则：
1. 不要在别人使用办公室时以任何形式破坏和干扰；
2. 不要对任何员工或政府成员使用侮辱性的、种族主义的、淫秽的或威胁性的语言；
3. 不要使用暴力威胁员工或政府成员。如果你这样做的话，我们会向警员(警察)举报；
4. 不要故意损坏或窃取部门财产；
5. 不要在部门办公室吸烟；
6. 不要在办公室内饮酒，或使用非法毒品；
7. 不要在使用我们的办公室时留下个人财产无人照看；
8. 如果我们的员工已经处理了你，请不要磨蹭
通过阅读这些规则，请以负责任和体贴的方式使用我们的办公室

国家如何充当(误)承认的引擎也可以通过对这些寻求庇护的人的治疗而进行阐述。后来，布尔迪厄式的学者 Abdelmalek Sayad 着重提出，“想象力的秘密美德”是“提供介绍，这也许是对国家社会学最好的引介”(Sayad，2004，p 279)。与社会工作中承认理论的推动者不同，他们并没有处理国家的作用，Sayad 提出：

> 似乎国家的本质就是区别……“国民”和“其他”承认……他们只处理“材料”和工具条款。原因在于，他们存在于国家主权领域内(Sayad，2004，p 279；Anderson，1991)。

“法律和行政类的‘寻求庇护者’‘难民’和‘经济移民’是重要的，

他们被赋予权利和资格的缺失”(Loyal, 2003, p 83)。官僚主义国家的分类方案超越了微观层面和面对面接触，导致歧视的系统化模式。此外，这些“国家以管理类别和分类定义更为广泛的承认和排外主义话语”(Loyal, 2003, p 83)。

这一理论见解有助于我们通过对不同管制的认识，更加全面地理解寻求庇护者的苦难。比如，在爱尔兰共和国，寻求庇护者被严格隔离，在2000年4月成立的52家直接供应中心中，生活着将近6 000名寻求庇护者，其中的许多人已经在那生活超过3年。而私人经营则必须与接收和融合局(RIA)订立合同：居住者每周获得19.1欧元生活费、一间共用房间以及“酒店式”食宿。尽管宣判庇护申请可以阐明布尔迪厄在权利和等待问题上的分析，但是一位等待庇护的人表示国家依然可以决定他超过十年没有工作权利。

结　论

承认政治是社会理论的主体，但本章不应被理解为对轻视承认政治的回应。近来，将这一理论导入社会工作的尝试是发人深省的，尤其是对社会工作参与道德议题和当下发展具有重要贡献。当前对于日常形式的鄙视愈演愈烈，而相关的讨论与批判则越来越少，因此对社会工作实务者和教育者来说重新专注于社会苦难是非常及时的。尽管如此，有必要警惕社会工作及其相关领域中的社会承认理论，原因在于近年来将理论建构应用于社会工作福利议程存在问题。例如，在挪威曾有人把“尊重”和“认同”的观念融入旨在“使青少年和边缘化群体积极参与社区的活动之中，比如当地社区工作学习一般的工作方法和发展积极的行为”(Marthinsen 和 Skjefstad, 2011, p 210)。

霍耐特的理论建构，尤其是他的“天真的心理主义”，面临极大的困境(McNay, 2008, p 135)。相比之下，弗雷泽的承认理论强调“透视二元论”，在某种角度上可以呈现压迫的多面属性。并且，与大多数对承认理论的解释不同的是，弗雷泽倾向于将国家带回对维持“其他人”模式和（误）承认的理论建构之中。事实上，国家往往无影无踪，而部分植根（误）认知的问题变革则几乎完全被置于微观境遇之中。在此意义上，这一境遇在概念上负担的期望过重。

因此，如果将承认政治视为有缺陷的社会工作的基础的话，在自由主义时代还有什么新的理论资源可以更好地指引社会工作教育者和实务者？这将是第十章的问题。

反思及交流 9

- 你对霍耐特观点的看法是什么？
- 你对弗雷泽观点的看法是什么？
- 理论家在多大意义上成功地将承认理论引入社会工作？承认理论可以帮助社会工作实践吗？
- 为什么承认政治在社会工作文献中获得了更高的知名度？
- 承认政治将阻碍国际社会工作者协会规定的社会工作专业实践吗？
- 本章中的“客户议程”引起的是什么问题？我们如何能够在理论上理解类似的文件或海报？

第十章

新方向？博尔坦斯基、希亚佩罗、内格里和巴迪欧

引　言

本章将重点关注一些其他的社会理论家，也许他们的著述在社会工作文献中更广为人知。所有这些社会理论家栖息于新自由主义占主导的，但又不稳定的、前卫的和脆弱的概念空间中。与那些更规范的社会理论家如吉登斯、贝克和鲍曼等不同，他们为我们提供了一种另类的观察世界的方式——“左派”取向。其中，吕克·博尔坦斯基(Luc Boltanski)(1940—　)和夏娃·希亚佩罗(Ève Chiapello)(1965—　)与马克思主义的主要思想内涵进行对话；安东尼奥·内格里(Antonio Negri)(1933—　)是一个马克思主义者，而阿兰·巴迪欧(Alain Badiou)(1937—　)则是一个堂吉诃德式的马克思主义者。在《社会工作与社会理论》中，这一理论脉络将和其他社会理论家置于一个连续谱中进行考察。例如，尽管博尔坦斯基和希亚佩罗并不专门检讨葛兰西主义，但他们“对霸权的行使提出了一个经典的分析”(Couldry 等，2010， p 110)。

正如作者在此所分析的，已经确定的一些关键议题由后-后现代理论家共享，瑟伯恩(Therborn， 2007， pp 80－83)称之为某种意义上的“神学转向”。这一倾向在巴迪欧身上得到证实，他痴迷于圣保罗(Badiou，2003a [1997][1997])，也同时为意大利政治哲学家吉奥吉·奥阿甘(Giorgio Agamben)所激赏(2005)。事实上，青睐圣人以至于英国的全国性报纸专栏作家公开声称，圣保罗“仍然活在今天，《圣经》(除了神以外)中没有人是他的对手”(Holland， 2010， p 37)。类似的经文也出现在内格里(2009)以及多产的社会理论家齐泽克·斯拉夫(Slavoj Žižek，2000；Wright and Wright， 1999)的著述之中。甚至老一辈的社会理论家哈贝马斯，也开始探究宗教在“后世俗时代”的角色(Habermas 等，2010)。

另一个统一议题将在本章展开，那就是共产主义卷土重来和破裂的“肮脏的资本主义议会制”(Badiou， 2003a [1997])。哈特(Hardt)和内格里(2000， p 413)通过圣弗朗西斯(Saint Francis)认识到共产主义和早期基督教的双重利益关联：

> 有一个古老的传说也许有助于照亮共产主义战斗精神的前景，即阿西斯的圣弗朗西斯的传说……为了摒弃民众的贫困，他接纳了一般状况，在那里发现了一个新社会的本体论力量。共产主义斗士做了同样的工作，在民众的一般状况中识别出它的巨大的财富。在与尚未成熟的资本主义的斗争中，弗朗西斯拒绝了每一种工具的规训，在反抗肉体的禁欲中(在贫困和既有秩序中)提出欢乐地生活……又一次在后现代性中……我们发现自己处在弗朗西斯的境况之中，以存在的欢乐反抗权力下的苦难。这是一场没有力量可以控制的革命——因为生态力量、共产主义、合作和革命在爱、单纯和天真当中保存下来。这是身为共产主义者的不可抑制的轻松和欢乐(Hardt和Negri，2000，p 413)。

在博尔坦斯基(2002，p 11)看来，革命的核心议题是：

> 是什么让我们在今天如此渴望一场总体革命？这一渴望成为左派最独特和持久的特质，而意识形态的核心建立在两个世纪的批判和斗争之上。

在巴迪欧(2010)、内格里及其长期合作者 Michael Hardt(1960—)等著述中，同样出现类似的宣称。对于Žižek(2002)来说，革命是仅次于列宁主义的一个议题(Budgen等，2007)。

除了以上主题之外，这些社会理论家的理论兴趣所涵盖的社会工作的关键议题，本章将逐一阐释(详见表10.1)。

表10.1 社会工作的新社会理论资源

理论家	议题
博尔坦斯基和希亚佩罗	管理主义、当代工作站、"变迁"与转型及霸权的修辞
内格里及马克思主义的自治论者	资本主义"社会工厂"中工作性质的改变、"非物质劳动"、"情感性"劳动
巴迪欧	多元文化主义、"多样性"、"差异"在进取性政治计划中是倒退的；反对"人类权利"话语的支配

资本主义的新精神：博尔坦斯基和希亚佩罗

1999 年，《资本主义的新精神》最初在法国出版，2005 年出版英译本。简言之，博尔坦斯基和希亚佩罗关注的核心议题是：社会秩序是如何合法化的，以及是什么激发人们构筑"资本主义精神"。他们认为，在资本主义的不同发展阶段，先后呈现出三种精神。本书共 600 余页，通过对 1960 — 1990 管理学文献的详细考察，他们指出"管理主义的意识形态在反对 20 世纪 60 年代资本主义话语的过程中负债累累"（Callinicos, 2006, p 60）。

资本主义具有一种拉拢和吸收反对论据的能力，使其在意识形态上充满活力。博尔坦斯基和希亚佩罗(2005, p xiii)注意到两种并不总是容易区分的批判形式："'社会批判'(与工人运动的历史有关，强调剥削)和'艺术批判'(来自知识和艺术圈，旨在批判资本主义灭绝人性)"。虽然《资本主义的新精神》的问题意识是发展当代欧洲社会理论，但依旧提出一种严肃而有启发的干预形式。①

博尔坦斯基和希亚佩罗认为，"资本主义精神"是一种意识形态，旨在论证参与资本主义的合理性。在资本主义发展的每个阶段，必须以一系列的"道德理由"将人们与资本主义捆绑起来。这些理由必须足够强大，以至于被足够多的人视为不证自明的而加以检视和克服"资本主义秩序经常诱发的绝望和虚无主义——而这不但存在于资本主义所压迫的人们中间，而且也偶然存在于那些负责维护资本主义和通过教育来传递资本主义价值的人们之间"(p 10)。因此，"精神"是与资本主义秩序"匹配的，旨在支持符合这一秩序的行为和偏好"。这是为了保持行动的形式和倾向性兼容于资本主义秩序。这些论证"无论是一般的或实际的，还是地方的或全球的，抑或是美德的或正义的表达，在更一般的层面上支持信奉导向资本主义秩序的生活方式"(pp 10 - 11)。

博尔坦斯基和希亚佩罗结合葛兰西对于霸权的分析指出，如果人们打

① 为了便于参考，在下一节中只提供本书(《资本主义的新精神》)的相关页码。

算真正获得一个特定的世界观，他们应当言之有理，并且符合自身对于世界及其愿景的解释。“资本主义面临的困难之一是，如何向完全不准备为积累进程而牺牲一切的人论证自身的合理性”（p 487）。人们并不“完全认同这一政体，而且各自经历着不同的多元价值观，例如家族依附、公民团结、学术或宗教生活等”（p 487）。没有人可以“在强制下工作，并且不断工作”，所以应当给予一定程度的自由，“嵌入到资本主义及其经济系统，以至于人们否认自身是在强制下工作的”（p 485）。资方管理话语的实现是至关重要的，因为其在今天“成为资本主义精神结合和接纳的卓越形式”（p 14）。这些话语是为“干部”或私营企业中的经理而说的，因为他们对资本主义的支持对于经营公司和创造利润而言必不可少。如果这一“合法性装置”无法及时响应且不具有弹性的话，那么整个系统可能并不稳定（p 15）。

而这一装置的流变特质反映出资本主义“精神”是如何改变的。在20世纪30年代到60年代，军队和军事组织在建构资本主义“精神”的内涵中发挥重要作用。事实上，尽管英国并不是这样，但社会工作反映出这一形式，例如即使是在20世纪的最后几年，当地政府还被员工称之为“军官”。此外，贝克特（Beckett，2003）也讨论过社会工作者如何继续将这一军事比喻应用于和服务对象的日常接触中。

《资本主义的新精神》出版于2007—2008年经济崩溃之前，博尔坦斯基和希亚佩罗以“新精神”更有能力吸引支持，也更倾向于传递正义和社会福祉的主题（p 19）。这些经常出现于电台、电视和电影广告，也由此以“景观”资本获得更多民众的支持。正如戈德曼（Goldman）和佩普森（Papson）（2011，p 14）所指出的，资本“不仅意味着商品和资金的生产流动，而且也是迹象的流动”。分析电视上的“合法性”广告之后表明，那些“代表性的企业似乎才是好公民和道德演员：就环境而言，负责任的邻居都支持当地社区”（Goldman 和 Papson，2011，p 11）。这些广告“所描述的资本主义关系不仅是他们的，即使是他们的，而且也可能是完全的开放性、希望和可能性”（Goldman and Papson，2011，p 17）。这些分析完全体现在博尔坦斯基和希亚佩罗的著述之中，他们之所以如此强调的目的在于，通过“意义的累积过程与社会正义”而“激励工人”（p 19）。无法在“资本主义贪得无厌的积累进程（本身是不道德的）中发现一个道德基础，因此必须从外界正当性的秩序中寻求其所缺少的合法原理”（p 487）。

在过去的25年里，多元文化以及多元文化的想象扮演着至关重要的角色。对于Žižek(2002，p 172)而言，全球市场“因多元化需求而蓬勃发展”，而多元文化主义“完全符合”当代资本主义的逻辑。在博尔坦斯基和希亚佩罗看来，资本主义导致了“差异”商品化，并且内化着“差异性和分众化的要求，这是20世纪60年代末和70年代初”的标志(p 441)。生态运动和一个新的绿色意识也对“新精神”的进化产生影响，自然则成为“真实性的价值所在”(p 447)。为此，发展前沿往往是大型跨国信息、通信技术(ICT)和咨询公司。然而，这些大公司的象征资本长期为合作伙伴所持有，他们的逻辑(体现为广告中的“价值观”“使命”等)跨越了私人部门进入各个部门，资本积累成为主要驱动力。在20世纪80年代中期，管理主义显而易见的在社会服务中占主导地位，比如在董事和中层管理人员中流行工商管理硕士学位(MBA)。

资本主义“动员‘既存’之物”，大胆进行拨款、殖民和吞并。为了保持和激发对权力的吸引力，资本主义必须“从外界吸收资源，即在给定时刻具有一个相当大说服力的信仰，或者引人注目的意识形态……即使是被视敌的”(p 20)。“在一定历史阶段，支持积累过程的精神充满与其同期的文化产品，但大部分并不认可资本主义”(p 20)。因此，对管理相关文献的分析，必须“说明盈利方式如何合乎人意、有趣、令人兴奋、创新或值得称赞，而不是停留在经济动机和激励因素上”(p 58)。根据这一观点，赚钱必须看上去有趣、“冷”和“酷”(McGuigan，2009)。这不仅仅是统治阶级的一个戏法或意识形态，在某种程度上可以抑制资本积累。如果“认真对待正当性问题，那么并不是所有的利润都是合法的，并不是所有的致富都是公正的，也并不是所有的积累甚至快速而大量的积累是正当的”(p 25)。然而，吸收部分的批判“有助于解除反资本主义势力的武装”(p 27)。资本主义的政治对手的悖论在于，“批判被人听取所付出的代价”是“动员起来用以反对积累过程的一些价值观，反过来服务于积累过程”(p 29)。

博尔坦斯基和希亚佩罗试图以“城市”捕捉变化的逻辑，进而论证“精神”。其实，“城市”的概念是和葛兰西的“霸权”、布迪厄的“民意”等一脉相承的，“其根据和理由随时间而变，并且取决于那些必须动员的期望、小时候的希望以及不同时期的积累形式”(p 25)。他们以七种“城市”的发展过程，体现出支配性精神、政体或特定时期的经济扩张中的霸权氛围。[①]对他们来说，至关重要的是从“工业城市”过渡到“网络世界”的何种适当类型。博尔坦斯基和希亚佩罗称之为“项目型城市”，代表的是对泰勒科学管理的打破(详见第六章)。项目型城市的主要推动者是“新的灵活变动的世界，由自主人士开展多种项目而构成”(p 92)。

• • • 使工作更加“人类”：检视管理的文献

博尔坦斯基和希亚佩罗分别检视 1959 — 1969 年和 1989 — 1994 年两个时期关于管理的文献发现，共享的核心议题是公司如何激发工作的意义。并且，逐渐认识到，利润并不是“非常鼓舞人心的目标”(p 63)。相反，压力则被认为是“真正原因”(p 63)。在 20 世纪 60 年代强调精英、管理目标，淡化个人判断；进入九十年代之后，则将“等级化、计划性的大组织”视为过时的公司，在组织形式上是一个网络，而雇主愿意热情地突破“家庭”和“工作”的边界(p 64)。在管理上最受欢迎的是汤姆·彼得斯(Tom Peters)，他提出“解放公司”，“由自我组织的团队所构成”(pp 80 -81)。在此，强调灵活性、“随风浪而变”，关注适应、精益生产、服务外包。尽管博尔坦斯基和希亚佩罗并没有与占据主流地位的社会理论家建立直接联系，比如吉登斯、贝克和后来的鲍曼，事实上，“生活政治”“液体现代性”等主要来源于 20 世纪 80 年代末和 90 年代初的企业管理文献(详见第二、三章)。

在新管理主义的话语中，强调互动和真实的人际关系。在新组织中，“科层制禁锢被打破……发现与丰富更是时常发生”(p 90)。David Cameron 成为保守党领袖之后，十分警惕应变管理，热衷于强调他的政治计划，比如后来的“大社会”项目，设计出“后官僚时代”(*The Guardian*, 2008)。

在 20 世纪 60 年代的管理文献中，强调支配精神，后来逐渐青睐于情绪、感情和创造力。在博尔坦斯基和希亚佩罗看来，20 世纪 90 年代提出

① 博尔坦斯基和希亚佩罗所提出的七种“城市”是：“灵感型城市”“商业型城市”“声誉或名望型城市”“家族型城市”“公民型城市”“工业型城市”“项目型城市”。

建议的最主要吸引力是“预示某种解放”（p 90）。在“新世界中，一切皆有可能，因为创造性、反应性和灵活性是新的口号。现在，没有一个人被限制隶属于一个部门，或者完全服从老板”权威，所有的边界可以通过网络和项目而打破（p 90）。换言之，第五章中称为的“不安全”，在此成为一个人的“生长”和发展方式。“新管理主义诱人的一面”是“个性的充分发展”，原因在于“管理文献中强调新的组织呼吁人类的一切能力，可以充分发挥个人的能力”（p 90）。新的模式提出基于“自治和自我实现的真正自主，而不是20世纪60年代所倡导的受制于事业途径、职业状况以及奖惩机制的虚假自主”（p 90）。在此意义上，工作保障及其相关的地位、等级、官僚主义等不仅是盈利能力的障碍，还影响着工人成为完整的人和完全解放的能力。事实上，这些“新管理主义的趋势是常见的……试图将工作世界转向‘更为人性化的’方向”（p 98）。

因此，新管理主义文献及其广泛话语的目的在于“回应真实性和自由的要求”（p 97）。这符合博尔坦斯基和希亚佩罗的分析，原因在于这体现出资本主义为了达到自身的目的和重新积累资本的过程。因此，不难发现“对20世纪60年代末和70年代所坚持提出的谴责等级制和向往自主的赞同呼声”（p 97）。更具体地说，他们认为资本主义的“精神”源自20世纪90年代新管理主义话语占据主导地位时，也同时受到1968年的政治抱负和欲望的影响。

> 在这一新精神中保证成功的品质——如自主性、自发性、根状能力、多任务（相对于旧分工的狭窄专门化）、欢乐、开放和新奇、有效性、创造性、想象性直觉、对差异性的敏感、倾听生活经验和接受一系列的经历、喜爱非正规，以及寻求人际接触——这些都是直接取自1968年5月的内容（p 97）。

因此，与资本主义精神关联的所有“机制”——比如“外包、公司内自主利润的扩散、质量小组或新形式的工作组织——在某种程度上，已经明确地满足了自主性和责任性的要求，并且“在20世纪70年代初的一次反对派登记中提出”（p 429）。更重要的是，McRobbie（2010， p 64）建议，我们可以将此发展解释为“豁免或允许思考（dispensation or permission-to-think）”。

• • • “项目型城市”的“大”和“小”

在博尔坦斯基和希亚佩罗看来，“项目型城市”为行为、人、事提供某种判断原则。对葛兰西来说，这将是一个新的霸权，因为它已经构成“建立新资本主义精神的主要规范支点”（p 151）。之前“城市”——“工业城市”——的关键指标是效率，而在这一新的“联系主义世界”中生活“被设想为一个接一个的项目”（pp 111， 110）。在此，个人生活和职业生活之间的差异逐渐减小，甚至消失。此外，一个新的重要问题是，“强调调解人、人际关系、友谊或信任等的意义”（p 433）。而这则得益于新技术、“连接机制”（p 117）。但是，有时也会出现“人的品质与劳动力属性之间的混同”（p 155）。事实上，在这一新的世界里，“你”就是“一切”（Peters， 1997；Baréz-Brown， 2011）。

在“项目型城市”中，那些品行良好和受人尊敬的人是最有可能获得成功的。原因在于，他们是处于“交叉关系”的“节点”（p 148）。对于布尔迪厄主义者来说，他们知道、理解、甚至制定“游戏规则”。他们完全理解他们的“场域”及其运作机制，并且垄断“项目型城市”中的“符号资本”（详见第七章）。博尔坦斯基和希亚佩罗认为，这是“大人物的条件”，而站在上面的那些“小人物”过于“僵硬”和自保以至于牺牲自助和“灵活”（pp 112， 119）。“大人物”——的身上有一系列相同的特点，包括热情、投入、适应性强、多面手、非规定性、宽容。他是一个“联结主义的人”，拒绝延续终生的单一项目（职业、专业、婚姻等）。“他是移动的，没有什么可以阻挠他的移动”（p 122）：他是一名“游牧者”（p 123）。成为游牧者的第一个要求是：

> 拒绝稳定不变、根深蒂固、依附于地方、受长期连接的保护……他们摆脱了自身情感和价值观的束缚，对差异保持开放的态度，而不是喜好捍卫普世价值观的僵化、专制性格……没有什么不能调整或者阻碍他们的移动（p 123）。

在博尔坦斯基和希亚佩罗看来，“解放”的话语是重要的，因为它一直是资本主义逻辑的一个重要组成部分。最初，资本主义承诺摆脱压迫的

"传统"。事实上，在这一框架中，资本主义能够提供一个"如何成为现代"和获得个人自我充实的路线图(详见第二章)。然而，在其后续的发展中，"资本主义精神"只能以更微妙的整合能力批评和谴责资本主义压迫——也就是说，"在实践中未能实现在资本主义政权下解放的诺言"(p 424)。因此，进入一个复原周期，"一连串被资本主义解放的时期和从资本主义解放的时期"(p 425)。

• • • 批评

一系列的批评直接针对博尔坦斯基和希亚佩罗。首先，本书围绕法国，更确切地说是私营部门而展开的，而并没有注意到公共部门的社会工作者。然而，这并不能完全否定理论的有效性。

第二，为了探究"人们真的相信"什么的答案，博尔坦斯基和希亚佩罗主要依赖于管理文献，而忽视了民族志(Couldry 等，2010， p 221)。在后来的一本书中，博尔坦斯基(2011， p 24)强调情境的重要性，但在《资本主义的新精神》中我们没有注意到工人如何处理管理文献中的信息和劝诫。此外，一个有效的批评是，其他研究已经揭示出英国公共部门中管理学家"改革"的支配话语与"现实"之间存在"差距"(Clarke 等，2007)。布尔迪厄主义者指出，"转换"工作环境不得不面对的阻力是，"场域"实践和具体人员的特定惯习。

第三个批评是，他们的研究视域无法推论到大局，因为它只涉及什么是"附带现象……的重组"(Couldry 等，2010， p 220)。也就是说，关注的核心问题不应该是资本主义的散漫举措、叙事或"精神"，而是资本主义发展中的一系列在物质层面上相互关联的实践(Harvey， 2010)。不过，这一点是非常有效的，分析新自由主义的"变迁议程"如何在特定领域中策划和聚集对于努力打造有效的霸权战略是至关重要的(Garrett， 2009；本章反思及交流 10)。事实上，在社会工作中，话语的膨胀与新自由主义的变迁议程相关联，而这也归功于博尔坦斯基和希亚佩罗对于男子气概、理性和技术等的确认(Ruch， 2011)。矛盾的是，在似乎可以解放专业和个人的同时，社会工作服务将失去资源并接受"紧缩"政策。

第四个批评是此书在描述资本主义看似无穷尽的弹性和适应性的可能

性上充满悲观论调。不可能真正进步的变化是：资本主义是贪婪的，它会不断吸收批判，进而转换成系统的另一个支柱。与马克思不同，博尔坦斯基和希亚佩罗认为工人阶级是“缺乏主体性的”（Couldry 等，2010，p 119）。在法国思想家看来，“一切意识形态，不论其宗旨和规模多么激进，最终证明都将会向同化敞开大门”（p xv）。事实上，即使是服务于统治阶级利益的批判，也会被视为“警告信号”（p 514）。这是证明霸权如何维护自身的一个强有力的论点，但是博尔坦斯基和希亚佩罗的一个分析特征也是经常被评论家忽视的一点是，“20世纪 90 年代管理著述中展示的新资本主义精神所包含的动员能力是薄弱的”（p 96）。因此，我们可以认为，霸权统治总是脆弱的，也总是碎片化的。

最后一个批评是，原著写就于资本主义复兴时期，而在后危机时代将更为复杂(详见第五章)。在目前的紧缩时期，没有“解放”的诱惑和“令人兴奋”的工作，可能是一个糟糕的冲动。

其他的理论工具可以帮助我们理解当代社会工作性质的变化，那就是下一节中的内格里。

“社会工厂”中的约束和可能：内格里和自治主义的马克思主义者

在第四章中，我们的注意力集中于“社会工厂”。而这一构想其实与内格里有关，在当前意大利马克思主义者当中广为流传，20 世纪 60 年代称之为工人主义，70 年代则以经营命名。[①]《帝国》(Hardt 和 Negri， 2000)接续的也正是这一理论和政治传统(Boron， 2005)。[②]近来，《群众》一书同样

① 内格里在狱中度过多年，因为他被指控为“红色旅”(Brigate Rosse in Italian)的“策划者”。这一指控虽没有真实依据，但是内格里从 20 世纪 70 年代后期以来的著述一直以此作为问题意识，比如“Domination and sabotage”(2005b[1997])。

② Boron(2005， pp 23－24)坚称：

几乎所有引用的书籍或论文皆发表于法国—美国学术期刊……简而言之，《帝国》希望批判性的检视问题的根源，但是它无法从特权以及所观察到的社交场景中解放自己……它被围困于支配阶级的意识形态之网。

也有一部分植根于这一理论脉络之中(Hardt 和 Negri, 2006)。

与意大利对葛兰西马克思主义的主流解释并不一致,“自治主义”认为战争与“霸权”长期斗争对于左派而言是一种灾难(详见第六章)。这一策略也被证明不可能推动革命转型,即使意大利共产党参与社会民主也是收效甚微。自治主义者认为,有必要与统治阶级进行更为直接的对抗,也就是葛兰西所称的以“战争”反对资本(Landy, 1994)。然而,他们在许多方面不同于经典马克思主义。自治主义者寻求替代“资本的力量”,强调“自主和创造性的劳动,倡导以劳动的权力引起改变”(Gill 和 Pratt, 2008, p 5)。

重读马克思可以支持自治主义者的理论观点,他们相信组织和技术的创新是由工人抵制与反抗资本及其逻辑所推动的。例如,流水线或者近来信息通信技术的引入,可以被解释为“一个防御性、反应性资本试图摆脱对劳动力的依赖……”(Bowring, 2004, p 104);也就是说,历代历史试图将资产阶级从工人阶级中解放出来(Tronti, in Bowring, 2004, p 104)。这显然应当受到挑战,原因在于科技的生产是政治中立的。

内格里划分出资本主义发展的三个关键阶段。“大规模产业”的第一阶段从 1848 年到第一次世界大战。在这一段时间,一个手艺人仍然拥有一定程度的自助能力,内格里称之为“专业工人”时期(Negri, 2005a)。大规模产业的第二阶段从 1914 年到 1968 年。这是“大众工人”的时代,逐渐失去技能(详见第六章)。然而,集体组织工人的优势在于制造出一种团结的感觉,进而能够开发一种更好地与雇主讨价还价的能力。“大众工人”意味着一种福特主义监管和干预的状态。通过集体谈判,工会能够保证充分就业和消费水平上升为“工党贵族”。不过,工会在政治上被动地与资本合谋有助于稳定,但从长远来看将损害工人的利益。在 20 世纪 60 年代,马里奥贬(Mario Tronti, 1931—)以及其他自治主义者和社会活动家呼吁“激进的拒绝”参与这一安排,呼吁在工作场所进行破坏性干预,比如 autoriduzione 或“怠工”、旷工、自发罢工和大规模破坏行为(Bowring, 2004, pp 108 - 109)。“拒绝工作”也被视为一种政治的和潜在的革命行动。这一立场与左派背道而驰,反对一些马克思主义者“劳动力浪漫化的倾向,”成为受害者“构成主义”(Gill 和 Pratt, 2008, p 5)。最近,Hardt 和内格里(2000, pp 203 - 204)重新回到这一主题,重申:

拒绝工作和权威,或者切实拒绝自愿的奴役,是政治自由的开始……

除了这一简单的拒绝，或拒绝一部分之外，我们还需要构建一个新的生活方式，最重要的是构筑一个新的社区。

对于这些社会理论家而言，这句话的重要意义在于，“拒绝”包含一个积极的、建设性的维度，其愿望是“生产一种新的存在方式、生活方式和认同”（Gill 和 Pratt， 2008， p 6）。

第三阶段开始于 1968 年，其特点是高水平的信息化和自动化生产流程（Dyer-Witherford， 1999）。劳动力本身是“完全抽象的、无形的、具有智识的”。“消费准则是高度个人主义的和市场导向的，而资本本身也主要以跨国形式存在”（Bowring， 2004， p 110）。由此，可以削弱资本主义对工人的依赖，并且回避他们的反对，技术可以最大程度的“应对大规模的拒绝工作……试图捕捉和利用新的生产和财富资源，进而开启 20 世纪 60 年代的反文化革命”（Bowring， 2004， pp 110 - 111）。在第三阶段以及当前，雇佣劳动向社会的各个领域渗透。鉴于城市资本主义现在不能以帝国主义的形式向其他地区拓展，应当吸纳由禁止商品化而离散出来的所有家庭空间。因此，我们可以见证公共服务和资源的私有化，例如，通信和媒体、水和能源供应、教育、卫生、社会工作、社会照顾等（详见第五章）。“随着一部分工人被分割到一个小的、享有特权的核心，而其他工人则是被边缘化的、不安全的大多数”，第三阶段也是全球层面的生产分散过程应运而生（Bowring， 2004， pp 110 - 111）。

这一时期也意味着 operaio sociale 或“社会化工人”取代前资本主义发展时期的“大众工人”（Negri， 2005a）。随着工作“以各种不同的方式渗透到整个社会当中”（Landy， 1994， p 221），“自由时间”成为“自由劳动”（Gill 和 Pratt， 2008， p 17）。在这一背景下，内格里（2005）提出“社会工厂”或“没有围墙的工厂”。在此意义上，劳动力变得“去疆域化、离散化和去中心化”（Gill 和 Pratt， 2008， p 7）。由此导致的结果是，整个社会以利润为中心（Negri， 2005a， pp 102 - 115）。因此，资本主义目前是一个“生活围绕着工作而安排”的社会系统，工人的工作越来越没有安全感，是临时的和“不稳定的”（Gill 和 Pratt， 2008， p 11）。然而，自治主义者试图检讨不稳定的劳动力将在多大程度上产生新的社会形式、新的对抗形式以及新的阻力形式。“不稳定是后福特主义的特征，而工业时代则对应的是无产阶级”（Gill 和 Pratt， 2008， p 11）。正如上文所述，困难和可能性皆与不稳定的生活有关，而批判参与将会生产出新的政治活动形式。例如，在意大利，不稳定的概念得到广泛运用，甚至逐渐与耻辱联系在一起。在20世纪90年代后期，“政治活动家重提这一概念……，并且越来越得到重视，而这一变化与对‘同性恋’和‘酷儿’的重申有关”(Fantone，2007，p 7)。

内格里的分期应用于社会工作

表10.2将内格里对于资本主义发展分期映射到英国社会工作发展脉络之中。显然，分期可以提供有趣的比较，但不可能形成一张一一对应的地图：在社会工作者实务与其他工作形式之间并不具有一致性。Carey(2009)通过查阅文献当中社会工作者不断变化的角色(Parsloe，1981；Pithouse，1998[1987])，并结合新的实证研究表明，社会工作者在照顾管理上保有更多的控制权，并且相比于内格里的理论图式而言，在自由裁量权上拥有更长的时间。其他概念的困难也是如此。例如，他似乎忽视国家福利体制中公共部门的工作人员。然而，这一工作位置与在私营部门就业非常不同，既要遵循专业价值观，又要不完全受到利润的影响(Clarke等，2007)。由此，企业和私营部门的紧张关系可能不存在或者不明显。

表10.2 内格里划分的资本主义发展与英国社会工作的三个阶段

时间段	阶段特征	关键人物	对工人特质及其技能的要求	社会工作维度
1848—1914	殖民地大规模工业的发展与劳动者的兴奋过度	“专业工人”	手工技术与对“劳动者尊严”的承认	工厂之外，早期社会工作被建构为大型的慈善企业，被界定为“应得的”与“不值得”
1914—1968	福特主义生产与组装线支配； “公共”与“私人”严格遵守一般秩序； 女性无薪家务劳动； “劳动”与“休闲”划分清楚	“大众工人”	机器化后主要劳动者减少； 工作场所之外的“大众消费”	“工厂围墙”之外的社会工作是“公共”和“志愿”的规定； 帮助“大众工人”“再生产”； 倾向于“问题家庭”和“异常”； 社会工作者在某种程度上具有“专业人员”的特点

(续表)

时间段	阶段特征	关键人物	对工人特质及其技能的要求	社会工作维度
1968—	"没有围墙的工厂"和雇佣劳动关系弥漫社会； 生活无法离开工作(Lazzarato，1996)； 官方话语中"工作与生活"难以平衡； "灵活"工作与"不稳定"工作主宰工作场所； 也可以解释为"后福特主义时期"或混合的新自由主义	社会工人	"非物质劳动"； 计算机熟练； 僵化的灵活性(Morini，2007)； "失业者"(正在"求职者")寻找工作时受更多强制干预措施影响； "求职者"的"品质"和顺从的工人	可以说，在英国，社会工作者从 1968 年开始更类似于"大众工人"(Simpkin，1983)； LAC 系统的引进； 社会工作 E 转向(Garrett，2005)； 社会工作者可以"免费"，并且具有"创造性"(Le Grand，2007)

尽管存在这些问题，内格里依旧提供出一个适当的理论框架分析社会工作实务的发展历程。然而，将分期应用到社会工作发展之中似乎存在时间间隔。根据内格里的观点，如果"大众工人"时代在 1968 年即将结束，那么在社会工作历史中也应当从此时间段开始一个对应阶段(Simpkin，1983)。然而，这一转变更加明显的发生于 20 世纪 90 年代，涉及儿童照顾社会工作、对"儿童照顾"系统的引介(Parker 等，1991；Ward，1995)以及尽量单独的社会工作评估"概念"和"执行"。而这些材料将与评估时间表继续发挥相当大的影响力。

"非物质劳动"和"接近服务"

尤其是对于社会工作而言，自治主义者的分析具有一个关键特质，那就是强调"非物质劳动"。在自治主义者看来，非物质劳动在全球后福特资本主义经济中对其他形式的劳动力占据支配地位。"这并不意味着工业生产将被废除，而是转向资本主义国家中最知名的服务"(Hardt，1999，p 92)。根据哈特(Hardt)(1999，p 94)的观点，这一特殊形式的劳动"生产出非物质的物品，如服务、知识或通信"和"覆盖大范围的活动，从卫生保健、教育、金融，到交通、娱乐和广告。在大多数情况下，工作是高度流动的，技能也是如此"(Hardt，1999，p 91)。在此，计算机的作用举足轻重。在"大众工人"期间：

> 工人们学习如何像机器那样在工厂内部和外部干活。今天，随着综合社会知识成为更加直接的生产力，我们越来越觉得自己像电脑，通信技术的交互模型越来越成为劳动的核心(Hardt, 1999, p 95)。

事实上，这可能意味着专业社会工作的“e”或“电子转向”(Garrett, 2005)。然而，Hardt 承认，这一职位的增加离不开相应的低价值和低技能工作岗位的增加，如数据输入和文字处理(Hardt, 1999, p 95)。

虽然电脑对于后福特经济至关重要，但“最重要的方面是，与非物质劳动”以及人类接触和互动的情感相符(Hardt, 1999, p 96)。最明显的表现是，卫生服务领域关注关爱、提供“面对面”服务或“邻近服务”(Hardt, 1999, p 96)。在此意义上说，社会工作是一种包含计算机化元素和更多情感维度的“非物质劳动”。越来越多的非物质劳动倾向于传播，是充满“场域”(布尔迪厄意义上)的性情倾向(详见第七章)。不过，Hardt (1999, p 96)指出，“非物质劳动”的产品经常是“无形的”，提供的是“一种放松、幸福、满足、兴奋、激情，甚至相互关联或社区的感觉”。

然而，自治主义者不倾向于“将非物质劳动之于资本主义视为纯功能性的，而是潜在成为一种自发的、基础的共产主义”(Gill 和 Pratt, 2008, p 8)：

> 非物质劳动在许多自主马克思主义者那里有两张面孔，一面是在后福特资本主义中尽量“投入”情绪、感觉、关系，另一面是和非人类的合作能力和潜力(Gill 和 Pratt, 2008, p 15)。

通过这一方式，情感被解释为可能超过权力关系，“用相关的新方法，提供一个更美好的世界”(Gill 和 Pratt, 2008, p 16)。因此，这可以被视为对福柯式假设——权力的范围和能力——的一种反驳。

特别是使用信息通信技术时，“非物质劳动”通常是利用组织和动员反对削减预算和财政紧缩措施。在此意义上，年轻人尤其可能更警惕电子网络所提供的可能性，也就是葛兰西提出的“反霸权”(详见第六章)。就社会工作而言，体现在日常交往、“面对面”服务等方面的专业价值，可能将成为社会变革的种子。

・・・批评

对“非物质劳动”的关注，或者更广泛地说，自治主义者的分析，引起一系列的讨论。第一，“在Hardt和内格里的分析中，非物质劳动的核心位置可能……挑战西方偏见，以及不承认南方最不发达国家低技术含量工厂生产的增长”（Bowring, 2004, p 124）。事实上，“大多数工作不是非物质劳动”，这对于自治主义者而言是一个重大挑战（Gill和Pratt, 2008, p 9）。第二个批评认为，“被知识和信息所支配的社会形象容易使人回想到资本主义的先知和管理大师所使用的语言，那么谁才是博尔坦斯基和希亚佩罗的研究焦点”（Gill和Pratt, 2008, p 9）。第三，无法区分参与“非物质劳动”的不同群体（比如，快餐工人、为一个跨国公司设计新广告的设计师以及其他参与形式或文化生产的人等）与一个儿童保护社会工作者之间的深刻差异（Graeber, 2008）。在工作模式转变之后，“在西方引起的讨论是男性工人开始感觉到后工业化、灵活就业市场的负面影响”（Fantone, 2007, p 7），女性主义评论家也担心主导观念基于“政治想象的主题：单一、男性、城市的艺术家或创意工作者、不稳定的理想主义先锋”（Fantone, 2007, p 9）。默克罗比（McRobbie, 2010, p 62）宣称哈特和内格里所指出的工作：

> 囚禁于一个无法反思后福特时代的性和性别的阶级模型当中，而没有考虑到女性化。

重申“共产主义假说”和“一个世界”的政治：巴迪欧

巴迪欧的理论脉络可以上溯到毛泽东思想与毛泽东政治（1893 —

1976)，前者是马克思主义的一种形式与中国革命(1949)的结合，而后者在中国引发“文化大革命”(1966—1976)。毛泽东思想与毛泽东政治在法国甚至更广泛意义上的欧洲马克思主义中影响较小，但影响到一些学生活动家，并且与1968年法国“五月风暴”直接相关。而评论家非常关注的一个问题是，巴迪欧是否仍然是毛派，甚至后毛派。波斯帝尔(Bosteels, 2005, p 578)认为，巴迪欧的“政治的概念作为一个真理的实践过程，尽管具有明显的自我审视的意味，但在很大程度上仍然无法与毛泽东思想的理论与实践分开”(Bosteels, 2005, p 578)。此外，巴迪欧在他的著述中大量引用毛泽东来论证其观点(Badiou, 2008a)。

巴迪欧的最重要的著述是《存在与事件》(Badiou, 2005; Norris, 2009)以及被称为“存在与事件2”的《世界的逻辑》(Badiou, 2009; Hallward, 2008)。这些意味着他“对后现代境况——哲学终结——的反驳”(Barker, 2002, p 4)。巴迪欧是与后现代主义理论完全对立的，而正如本书第二章所述，后现代主义理论对于20世纪90年代的社会工作文献具有重要影响。巴迪欧的哲学聚焦于“‘事件’的概念，并将其视为科学、艺术、爱和解放政治范畴的一种历史巨变”。在他看来，人类只有“‘完全的投入’到某一事件的表演中才可能成为‘主体’”(Bassett, 2008, p 897)。巴迪欧批评“哲学家白天生产知识，实践家晚上维护正义”，他重申萨特(Sartre)和阿尔都塞(Althusser)的传统强调，“为了理解，一个人必须既是实践活动家也是知识分子”(Hewlett, 2006, p 376)。他批评“左翼社会科学家”，如布尔迪厄，认为他们的分析：

> 在政治上非常无力，原因十分简单，那就是他们并没有与议会制度以及“民主”的共识决裂。他们只能支持一个“反对”的立场，即从内部抗议政府结构和规则(政党选举、工会、宪法修正案……)。但是，非常不幸的是，“反对”的范畴是议会制度和“民主”的核心(Badiou, Hallward, 2002)。

相比之下，“事件”可以“在一定时间和地点以一种不可预知的方式破除已建立的秩序”(Bassett, 2008, p 898)。因此，“事件”也可以改变社会学家对“激进主体”的讨论(Hallward, 2002)，开启社会世界和一种新的存在方式。

巴迪欧虽不反对普选，但他认为选举是“将人民纳入一种国家形式和资本主义议会状态，适合维护已建立的秩序，一旦出现问题，可能走向专制”（Badiou， 2008b， p 34）。因此，巴迪欧（2010）相信需要通过共产主义计划实现与当前全球秩序的激进破裂。这不是向往苏联的怀旧，而是重塑当代世界的共产主义。那些人放弃“共产主义信念”，立即“投入市场经济和议会民主怀抱……是不可避免的，是不平等发展的‘自然’结果”（Badiou， 2008a， p 98）。巴迪欧特别严厉的批评那些已经加入尼古拉·萨科齐（Nicolas Sarkozy）（2007 — 2012）政府的“左派”。更重要的是，他轻蔑议会中的左派缺乏足够的政治承诺和活力，并且尝试通过“一些社会礼貌”去迟钝的应对新自由主义（Badiou， 2008a， p 102）。

尽管巴迪欧攻击议会制度，但他真实的政治实践可以解释为“改良主义”。这些反映在政治组织（Organisation Politique）和出版的《政治的距离》（La Distance Politique）之中。政治组织于 1984 年由巴迪欧、Sylvain Lazarus 和 Natacha Michel 成立，坚持“无党派政治”（Badiou，in Badiou 和 Hallward， 1998， p 114）。虽然政治组织的活动家主张放弃议会，但他们依旧以无证之人（sans-papiers）和其他移民工人的困境向国家表达政治要求、竞选和动员。LDP 一书中的“everyone who is here is from here”是“最常印的标语”（Hallward， 2002）。此外，巴迪欧的政治实践直接关系到同一/差异辩证法，我们将在下文中论述。

• • • 圣保罗

巴迪欧激进政治的起点是圣保罗，这在一开始看上去可能显得有些不协调。然而，巴迪欧认为，当他开始相信“基督的复活和其普遍意义时，圣保罗的经历是一个极好的个案。在这一案例中，一个人可以通过生活的改变全身心地投入到一个事件之中成为主体”（Hewlett， 2004， pp 343 - 344）。虽然圣徒经常与“基督教最吸引人的一面相关，比如教会制度、道德自律、社会保守主义”，但巴迪欧承认，他从来没有“真正把圣保罗与宗教联系在一起”（Badiou， 2003a [1997]， pp 4， 1）。除了他崇拜的书信—— “whose poetry astonishes”（Badiou， 2003a [1997]， p 1）之外，巴迪欧颂扬圣保罗的政治意义，认为他代表着“现代的终极模型，是后布尔什维克活动家”（Hewlett， 2006， p 396）。他专注于那些不是被一些圣经学者视为最真实的，也最有可能是圣保罗所写的简短书信：罗马人、哥林多前书1和2、加拉太书、腓力比书和帖撒罗尼迦前书1。这些信件的收件人可能是消逝在城市中的“几个兄弟（‘同志’的一种古老形式）”（Badiou，2003a［1997］，p 20）。但是不管路途有多远，圣保罗“从来没有失去那些远方忠诚的助产士”（Badiou，2003a［1997］，p 20）。

在巴迪欧的论述中，圣保罗是一个城市人而不是农村人，因而“基督寓言”的风格并不涉及“乡村形象和隐喻”（Badiou，2003a［1997］，p 21）。他不是一个神秘主义者；相反，在安提阿，继“罗马和亚历山大里亚之后的第三大城市”，度过许多时光，为“城市世界主义和漫长的旅行”所形塑（Badiou，2003a［1997］，p 21）。除了深刻的革命之外，圣保罗的形象也十分“适合”巴迪欧在其他方面的理论架构。在此意义上，圣保罗生活中的两个方面是至关重要的。首先，他被一个“事件”改变，在通往大马士革的路上他突然成为一个主体。没有人可以转变圣保罗，他的转变发生在之前种种已经成为过去之后自然完成的；之后，世界重新开始。然后，他成为新兴基督教正统及其制度框架的领导者。圣保罗“远离权力以外的声音，独自面对即将成为的主体”（Badiou，2003a［1997］，p 18）。尽管他准备在耶路撒冷的“中心”与教会的历史领导人妥协，他依然设想自己是“一个政党或派别的领袖”（Badiou，2003a［1997］，p 21）。在他的许多旅行中，他很少感到有必要确认“中心”。在巴迪欧看来，“圣保罗行动中的前中心维度”是为了强调“所有真正的普遍性缺乏一个中心”（Badiou，2003a［1997］，p 19）；也就是说，世界上的行动并不是分层命令的结果。

第二，在巴迪欧的阅读中，圣保罗致力于深刻的普遍性。尽管圣保罗是一个罗马公民，但他拒绝“以任何法律上的分类识别（寻求）基督教主体。因此，奴隶、妇女以及每个行业和国籍的人都不存在限制或特权”（Badiou，2003a［1997］，pp 13－14）。巴迪欧能够利用书信中的一些段落凸显圣保罗。一些简单的信息摘录如下：

> 无论是犹太人还是希腊人，无论是奴隶还是自由人，无论是男还是女（Galatians 3.28，in Badiou，2003a［1997］，p 9）。
>
> 光荣、荣誉与和平对于所有人都是好的，不管是犹太人还是希腊人。因为神不偏袒（Romans 2.10，in Badiou，2003a［1997］，p 9）。

基于上述理解，圣保罗不会同意“教义上的同情者和“真正的”转变之间的区别”（Badiou，2003a [1997]，p 21）。他将所有的转变视为：

> 充分练习的追随者，而无论他们背景如何，也无论他们是否受割礼。严格遵守犹太教和基督教的教义可以维护归属感的区分，但（发现）真正可耻的是，无论拥有的是个人标记还是社区仪式（可能）都被认为是平等的（Badiou，2003a [1997]，p 22）。

显然，圣保罗及其所提出的奇特的普遍主义观点可以直接连接到韦布尔（Webb），进而将类似的思维纳入社会工作之中。

将巴迪欧引入社会工作

韦布尔（2009）曾经以巴迪欧批评社会工作的当代伦理基础。他认为，“西方自由伦理”完全符合新自由主义资本主义。并且，社会工作应当更多地强调，“以差异政治超越‘对差异的漠不关心’”（Webb，2009，p 309）。在此，焦点的问题是所谓的“差异”，在社会工作文献中则表现为以阶级取代压迫的普遍象征（Webb，2009，p 309）。事实上，巴迪欧（2003a [1997]，p 6）指涉的是“推动受压迫主体的文化美德……”。韦布尔承认：

> 身份政治的差异取决于反本质主义者所坚持的是多个起点的平等地位，而非单一的。而差异批判和多样性话语的意义在于为什么社会工作等领域的先进人士在理念和制度层面倾向于接受，但是在实践当中却又是保守的（Webb，2009，p 309）。

与身份政治相关的风险是分裂，“强调差异可能导致潜在的排外，是分区而不是理解”（Webb，2009，p 310）。

更重要的是存在一个“矛盾”，在表面上是表里不一，内在的则涉及“尊重差异”的争辩，原因在于差异像是一个“‘理想类型’，将富裕的、白色以及‘差异’的所有定义全部囊括起来”（Webb，2009，p 311）。自由的修辞就是如此，在移民那里是："像我，我将尊重你的差异"(Badiou, in Webb, 2009, p 311)。事实上，巴迪欧认为，"民主的基本原则应当是在民主的基础上建立的"，也就是说，"今天的权利辩护并不是强调'权利的差异'，而是恰恰相反，比以往任何时候都更强调权利的一致"(Hallward, in Webb, 2009, p 311)。在韦布尔看来，除了轻视"差异"之外，巴迪欧贬低当代"人权"，认为"人权的修辞意味着从根本上支持全球资本主义和大国新自由主义主导的不公正的世界秩序"(Webb, 2009, p 313)。韦布尔继续指出：

人权总是……恐怖的。简而言之，只有当你有能力定义和执行时，人权才是有效的，并且需要一个高于所有受益者的代理人。自17世纪以来，自由主义的脉络中的代理人一直是国家；而当今的人权意识形态就是像美国那样任人唯贤(Webb, 2009, p 312)。

韦布尔指出，巴迪欧的著述对于社会工作的贡献在于其批判性的回应；Imre(2009, p 256)则强调巴迪欧在处理"对差异的漠不关心"时，只是"无奈，并不是进步的政治"(Jose, 2009)。因此，如何评判韦布尔的分析和随后的断言？

面对"差异"时的专业"兴奋"并不是像韦布尔(2009, p 310)所指出的那样。在英国，苏林德·古鲁(Surinder Guru, 2010, p 272)发现，在所谓的"反恐战争"的背景下，社会工作"对于话语和政策如何影响其服务对象及专业实践保持沉默"。古鲁坚称，许多社区已经变得歇斯底里和充满猜疑(Nickels等, 2011)。

近年来，西方穆斯林已被认为超越社会工作的范围，"而敏感议题、社区凝聚力等也随之卷入反恐的战争话语之中"(Hasan, 2011, p 34)。英国首相戴维·卡梅伦(2011)在一个国际安全会议的演讲中提出多元文化主义，可以说是在更广泛的层面理解社会工作。在他的主旨发言中，那些有毒的言辞可以直接链接巴迪欧的"专制一体化"概念(Badiou, 2008a, p 65)，卡梅伦呼吁建立一个"更加活跃的自由主义"。他继续说道：

我们允许我们的集体认同弱化。国家多元文化主义的原则下，我们鼓励不同文化的人生活独立、彼此分开、远离主流……我们甚至容忍这些隔离社区，因为他们也是以我们的价值观来运作的(Cameron， 2011)。

此外，轻描淡写的“多元文化主义”是目前英国左派的主流思潮。例如，在“进步思潮的四个进化链”的简短调查中，既不包含少数族群，也没有涉及“差异”(White， 2009)。在欧洲其他地区，同样有争议的是社会工作者是否应当像北美和大洋洲的同行们对这些主题给予关注。例如，在爱尔兰共和国，以“社会工作实践或政策”寻求解决这一议题是“缺乏证据”的(Walsh 等，2010， p 1984)。沃尔什(Walsh)和她的同事们坚持：

帮助难民和庇护者申请入境，同时开设与平等和人权相关的社会工作课程，但这些并没有转化为可见的反种族主义或反压迫政策或社会工作实务……在儿童保护准则和儿童福利立法上，缺乏对文化差异的关注是一个持续存在的真实情形(Walsh 等，2010， p 1984)。

与此同时，英国的爱尔兰人在“种族”、族群、“多样性”、“差异”等支配话语中往往被忽视(Hickman 等，2005；Jeyasingham， 2011)。

更广泛地说，“多样性”和“差异”的概念是极为复杂的理论和政治议题。正如我们在第九章中所指出的，如果有人发现承认理论的争论的话，那么一定是从社会工作的学术文献中探究而来的。虽然理论架构并不一定在巴迪欧主义的脉络下展开，但是审议和争辩的问题类似。同样，麦克伦南(McLennan， 2001)的“批判性普遍主义”可以被视为解决这一问题的尝试(Modood 和 Dobbernack， 2011)。在下文中，将逐一澄清这些理论议题，尤其是巴迪欧相关的。为此，重要的是认识到巴迪欧或许比韦布尔所揭示出来的更为微妙。

“只有一个世界”

如若应对新自由主义，进步政治必须确定共同性和社会团结，而不是“同一性”。然而，实践证明巴迪欧已经意识到受限制的、单调的“同一性”是社会的退步。2007 年 5 月萨科齐获胜之后，巴迪欧宣称左派应当联合，并且应该假设“所有在此劳动的工人皆属于此，必须得到平等对待和尊重，对于外国血统的工人尤其如此”（Badiou，2008a，p 44）。他的态度尤为重要，原因在于外国工人在当代法国遭遇到加剧控制的移民政策，比如强制性使用法语、阻碍家庭团聚、废除庇护权利以及警察突袭，巴迪欧称之为“着装压迫”（Badiou，2008a，p 44；Chrisafis，2012）。他也反对“可怜的‘文明化’”以及萨科齐的“专制集成”（Badiou，2008a，pp 44，65）。

我们可以发现，巴迪欧所提出的干预与他所极力促成的“普遍主义”以及韦布尔所标识的作为思想上旋转的“差异”是不一致的。然而，基于“共产主义假说”的“一个世界”政治是巴迪欧观点不可或缺的部分。他承诺的“一个世界”政治与所谓“世界领导人”话语的“全球化”几乎没有共同之处。显然，他非常清楚这一基本区别，宣称：

> 通过市场与“国际社区”实现全球的民主统一是一个完整的骗局。如果这是事实的话，那么我们会欢迎……来自同一个世界的“外国人”。我们对待他们，就像对待来自另一个地方而在我们镇上停留的人，然后找到工作，定居。但这并不会发生什么。随着政府政策的不断缩紧，最普遍的信念是这些人来自一个不同的世界（Badiou，2008a，p 57）。

巴迪欧指出：

> 世界的团结在此时此地是一种生活和表演形式。我必须绝对的坚持这一统一性：此地的人即使和我居住在同一个世界，并且和我一样存在，但是在语言、衣服、宗教、食品、教育等方面和我不同。但正因为和我一样存在，我可以与他们交谈，然后和其他人也是一样，我们可以同意和不同意。但是，绝对前提是他们也和我一样存在——换句话说，居住在相同的世界里（Badiou，2008a，p 61）。

巴迪欧坚持认为，我们生活在同一个世界，但并不否定“保持和发展”个人“身份”的权利以及那些“不变的属性”，如“宗教、母语、娱乐和家庭生活形式等”（Badiou，2008a，p 65）。事实上，这将是特别重要的，尤其是移民工人被迫拒绝“强加的融合”（Badiou，2008a，p 65）。因此，他认为：

> 单一生活世界的男性和女性具有较强的法律意识。这不可能成为主观"文化"存在的前提条件。为了生活，不能要求你必须和其他人一样，比如少数民族、"文明"的小资产阶级分子等。在一个单一的世界里，所有人的生活可以像我一样，即使他们不像我，但他们是独一无二的。单一的世界正是存在无限差异……的地方。相反，如果那些生活在世界中的人所提出的要求是一样的，这意味着世界本身是封闭的，是不同于其他世界的。不可避免的是，分离、控制、蔑视死亡乃至战争（Badiou， 2008a， p 63）。

根据这一思路，如果移民的"先决条件"存在的话——如果政府能够将其列为"寻求庇护者"，进入"接待中心"——那么"同一个世界"的原则将被抛弃（Badiou， 2008a， p 63；本书第九章）。因此，巴迪欧所涉及的不同的主题比韦布尔所推论出来的评论更为复杂。巴迪欧不是否认"差异"，而是提醒读者注意到"统一的人类世界的巨大差异"（Badiou， 2008a， p 64）：

> "只有一个世界"意味着此时的世界非常团结，包含着一系列的身份和差异。这些差异，非但不反对统一的世界，而且事实上是以存在为原则（Badiou， 2008a， p 62）。

• • • 批评

提及共产党的政治愿望假说，巴迪欧的概念框架中至少存在三个问题。[①]首先，尽管巴迪欧是一个与马克思主义联系密切的哲学家，但令人惊诧的是他的理论缺乏经济维度。正如休利特（Hewlett， 2004， p 342）所强调的，"以哲学为基础的马克思政治经济学的影响力似乎瞬间消失，但

---

① 他对儿童、儿童的权利和虐待儿童的观点也存在可商榷之处，在此没有足够的空间检视这一维度。

是依旧可以谴责和打击今天无处不在的、几乎不受约束的利润所产生的社会后果”。也许是为了避免经济决定论，巴迪欧并不关注生产转移模式和生产关系。而“事件”是历史的动力。非常明确的是，尽管他的政治主张是支持工人阶级和无依无靠的群体，但是阶级并不是其核心，而且他怀疑工会的重要性，尤其是自我组织的、较小的、密集的群体或集群(Noyaux)(Hallward，2002)。

第二，巴迪欧(2003b，p 132)的理论涉及四种类型的变化：修改(符合现有政权)、弱奇异性(新奇事物没有存在的后果)、强奇异性(这意味着一个重要的改变，但是其后果仍然是可衡量的)和事件(强奇异性，其后果几乎是无限的)。然而，什么是一个“事件”并不总是很清楚。到底有多么重要和重大以至于可以被定义为“事件”？“事件”的边界是什么？根据巴迪欧的分析，社会变迁是不可预测的。例如，在通常情况下他坚持认为，法国大革命作为一个“事件在很大程度上源于偶然性”(Hewlett，2004，p 345)。而“事件视为一个‘奇迹’的话，其原因是无法解释的”(Bassett，2008，p 902)。当聚焦于特定“事件”时，事件是逐步展开的，而并非突然发生。事实上，巴迪欧所描绘的“事件”只有在“完全明白其起源和发展脉络之后”才能得到真正的“理解”(Hewlett，2006，p 380)。而这一进路将通向葛兰西式的阅读，更多的梳理出“事件的因果结构及其矛盾”(Bassett，2008，p 903)。正如第六章所述，站在葛兰西主义的立场上，有助于检视霸权是如何运作的，或者在特定历史的关键时刻是如何不合时宜和易受攻击。在这一背景下，布尔迪厄的惯习、场域和资本等概念可能有助于阐明事件因何发生或从未发生。

此外，巴迪欧理论的困境体现在对巴黎公社的分析：在1871年的春天，贫穷和失业在两个月内控制了巴黎，专注于建立一个共产主义的新秩序。对于巴迪欧而言，公社在某种程度上证明了一个不可预知的重大事件将导致主体以及新形式、新真理之转型。然而，正如巴塞特(Bassett，2008，p 903)所观察到的，当巴迪欧从社会和经济动力解释公社的形成时，“难以想象并不激进的新主体如何嵌入辩论俱乐部网络、群众大会和活跃于每一个街区的革命组织”(Bassett，2008，p 903)。公社起义没有“未知”，但共产主义、社会主义、工团主义者和无政府主义激进分子。尽管巴黎起义是自发的和不可预知的，但不是一个完全自发的事件。相反，多年来一直有许多人试图向他们的同伴说明此事的必要性。因此，一个更完整的解释是：

> 随着社会和经济结构的变化以及政治文化和组织的发展，“未知”是可以被动员和激进化的。但是，新主体更多的缠绕在政治文化、记忆和传统之中(Bassett, 2008, pp 903－904)。

第三个批评是，巴迪欧的理论时而明显时而含蓄地表现出对英雄、男性人物的迷恋。Paul 是一个例子，而 Robespierre 则是另外一个。与此相关，在资本主义的斗争中暗示着某种崇高，以及对人民的蔑视。在某种程度上，这与列宁(Lenin, 1981)对极左主义者的“小儿疾病”的批评有关。巴迪欧的理论并不承认包括社会工作者在内的行动者可以在市民社会的“堡垒”和“工事”中积极的斗争(Forgacs, 1988)。有学者担心，巴迪欧可能特意将政治定义为唯一真正的政治，“而一种突然破裂之状态以及在意识形态上持续而努力地说服别人则不是政治”(Hewlett, 2006, p 381)。在此意义上，巴迪欧的立场似乎并没有为更为进步或“激进的”社会工作提供足够的演化空间(Lavalette, 2011a)。然而，引人注目的是他启发性的见解，巴迪欧的著述可能会扩大和深化社会理论对于社会工作的介入。

结 论

在检讨博尔坦斯基和希亚佩罗、内格里及自治主义的马克思主义，以及巴迪欧的理论观点之后，我们不能忽视概念化的问题及其与社会工作的联系。

然而，这些欧洲著名知识分子的贡献在于可以基于社会变迁与转型提出有见地的、创新的理论视角。正如前文所指出的，当涉及与葛兰西、布尔迪厄的对话时，这些新的方向可能帮助我们摆脱已经支配社会工作多年的理论框架。

反思及交流 10

- 弗格森(2004，p 135)坚称，创造力和“更深情的工作形式是被压制的”。Munro 声称，“先前放在第一线服务的改革迫切需要脱离自上而下的官僚机构，并且为专业人士提供更多的机会和空间”(Department of Education，2011，p 22)。真正的或真实的社会工作应当关注这些观点。我们可以把这些评论与博尔坦斯基和希亚佩罗的观点联系起来吗？可以在你的工作范围之内识别任何的“变迁议程”吗？
- 内格里及其同事的“社会工厂”和“非物质劳动”的观点如何更具说服力？这些如何帮助我们理解当代社会工作？
- 你如何回应巴迪欧的“多元化”和“差异”议题？

第十一章

结　论

我的意思是，你越来越少的需要聪明人做直接的社会工作，因为你希望他们有更多的时间思考更广泛的问题以及问题的其他方面，实际上你想让他们做的是告诉你应当做什么。（乔（Joe）是一个社会工作服务组的负责人，与残疾儿童及其家庭共同工作，Thomas and Davies，2005，p 724）。

也许，乔的评论特别适合英国的语境，而琼斯（Jones）在 20 年前也指出：

社会工作教育的独特性在于……反智主义，以及对待社会科学的敌对立场。社会工作教育也不存在全球统一的模式，而是与社会工作服务需求密切相连的（Jones，1996，pp 190－191；Jones，2011）。

自从英国确立社会工作之后，社工的“培养”受到一种意识形态倾向的影响，具体体现为由慈善组织会社（Charity Organization Society）制定和调整专业社会工作教育课程（Jones，1983，ch 6）。

为了在这一场域获取和维持霸权，应当逐步使人们养成特定的思维和行动方式，进而影响及改变其“惯习”，以及自身意识及其在世界中的位置。这一过程并不是“以毫不隐晦的开始实施的”；相反，每一个人进入一个新的场域，以一种“不知不觉的方式”逐渐适应下来，也就是“游戏感”的内化过程（Bourdieu，2000，p 11）。因此，新自由主义在 20 世纪 70 年代末的兴起，恰逢专业社会工作教育的调整。最明显的是在 1978—1979 年的社工罢工，当时“越来越多的意见……倾向于认为，社会工作教育应当为那些‘困难’社工的政治化和激进主义担负部分责任”（Jones，1983，p 103）。在此期间，社会学持批判态度，并且有至少一个地方政府认为应当编撰一个所谓的“社会工作课程黑名单”，其毕业生不管以何种专业口径也“无法纳入就业”（Jones，1983，p 103）。这些相当天真的措施建立在一个假设之上，那就是马克思主义社会工作教育者试图——甚至错误地认为可以——完全改变社会工作学生的世界观以及重塑他们的左派取向。尽管许多马克思主义社会工作教育者甚至大学仍然在很大程度上站在精英立场上持保守态度：或许事实是，“与其说是社会工作课程培养出激进的学生，倒不如是批判的学生选择社会工作”（Jones，1983，p 106）。

近来，一些社会理论家对英国 2003 年提出的社会工作学位抱更加乐观的态度，相信这一计划将为基于社会学理解之上的教学注入新的动力(Cree， 2010)。也有一些社会工作学者决定，“一致(抵制)社会学的闭塞课程”(Cunningham and Cunningham， 2008， p 178)，并且在某些情况下由前工党政府的社会工作文献开展教育。在未来的社会工作培训中，巴恩斯(Barnes， 2002， p 13)坚持焦点小组访谈“应当开发新的课程，确保学生了解社会问题的起因及其发展脉络，以及遭遇此类问题时可以采取的运作策略。”

不过，“依旧担忧的是社工的‘安全’”(Cunningham and Cunningham， 2008， p 179)。似乎为了减弱理论的锋芒，官方声明新学位的目的是“培养一个现实的社工”，并且聚焦于“实务训练”(Department of Health， 2002)。当时新工党政府的卫生部长指出：社会工作是一个非常实际的工作。它保护人们，改善其生活，而不是从理论上解释他们为什么陷入困境(Department of Health， 2002)。与之类似的是 2007 年 4 月对社会照料服务的评论，以及丹尼斯 · 普拉特(Denise Platt)爵士批评《英国社会工作期刊》相对“小众”，并且发表“居心叵测地理论”(Platt， 2007， p 17)。对社会工作和社会照料的主流定义不仅试图表达一种主观的尖刻评论，而且故意诋毁对理论和政治问题的探讨。

许多社会理论家致力于个人如何养成社会学的视角，并且发展出激进的社会工作实务。近来，一位社工和一个社会理论家在一次社会工作未来发展方向研讨会上的发言积极回应了这一议题(Rogowski， 2010， pp 1 - 2)。另一位受人尊敬的教科书编撰者对学生说，当他开始进入社会工作的教学行当时，“被劝阻提问或发展”个人的知识基础：

> 我只是被要求“开始工作”，但并不清楚实际的工作是什么或应当怎么做。这很大程度上只是在复制其他员工，即使做得最好，我也没有真正的理解(Thompson， 2010， p xi)。

这些是令人不安的，因为揭示出反理论作为一种文化流行于社会工作实务的现场。

而如果挑战这一文化，则应当把《社会工作与社会理论》一书寄给学生，正如在第一章中安吉拉(Angela)的宣言。本书基于以下假设：在新自由主义的世界中，对于社会工作者（社会工作与社会政策的学者）而言，至关重要的是从理论上理解他们工作的本质，以及他们在社会中扮演的角色。而这一观点源于以下信念：社会工作者、社会工作学者及其相关领域的学者应当致力于成为批判性的思想家，在必要的时候建设性地批判主流思想。也许，卡尔霍恩（Calhoun）表达得更为详尽（2003， p 63），寻求批判理论与实践的衔接，可以理解为“社会理论同时保证对承认的批判，对理论实践的批判，以及分析社会生活可能性的批判”。

是信念支撑着本书主要关注欧洲（但不限于此）的批判理论，这对于进步的社会工作而言是至关重要的资源。在困难时期完成本书，虽有损失，但获得了一切。

参考文献①

Adam, B. (2004) *Time*, Cambridge: Polity.

Adkins, L. (2004a) 'Reflexivity: freedom or habit of gender? ', *Sociological Review*, vol 52, no 3, pp 191 - 211.

Adkins, L. (2004b) 'Introduction: feminism, Bourdieu and after', *Sociological Review*, vol 53, no 2, pp 3 - 19.

Adorno, T. (2000) *Minima moralia*, London: Verso.

Adorno, T. W. (2003) *Can one live after Auschwitz: a philosophical reader*, Stanford, CA: Stanford University Press.

Agamben, G. (2005) *A time that remains*, Stanford, CA: Stanford University Press.

Alexander, J.C. and Lara, M. P. (1996) 'Honneth's new critical theory of recognition', *New Left Review*, vol 220, pp 126 - 36.

Allen, A. (2008) *The politics of ourselves: power, autonomy, and gender in contemporary critical theory*, New York, NY: Columbia University.

Alzheimer's Research Trust (2009) 'Government promises to cut the use of antipsychotic drugs by two thirds', press release, 12 November.

Anderson, B. (1991) *Imagined communities*, London: Verso.

Anderson, J. (1995) 'Translator's introduction', in A. Honneth, *The struggle for recognition*, Cambridge: Polity.

Anderson, K. (2010) 'Irish secularization and religious identities: evidence of an emerging new Catholic habitus', *Social Compass*, vol 57, no 1, pp 15 - 39.

Anderson, P. (1976) 'The antinomies of Antonio Gramsci', *New Left Review*, vol 100, pp 5 - 79.

Anderson, P. (1998) *The origins of postmodernity*, London: Verso.

Anderson, P. (2005) 'Arms and rights: Rawls, Habermas and Bobbio in an age of war', *New Left Review*, vol 31, pp 5 - 43.

Arnold, B. (2009) *The Irish gulag*, Dublin: Gill & Macmillan.

Asen, R. (2000) 'Seeking the "counter" in counterpublics', *Communication Theory*, vol 10, no 4, pp 424 - 46.

Askeland, G. A. and Payne, M. (2006) 'Social work education's cultural hegemony', *International Social Work*, vol 49, no 6, pp 731 - 43.

Back, L. (2009) 'Portrayal and betrayal: Bourdieu, photography and sociological life', *Sociological Review*, vol 57, no 3, pp 471 - 91.

① 为方便读者查阅，本书按原著原样复制参考文献，特此说明。

Badiou, A. (2003a [1997]) *Saint Paul*, Stanford, CA: University of California.
Badiou, A. (2003b) 'Beyond formalisation', *Angelaki*, vol 8, no 2, pp 111 – 37.
Badiou, A. (2005) *Being and event*, New York, NY: Continuum.
Badiou, A. (2007) *The century*, Cambridge: Polity.
Badiou, A. (2008a) *The meaning of Sarkozy*, London: Verso.
Badiou, A. (2008b) 'Communist hypothesis', *New Left Review*, vol 49, pp 29 – 47.
Badiou, A. (2009) *Logic of worlds*, London: Continuum.
Badiou, A. (2010) *The communist hypothesis*, London: Verso.
Badiou, A. and Hallward, P. (1998) 'Politics and philosophy', *Angelaki*, vol 3, no 3, pp 113 – 34.
Baert, P. (2001) 'Jürgen Habermas', in A. Elliott and B. Turner (eds) *Profiles in contemporary social theory*, London: Sage.
Bailey, R. (2011) 'Foreword', in M. Lavalette (ed) *Radical social work today: social work at the crossroads*, Bristol: The Policy Press.
Bailey, R. and Brake, M. (eds) (1975) *Radical social work*, London: Edward Arnold.
Baines, D. (2004a) 'Caring for nothing: work organization and unwaged labour in social services', *Work, Employment and Society*, vol 18, no 2, pp 267 – 95.
Baines, D. (2004b) 'Pro-market, non-market: the dual nature of organizationalchange in social services delivery', *Critical Social Policy*, vol 24, no 1, pp 5 – 29.
Baines, D. (2006) 'Staying with people who slap us around: gender, juggling responsibilities and violence in paid (and unpaid) care work', *Gender, Work and Organization*, vol 13, no 2, pp 129 – 52.
Baines, D. (2010) '"If we don't get back to where we were before": working in the restructured non-profit social services', *British Journal of Social Work*, vol 40, no 3, pp 928 – 45.
Baker, J. (2009) 'Young mothers in late modernity: sacrifice, respectability and the transformation of the neoliberal subject', *Journal of Youth Studies*, vol 12, no 3, pp 275 – 88.
Balibar, E. (2007) 'Uprisings in the *Banlieues*', *Constellations*, vol 14, no 1, pp 47 – 72.
Bambery, C. (2006) *A rebel's guide to Gramsci*, London: Bookmarks.
Baréz-Brown, C. (2011) 'How to build brand "you"', *The Guardian*, Money Section, 9 July, p 1.
Barker, J. (2002) *Alain Badiou: a critical introduction*, London: Pluto.
Barnes, J. (2002) 'Reform of social work education and training'. Available at: http: // www. doh. gov. uk/swqualification/focusgroup. pdf
Bar-On, A. (1999) 'Social work and the "missionary zeal to whip the heathen along the path of righteousness"', *British Journal of Social Work*, vol 29, pp 5 – 26.
Barrett, M. (1992) 'Words and things: materialism and method in contemporary feminist analysis', in M. Barrett and A. Phillips (eds) *Destabilizing theory: ontemporary feminist debates*, Cambridge: Polity.
Barrett, M. and McIntosh, M. (1982) *The antisocial family*, London: Verso.
Bassett, K. (2008) 'Thinking the event: Badiou's philosophy of the event and the example of the Paris Commune', *Environment and Planning D: Society and Space*, vol 26, pp 895 –910.
Bauman, Z. (1989) *Modernity and the Holocaust*, Cambridge: Polity.
Bauman, Z. (1993) *Postmodern ethics*, Oxford: Blackwell.
Bauman, Z. (1995) *Life in fragments: essays in postmodern morality*, London: Blackwell.
Bauman, Z. (1997) *Postmodernity and its discontents*, Cambridge: Polity.
Bauman, Z. (1998a) *Globalization*, Cambridge: Polity.
Bauman, Z. (1998b) *Work, consumerism and the new poor*, Buckingham: Open University.
Bauman, Z. (2000a) 'Am I my brother's keeper? ', *European Journal of Social Work*, vol 3, no 1, pp 5 – 11.
Bauman, Z. (2000b) *Liquid modernity*, Cambridge: Polity.

Bauman, Z. (2000c) 'Social issues of law and order', *British Journal of Criminology*, vol 40, no 2, pp 205 - 21.
Bauman, Z. (2002a) *Society under siege*, Cambridge: Polity.
Bauman, Z. (2002b) 'Reconnaissance wars of the planetary frontierland', *Theory, Culture & Society*, vol 19, no 4, pp 81 - 90.
Bauman, Z. (2003) *Liquid love*, Cambridge: Polity.
Bauman, Z. (2004) *Wasted lives: modernity and it outcasts*, Cambridge: Polity.
Bauman, Z. (2005) *Liquid life*, Cambridge: Polity.
Bauman, Z. (2006) *Liquid fear*, Cambridge: Polity.
Bauman, Z. (2008) *The art of life*, Cambridge: Polity.
Bauman, Z. (2009) 'Getting to the roots of radical politics today', in J. Pugh (ed) *What is radical politics today?* , Houndmills: Palgrave Macmillan.
Bauman, Z. (2010) *Letters from the liquid modern world*, Cambridge: Polity.
Bauman, Z. (2011a) *Culture in a liquid modern world*, Cambridge: Polity.
Bauman, Z. (2011b) *Collateral damage: social inequalities in a global age*, Cambridge: Polity.
Bauman, Z. and Haugaard, M. (2008) 'Liquid modernity and power: a dialoguewith Zygmunt Bauman', *Journal of Power*, vol 1, no 2, pp 111 - 30.
Beck, U. (1994) 'The reinvention of politics: towards a theory of reflexive modernization', in U. Beck, A. Giddens and S. Lash (eds) *Reflexive modernization*, Cambridge: Polity.
Beck, U. (1998) *Risk society* (5th reprint), London: SAGE.
Beck, U. (2000a) 'Zombie categories', in J. Rutherford (ed) *The art of life*, London: Lawrence & Wishart.
Beck, U. (2000b) 'Living your own life in a runaway world: individualisation, globalisation and politics', in W. Hutton and A. Giddens (eds) *On the edge: living with global capitalism*, London: Jonathan Cope.
Beck, U. and Beck-Gernsheim, E. (1999) *The normal chaos of love* (1st reprint), Cambridge: Polity.
Beckett, C. (2003) 'The language of siege: military metaphors in the spoken language of social work', *British Journal of Social Work*, vol 33, no 5, pp 625 - 39.
Beilharz, P. (ed) (2001) *The Bauman reader*, Oxford: Blackwell.
Bellamy, R. (ed) (1994) *Gramsci: pre-prison writings*, Cambridge: University of Cambridge.
Bensaid, D. (2002) *Marx for our times, adventures and misadventures of a critique*, London: Verso.
Bergdolt, K. (2008) *Wellbeing: a cultural history*, Cambridge: Polity.
Bhambra, G.K. (2007) *Rethinking modernity*, Houndmills: Palgrave Macmillan.
Blair, T. (2006) 'Interview with BBC on social exclusion', 31 August. Available at: http: //www. pm. gov. uk/output/Page10023. asp
Bohman, J. (1999) 'Practical reason and cultural constraint: agency in Bourdieu's theory of practice', in R. Shusterman (ed) *Bourdieu: a critical reader*, Oxford: Blackwell.
Boltanski, L. (2002) 'The Left after May 1968 and the longing for total revolution', *Thesis Eleven*, vol 69, pp 1 - 20.
Boltanski, L. (2011) *On critique: a sociology of emancipation*, Cambridge: Polity.
Boltanski, L. and Chiapello, E. (2005) *The new spirit of capitalism*, London: Verso.
Boron, A. A. (2005) *Empire & imperialism*, London: Zed Books.
Bosteels, B. (2005) 'Post-Maoism: Badiou and politics', *positions*, vol 13, no 3, pp 575 - 635.
Bourdieu, P. (1991) *Language and symbolic power*, Cambridge: Polity.
Bourdieu, P. (1994) *In other words*, Cambridge: Polity.
Bourdieu, P. (1996) *Photography: a middlebrow art*, Cambridge: Polity.
Bourdieu, P. (1998a) 'The essence of neoliberalism', *Le Monde Diplomatique*, December. Available at: http: //mondediplo. com/1998/12/08bourdieu
Bourdieu, P. (1998b) *On television and journalism*, London: Pluto.
Bourdieu, P. (2000) *Pascalian meditations*, Cambridge: Polity.

Bourdieu, P. (2001a) *Homo Academicus*, Cambridge: Polity.

Bourdieu, P. (2001b) *Acts of resistance: against the new myths of our time*, Cambridge: Polity.

Bourdieu, P. (2002a) 'Social space and symbolic power', in M. Haugaard (ed) *Power: a reader*, Manchester: Manchester University Press.

Bourdieu, P. (2002b) 'Habitus', in J. Hillier and E. Rooksby (eds) *Habitus: a sense of place*, Aldershot: Ashgate.

Bourdieu, P. (2003a) *Firing back: against the tyranny of the market 2*, London: Verso.

Bourdieu, P. (2003b) *Outline of a theory of practice* (17th printing), Cambridge: Cambridge University.

Bourdieu, P. (2004 [1984]) *Distinction* (10th reprint), London: Routledge.

Bourdieu, P. (2007) *Sketch for self-analysis*, Cambridge: Polity.

Bourdieu, P. (2008) *Political interventions: social science and political action*, London: Verso.

Bourdieu, P. and Eagleton, T. (1994) 'Doxa and the common life: an interview', in S. Zizek (ed) *Mapping ideology*, London: Verso.

Bourdieu, P. and Wacquant, L. (1999) 'On the cunning of imperialist reason', *Theory, Culture & Society*, vol 16, no 1, pp 41 - 59.

Bourdieu, P. and Wacquant, L. (2001) 'NewLiberalSpeak: notes on the new planetary vulgate', *Radical Philosophy*, Jan/Feb, 105, pp 2 - 6.

Bourdieu, P. and Wacquant, L. (2004) *An invitation to reflexive sociology*, Cambridge: Polity.

Bourdieu, P., Accardo, A., Balazas, G., Beaud, S., Bonvin, F., Bourdieu, E., Bourgois, P., Broccolichi, S., Champagne, P., Christin, R., Faguer, J.P., Garcia, S., Lenoir, R., Euvrard, F., Pialoux, M., Pinto, L., Podalydes, D., Sayad, A., Soulie, C. and Wacquant, J.D. (2002) *The weight of the world: social suffering in contemporary society*, Cambridge: Polity.

Bowlby, J. (1990) *Child care and the growth of love* (3rd edn), Harmondsworth: Penguin.

Bowring, F. (2004) 'From the mass worker to the multitude', *Capital & Class*, vol 83, pp 101 - 33.

Boym, S. (2001) *The future of nostalgia*, New York, NY: Basic Books.

Brandist, C. (1996) 'Gramsci, Bakhtin and the semiotics of hegemony', *New Left Review*, vol 216, pp 94 - 110.

Brandist, C., Shepherd, D. and Tihanov, G. (eds) (2004) *The Bakhtin circle*,

Manchester: Manchester University.

Braverman, H. (1974) 'Labour and monopoly capital', *Monthly Review*, vol 26, no 3, pp 1 - 134.

Braverman, H. (1998) *Labour and monopoly capitalism: the degradation of work in the twentieth century — 25th anniversary edition*, New York, NY: Monthly Review Press.

Bren, P. (2010) *The greengrocer and his TV: the culture of communism after the 1968 Prague Spring*, London: Cornell University.

Brenner, N. and Theodore, N. (eds) (2002) *Spaces of neoliberalism*, Oxford: Blackwell.

Brewer, C. and Lait, J. (1980) *Can social work survive?* London: Temple Smith.

Bridge, G. (2004) 'Pierre Bourdieu', in P. Hubbard, R. Kitchin and G. Valentine (eds) *Key thinkers on space and place*, London: Sage.

Broadhurst, K., Wastell, D., White, S., Hall, C., Peckover, S., Thompson, K., Pithouse, A. and Davey, D. (2010) 'Performing "initial assessment" identifying the latent conditions for error at the front-door of local children's services', *British Journal of Social Work*, vol 40, no 2, pp 352 - 70.

Broberg, G. and Roll-Hansen, N. (eds) (1996) *Eugenics and the welfare state*, East Lansing, MI: Michigan State University.

Brown, M. (2003) 'Survival at work: flexibility and adaptability in American corporate culture', *Cultural Studies*, vol 17, no 5, pp 713 - 33.

Browne, V. (2011) 'Let's own up to our part in the burst bubble', *The Irish Times*, 4 April, p 14.

Brunt, R. (1989) 'The politics of identity', in S. Hall and M. Jacques (eds) *New times: the*

changing face of politics in the 1990s, London: Lawrence & Wishart.
Budgen, S., Kouvelakis, S. and Žižeck, S. (eds) (2007) *Lenin reloaded*, London: Duke University.
Bunting, M. (2009) 'Workfare has arrived in Britain, smuggled in with slippery rhetoric', *The Guardian*, 23 February, p 29.
Bunting, M. (2011) 'Hectored, humiliated, bullied: women are bearing the brunt of flexible labour', *The Guardian*, 2 May, p 23.
Burdett, C. (2007) 'Eugenics old and new', *Soundings*, vol 60, pp 7 – 13.
Butler, I. and Drakeford, M. (2003) *Scandal, social policy and social welfare*, Bristol: The Policy Press.
Butler, J. (1999) 'Performativity's social magic', in R. Shusterman (ed) *Bourdieu: a critical reader*, Oxford: Blackwell.
Butler, J. (2004) *Precarious life*, London: Verso.
Buttigieg, J. A. (1986) 'The legacy of Antonio Gramsci', *Boundary 2*, vol 14, no 3, pp 1 – 17.
Cabinet Office (2010) 'Prime Minister launches the Big Society Bank and announces the first four big society communities', Press Notice, 19 July. Available at: http://www.cabinetoffice.gov.uk/newsroom/news_releases/2010/100719-bigsociety.aspx
Calhoun, C. (2003) 'Habitus, field and capital: the question of historical specificity', in C. Calhoun, E. LiPuma and M. Postone (eds) *Bourdieu: critical perspectives* (3rd reprint), Cambridge: Polity.
Callinicos, A. (1999a) *Social theory*, Cambridge: Polity.
Callinicos, A. (1999b) 'Social theory put to the test of politics: Pierre Bourdieu and Anthony Giddens', *New Left Review*, July/August, pp 77 – 102.
Callinicos, A. (2000) 'Impossible anti-capitalism? ', *New Left Review*, March/April, pp 117 – 125.
Callinicos, A. (2006) *The resources of critique*, Cambridge: Polity.
Callinicos, A. (2010) *Bonfire of illusions*, Cambridge: Polity.
Cameron, D. (2010) 'Together in the national interest', Speech to the Conservative Party Conference, 6 October. Available at: http://www.conservatives.com/News/Speeches/2010/10/David_ig_Together_in_the_National_Interest.aspx
Cameron. D. (2011) 'PM's speech at Munich Security Conference', 5 February. Available at: http://www.number10.gov.uk/news/pms-speech-at-munichsecurity-conference/
Camilleri, P. (1999) 'Social work and its search for meaning: theories, narratives and practices', in B. Pease and J. Fook (eds) *Transforming social work: postmodern critical perspectives*, London: Routledge.
Cardy, S. (2010) '"Care matters" and the privatization of looked after children's services in England and Wales: developing a critique of independent "social work practices"', *Critical Social Policy*, vol 30, no 3, pp 430 – 442.
Carel, H. (2008) *Illness*, Durham: Acumen.
Carey, M. (2003) 'Anatomy of a care manager', *Work, employment and society*, vol 17, no 1, pp 121 – 35.
Carey, M. (2007) 'White-collar proletariat? Braverman, the deskilling/upskilling of social work and the paradoxical life of the agency care manager', *Journal of Social Work*, vol 7, no 1, pp 93 – 114.
Carey, M. (2008) 'Everything must go? The privatization of state social work', *British Journal of Social Work*, vol 38, no 5, pp 918 – 35.
Carey, M. (2009) 'It's a bit like being a robot or working in a factory', *Organization*, vol 16, no 4, pp 505 – 27.
Carver, T. (1998) *The postmodern Marx*, Manchester: Manchester University.
Chambon, A. S., Irving, A. and Epstein, L. (ed) (1999) *Reading Foucault for social work*, New York, NY: Columbia University.
Charlesworth, S. J. (2000a) *A phenomenology of working class experience*, Cambridge:

Cambridge University.
Charlesworth, S. (2000b) 'Bourdieu, social suffering and the working class', in B. Fowler (ed) *Reading Bourdieu on society and culture*, Oxford: Blackwell.
Children's Right's Alliance for England (2010) 'CRAE statement on physical control in care manual', Press Notice, 13 July. Available at: http: //www. crae. org. uk/news-and-events/news/physical-control-in-care-manual-released-tocrae. html
ChildStats. gov (2011) 'America's children: key national indicators of well-being'. Available at: http: //www. childstats. gov/americaschildren/index3. asp
Chopra, R. (2003) 'Neoliberalism as *doxa*: Bourdieu's theory of the state and the contemporary Indian discourse on globalization and liberalization', *Cultural Studies*, vol 17, nos 3/4, pp 419 – 44.
Chrisafis, A. (2012) 'French anti-terror raids: security, protection or electioneering? ', *The Guardian*, 4 April. Available at: http: //www. guardian. co. uk/world/2012/apr/04/french-terror-raids-security-electioneering
Circourel, A. V. (2003) 'Aspects of structural and processual theories of knowledge', in C. Calhoun, E. LiPuma and M. Postone (eds) *Bourdieu: critical perspectives* (3rd reprint), Cambridge: Polity, pp 89 – 116.
Clarke, J. (2004) *Changing welfare, changing states: new directions in social policy*, London: Sage.
Clarke, J. (2005) 'New Labour's citizens: activated, empowered, responsibilized, abandoned', *Critical Social Policy*, vol 25, no 4, pp 447 – 63.
Clarke, J., Newman, J., Smith, N., Vidler, E. and Westmarland, L. (2007) *Creating citizen-consumers: changing publics and changing public services*, London: Sage.
Coates, K. and Silburn, R. (1970) *The forgotten Englishman*, Harmondsworth: Penguin.
Cohen, S. (2001) *States of denial: knowing about atrocities and suffering*, Cambridge: Polity.
Coleman, N. and Harris, J. (2008) 'Calling social work', *British Journal of Social Work*, vol 38, no 3, pp 580 – 99.
Coleman, R. and Sim, J. (2005) 'Contemporary statecraft and the "punitive obsession": a critique of the new penology', in J. Pratt, D. Brown, M. Brown, S. Hallsworth and W. Morrison (ed) *The new punitiveness: trends, theories and perspectives*, Devon: Willan.
Commission of Investigation (2009) *Report into the Catholic Archdiocese of Dublin*, Dublin: Department of Justice, Equality and Law Reform.
Commission of Investigation (2010) *Report into the Catholic Diocese of Cloyne*, Dublin: Department of Justice, Equality and Law Reform.
Commission to Inquire into Child Abuse (2009) *Commission to Inquire into Child Abuse report*, Dublin: Stationery Office.
Conservative Party (2007) 'No more blame game — the future for children's social workers'. Available at: http: //www. fassit. co. uk/leaflets/No% 20More% 20lame% 20Game% 20-%20The%20Future%20for%20Children's%20Social%20 orkers. pdf
Cook, D. (2001) 'The talking cure in Habermas's republic', *New Left Review*, vol 12, pp 135 – 52.
Cooper, J. (2011) 'Cuts causing child abuse to be downgraded, say social workers', *Community Care*, 14 April. Available at: http: //www. communitycare. co. uk/Articles/2011/04/14/116661/cuts-causing-child-abuse-to-be-downgradedsay-social-workers. htm
Cooper, M. (2008) *Life as surplus: biotechnology and capitalism in the neoliberal era*, Seattle, WA: University of Washington.
Corrigan, P. (1982) 'The Marx factor', *Social Work Today*, 26 January, pp 8 – 11.
Corrigan, P. and Leonard, P. (1978) *Social work practice under capitalism*, London: Macmillan.
Couldry, N., Gilbert, J., Hesmondhalgh, D. and Nash, K. (2010) 'The new spirit of capitalism', *Soundings*, vol 45, pp 109 – 24.
Coulshed, V. (1988) *Social work practice: an introduction*, London: MacMillan.
Coward, R. (2011) 'Southern Cross wakes us up to the business of caring', *The Guardian*, 12

July, p 28.
Cree, V. E. (2010) *Sociology for social workers and probation officers* (2nd edn), Abingdon: Routledge.
Crehan, K. (2002) *Gramsci, culture and anthropology*, London: Pluto.
Cresswell, T. (2001) 'The production of mobilities', *Soundings*, vol 43, pp 11 - 26.
Crew, D. F. (1998) *Germans on welfare: from Weimar to Hitler*, Oxford: Oxford University.
Cronin, C. (1996) 'Bourdieu and Foucault on power and modernity', *Philosophy & Social Criticism*, vol 22, no 6, pp 55 - 85.
Cruddas, J. (2011) 'Robert Tressell — the ragged trousered philanthropist', The Roscoe Lecture, Liverpool John Moore's University, 3 March.
Cunningham, J. and Cunningham, S. (2008) *Sociology and social work*, Exeter: Learning Matters.
Danaher, G., Schirato, T. and Webb, J. (2000) *Understanding Foucault*, London: Sage.
Dant, T. (2004) 'The driver-car', *Theory, Culture & Society*, vol 21, nos 4/5, pp 61 - 79.
Davies, M. (1981) *The essential social worker*, London: Heinemann.
Davis, M. (2006) *Planet of slums*, London: Verso.
Deacon, A. and Mann, K. (1999) 'Agency, modernity and social policy', *Journal of Social Policy*, vol 28, pp 413 - 35.
Department for Education and Skills (2007) *Care matters: time for change*, London: Department for Education and Skills.
Department of Education (2010) 'Review of child protection: better frontline services to protect children', Press Notice, 10 June. Available at: http://www.education.gov.uk/news/press-notices-new/reviewofchildprotection Department of Education (2011) *The Munro review of child protection: final report*, London: TSO.
Department of Health (1988) *Protecting children: a guide for social workers undertaking comprehensive assessment*, London: HMSO.
Department of Health (2002) 'New social work degree will focus on practical training', Press Release, 22 May.
Department of Health, Department for Education and Employment, and Home Office (2000) *Framework for the assessment of children in need and their families*, London: Stationery Office.
Derbyshire, P. (2004) 'Spotless', *Radical Philosophy*, vol 126, pp 48 - 50.
Derrida, J. (1994) *Specters of Marx: the state of debt, the work of mourning and the new international*, London: Routledge.
Devine, F. and Savage, M. (2005) 'The cultural turn, sociology and class analysis', in F. Devine, M. Savage, J. Scott and R. Crompton (eds) *Rethinking class: culture, identities and lifestyle*, London: Palgrave.
Dikec, M. (2006) 'Guest editorial', *Environment and Planning D: Society and Space*, vol 24, pp 159 - 63.
Dolowitz, D. P., with Hulme, R., Nellis, M. and O'Neill, F. (eds) (2000) *Policy transfer and British social policy*, Maidenhead: Open University.
Dominelli, L. (1997) *Sociology for social work*, London: MacMillan.
Dominelli, L. (2002) *Feminist social work theory and practice*, London: Palgrave.
Duncombe, J. and Marsden, D. (1993) 'Love and intimacy: the gender division of emotion and "emotion work"', *Sociology*, vol 27, no 2, pp 221 - 43.
Dunning, J. (2011) 'Councils line up to transfer care staff to trading companies', *Community Care*, 21 March. Available at: http://www.communitycare.co.uk/Articles/2011/03/21/116506/councils-line-up-to-transfer-care-staff-totrading-companies.htm
Dustin, D. (2007) *The McDonaldization of social work*, Aldershot: Aldgate.
Dyer-Witheford, N. (1999) *Cyber-Marx: cycles and circuits of struggle in high-technologycapitalism*, Urbana and Chicago, IL: University of Illinois.
Eagleton, T. (1991) *Ideology: an introduction*, London: Verso.
Eagleton, T. (2003) *After theory*, New York, NY: Basic Books.

Ebert, T. L. (1996) *Ludic feminism and after*, Ann Arbor, MI: University of Michigan.
Edemariam, A. (2007) 'Professor with a past', *The Guardian*, 28 April, p 31.
Elliott, L. (2010) 'A brand of austerity about as progressive as Thatcher's', *The Guardian*, 26 August, p 30.
Elliott, L. (2011) 'Three years on, it's as if the crisis never happened', *The Guardian*, 30 May, p 22.
Ellison, N. (2011) 'The Conservative Party and the "Big Society"', in C. Holden, M. Kilkey and G. Ramia (eds) *Social Policy Review 23*, Bristol: The Policy Press.
Emirbayer, M. and Williams, E. M. (2005) 'Bourdieu and social work', *Social Service Review*, vol 79, no 4, pp 689 - 724.
Emond, R. (2003) 'Putting the care into residential: the role of young people', *Journal of Social Work*, vol 3, no 3, pp 321 - 37.
Fabian Society (2008) 'Flint: we must break link between council housing and worklessness', Press Release, 5 February. Available at: http://fabians.org.uk/events/socialhousing-conference-08/speech
Fabricant, M. (1985) 'The industrialization of social work practice', *Social Work*, vol 30, no 5, pp 389 - 96.
Fantone, L. (2007) 'Precarious changes: gender and generational politics in contemporary Italy', *Feminist Review*, vol 87, pp 5 - 21.
Federici, S. (2004) *Caliban and the witch: women, the body and primitive accumulation*, Brooklyn, NY: Autonomedia.
Federici, S. (2011) 'Feminism and the politics of the commons', *The Commoner*. Available at: http://www.commoner.org.uk/wp-content/uploads/2011/01/federici-feminism-and-the-politics-of-commons.pdf
Feldman, L.C. (2002) 'Redistribution, recognition, and the state: the irreducibly political dimension of injustice', *Political Theory*, vol 30, no 3, pp 410 - 40.
Ferguson, H. (2001) 'Social work, individualization and life politics', *British Journal of Social Work*, vol 31, no 1, pp 41 - 55.
Ferguson, H. (2003) 'In defence (and celebration) of individualization and life politics for social work', *British Journal of Social Work*, vol 33, no 5, pp 699 - 707.
Ferguson, H. (2004) *Protecting children in time: child abuse, child protection and the consequences of modernity*, Houndmills: Palgrave Macmillan.
Ferguson, H. (2005) 'Working with violence, the emotions and the psycho-social dynamics of child protection: reflections on the Victoria Climbié case', *Social Work Education*, vol 24, no 7, pp 781 - 95.
Ferguson, H. (2008) 'Liquid social work: welfare interventions as mobile practices', *British Journal of Social Work*, vol 38, no 3, pp 561 - 79.
Ferguson, H. (2010a) 'Walks, home visits and atmospheres: risk and the everyday practices and mobilities of social work and child protection', *British Journal of Social Work*, vol 40, no 4, pp 1100 - 17.
Ferguson, H. (2010b) 'Therapeutic journeys: the car as a vehicle for working with children and families and theorizing practice', *Journal of Social Work Practice*, vol 24, no 2, pp 121 - 38.
Ferguson, H, (2011) *Child protection practice*, Houndmills: Palgrave Macmillan.
Ferguson, I. (2007) 'Neoliberalism, happiness and well-being', *International Socialism*, vol 117, pp 123 - 43.
Ferguson, I. and Lavalette, M. (2004) 'Beyond power discourse: alienation and social work', *British Journal of Social Work*, vol 34, pp 297 - 312.
Ferguson, I. and Lavalette, M. (2006) 'Globalization and global justice: towards a social work of resistance', *International Social Work*, vol 49, no 3, pp 309 - 18.
Fine, R. (2007) *Cosmopolitanism*, Abingdon: Routledge.
Finlayson, A. (2007) 'Making sense of David Cameron', *Public Policy Research*, March - May, pp 3 - 11.

Finlayson, A. (2010) 'The broken society versus the social recession', *Soundings*, vol 44, pp 22 - 35.

Finlayson, J. G. (2005) *Habermas: a very short introduction*, Oxford: Oxford University.

Fiori, G. (1990) *Antonio Gramsci: life of a revolutionary*, London: Verso.

Fischman, G. E. and McLaren, P. (2005) 'Rethinking critical pedagogy and the Gramscian and Freirean legacies: from organic to committed intellectuals or critical pedagogy, commitment, and praxis', *Cultural Studies/Critical Methodologies*, vol 5, no 4, pp 425 - 47.

Forgacs, D. (1988) *A Gramsci reader*, London: Lawrence and Wishart.

Foucault, M. (1977) *Discipline and punish*, Harmondsworth: Penguin.

Foucault, M. (1980) 'The eye of power', in C. Gordon (ed) *Michel Foucault: power/knowledge*, Brighton: Harvester Press.

Foucault, M. (1988a) 'The ethic of care for the self as a practice of freedom', in J. Bernauer and D. Rasmussen (eds) *The final Foucault*, London: MIT Press.

Foucault, M. (1988b) 'The minimalist self 'and 'Power and sex', in L. D. Kritzman (ed) *Michel Foucault: politics, philosophy and culture*, New York, NY: Routledge.

Foucault, M. (1988c) 'Technologies of the self ', in L. H. Martin, H. Gutman and P. H. Hutton (eds) *Technologies of the self: a seminar with Michel Foucault*, Amherst, MA: University of Massachusetts.

Foucault, M. (1988d) 'Critical theory/intellectual history', in L. D. Kritzman (ed) *Michel Foucault: politics, philosophy and culture*, New York, NY: Routledge.

Fowler, B. (1997) *Pierre Bourdieu and cultural theory: critical investigations*, London: Sage.

Fowler, B. (2001) 'Pierre Bourdieu', in A. Elliot and B. S. Turner (eds) *Profiles in contemporary social theory*, London: Sage.

Fowler, B. (2003) 'Reading Pierre Bourdieu's *Masculine domination*: notes towards an intersectional analysis of gender, culture and class', *Cultural Studies*, vol 17, nos 3/4, pp 468 - 94.

Fram, M. S. (2004) 'Research for progressive change: Bourdieu and social work', *Social Service Review*, vol 78, no 4, pp 553 - 76.

Fraser, N. (1989) *Unruly practices: power, discourse and gender in contemporary social theory*, Cambridge: Polity.

Fraser, N. (1997) *Justice interruptus: critical reflections on the post-socialist condition*, London: Routledge.

Fraser, N. (1999) 'Rethinking the public sphere', in C. Calhoun (ed) *Habermas and the public sphere*, London: MIT.

Fraser, N. (2000) 'Rethinking recognition', *New Left Review*, vol 3, pp 107 - 20.

Fraser, N. (2003) 'Social justice in an age of identity politics: redistribution, recognition and participation', in N. Fraser and A. Honneth (eds) *Redistribution or recognition?*, London: Verso.

Fraser, N. and Gordon, L. (1997) 'A genealogy of dependency', in N. Fraser (ed) *Justice interruptus: critical reflections on the post-socialist condition*, London: Routledge.

Fraser, N. and Honneth, A. (2003) 'Introduction: redistribution or recognition? ', in N. Fraser, and A. Honneth (eds) *Redistribution or recognition?* , London: Verso.

Freire, P. (1972) *Pedagogy of the oppressed*, Harmondsworth: Penguin.

Friedman, J. (2000) 'Americans again, or the new age of imperial reason', *Theory, Culture & Society*, vol 17, no 1, pp 139 - 46.

Friedman, P. K. (2009) 'Ethical hegemony', *Rethinking Marxism*, vol 21, no 3, pp 355 - 66.

Friedmann, J. (2002) 'Placemaking as project? Habitus and migration intransnational cities', in J. Hillier and E. Rooksby (eds) *Habitus: a sense of place*, Aldershot: Ashgate.

Frisby, D. (2002) *Georg Simmel*, London: Routledge.

Froggett, L. (2004) 'Holistic practice, art, creativity and the politics of recognition', *Social Work & Social Science Review*, vol 11, no 3, pp 29 - 51.

Furedi, F. (2004) *Therapy culture*, London: Routledge.

Gardiner, M. E. (2004) 'Wild publics and grotesque symposiums: Habermas and Bakhtin on dialogue, everyday life and the public space', *Sociological Review*, vol 52 (Supplement 1), pp 28–48.

Garrett, P. M. (1999) 'The pretence of normality: intra-family violence and the response of state agencies in Northern Ireland', *Critical Social Policy*, vol 19, no 1, pp 31–56.

Garrett, P. M. (2002) 'Social work and the "just society": diversity, difference and the sequestration of poverty', *The Journal of Social Work*, vol 2, no 2, pp 187–210.

Garrett, P. M. (2003) *Remaking social work with children and families: a critical discussion on the 'modernisation' of social care*, London: Routledge.

Garrett, P. M. (2004) *Social work and Irish People in Britain*, Policy Press: Bristol.

Garrett, P. M. (2005) 'Social work's "electronic turn": notes on the deployment of information and communication technologies in social work with children and families', *Critical Social Policy*, vol 25, no 4, pp 529–54.

Garrett, P. M. (2007a) '"Sinbin" solutions: the "pioneer" projects for "problem families" and the forgetfulness of social policy research', *Critical Social Policy*, vol 27, no 2, pp 203–30.

Garrett, P. M. (2007b) 'Learning from the "Trojan Horse"? The arrival of "Anti-Social Behaviour Orders" in Ireland', *European Journal of Social Work*, vol 10, no 4, pp 497–511.

Garrett, P. M. (2009) *'Transforming' children's services? Social work, neoliberalism and the 'modern' world*, Maidenhead: McGraw Hill/Open University.

Garrett, P. M. (2012) 'Adjusting "our notions of the nature of the state": a political reading of Ireland's child welfare crisis', *Capital and Class*, vol 36, no 2, pp 263–81.

Garrett, P. M. (forthcoming) 'A "catastrophic, inept, self-serving" Church? Reexamining three reports on child abuse in the Republic of Ireland', *Journal of Progressive Human Services*.

Garrity, Z. (2010) 'Discourse analysis, Foucault and social work research', *Journal of Social Work*, vol 10, no 2, pp 193–210.

Garvey, T. G. (2000) 'The value of opacity: a Bakhtian analysis of Habermas's discourse ethics', *Philosophy and Rhetoric*, vol 33, no 4, pp 370–90.

Gaughan, L. and Garrett, P. M. (2011) 'The "most twisted and unaccountable force in the state"? Newspaper accounts of social work in the Republic of Ireland in roubled times', *Journal of Social Work*, vol 12, no 3, pp 267–86.

Geoghegan, L. and Lever, J., with McGimpsey, I. (2004) *ICT for social welfare*, Bristol: The Policy Press.

Geoghegan, R. and Boyd, E. (2011) *Inside job: creating a market for real work in prison*, London: Policy Exchange.

Germino, D. (1986) 'Antonio Gramsci: from the margins to the center, the journey of a hunchback', *Boundary 2*, vol 14, no 3, pp 19–30.

Giddens, A. (1991) *Modernity and self-identity*, Cambridge: Polity.

Giddens, A. (1994a) 'Living in a post-traditional society', in U. Beck, A. Giddens and S. Lash (ed) *Reflexive modernization*, Cambridge: Polity.

Giddens, A. (1994b) *Beyond left and right*, Cambridge: Polity.

Giddens, A. (1998) *The Third Way: the renewal of social democracy*, Cambridge: Polity.

Giddens, A. (ed) (2001) *The global Third Way debate*, Cambridge: Polity.

Giddens, A. (2003) 'Introduction — neoprogressivism: a new agenda for social democracy', in A. Giddens (ed) *The progressive manifesto*, Cambridge: Polity.

Giddens, A. (2007) *Over to you, Mr Brown: how Labour can win again*, Cambridge: Polity.

Gill, R. and Pratt, A. (2008) 'Precarity and cultural work: in the social factory? ', *Theory, Culture & Society*, vol 25, nos 7–8, pp 1–30.

Gill, S. (2000) 'Toward a postmodern prince? The Battle in Seattle as a momentin the new politics of globalisation', *Millennium: Journal of International Studies*, vol 29,

no 1, pp 131 - 40.
Gilroy, P. (2000) *Between camps: nations, cultures and the allure of race*, Harmondsworth: Penguin.
Goffman, I. (1971 [1959]) *The presentation of self in everyday life*, Harmondsworth: Pelican.
Goldman, E. (1969) *Anarchism and other essays*, New York, NY: Dover.
Goldman, R. and Papson, S. (2011) *Landscapes of capital*, Cambridge: Polity.
Goldson, B. (2009) '"Child incarceration": institutional abuse, the violent state and the politics of impunity', in P. Scraton (ed) *The violence of incarceration*, London: Routledge.
Goode, L. (2005) *Jürgen Habermas: democracy and the public sphere*, London: Pluto.
Good Goodrich, L. (2010) 'Single mothers, work(fare), and managed precariousness', *Journal of Progressive Human Services*, vol 21, no 2, pp 107 - 35.
Graeber, D. (2008) 'The sadness of post-workerism', *Tate Britain*, 19 January. Available at: http://www.commoner.org.uk/wp-content/uploads/2008/04/graeber_sadness.pdf
Gramsci, A. (1979) *Letters from prison*, London: Quartet.
Grandin, G. (2010) *Fordlandia*, London: Icon.
Grass, G. and Bourdieu, P. (2002) 'The "progressive" restoration', *New Left Review*, March/April, 14, pp 63 - 79.
Gray, M. and Webb, S. (eds) (2009) *Social work theories and methods*, London: Sage.
Gregg, M. (2011) *Work's intimacy*, Cambridge: Polity.
Gregg, P. (2008) *Realising potential: a vision for personalised conditionality and support*, London: Department for Work and Pensions.
Griffiths, T. (2007) *Three plays 1*, Nottingham: Russell House.
Guillari, S. and Shaw, M. (2005) 'Supporting or controlling? New Labour's housing strategy for teenage parents', *Critical Social Policy*, vol 25, no 3 pp 402 - 17.
Gunn, S. (2005) 'Translating Bourdieu: cultural capital and the English middle class in historical perspective', *British Journal of Sociology*, vol 56, no 1, pp 50 - 65.
Guru, S. (2010) 'Social work and the "war on terror"', *British Journal of Social Work*, vol 40, no 1, pp 272 - 89.
Habermas, J. (1984) *The theory of communicative action, vol 1*, Cambridge: Polity.
Habermas, J. (1987) *The theory of communicative action, vol 2*, Cambridge: Polity.
Habermas, J. (1990) *Moral consciousness and communicative action*, Cambridge: Polity.
Habermas, J. (1996) *Between facts and norms*, Cambridge: Polity.
Habermas, J. (1997) *A Berlin republic: writings on Germany*, Lincoln, NE: University of Nebraska.
Habermas, J. (2001a) *On the pragmatics of social interaction*, Cambridge, MA: MIT.
Habermas, J. (2001b) *The postnational constellation: political essays*, Cambridge: Polity.
Habermas, J. (2003) 'Interpreting the fall of a monument', *Constellations*, vol 10, no 3, pp 364 - 71.
Habermas, J. (2006) *The structural transformation of the public space*, Cambridge: Polity (first published in German in 1962 and in English in 1989).
Habermas, J. et al. (2010) *An awareness of what is missing*, Cambridge: Polity.
Haddour, A. (2009) 'Bread and wine: Bourdieu's photography of colonial Africa', *Sociological Review*, vol 57, no 3, pp 385 - 06.
Hall, S. (1993) 'Thatcherism today', *New Statesmen and Society*, 26 November, pp 14 - 17.
Hall, S. (1996) 'Gramsci's relevance for the study of race and ethnicity', in D. Morley and K.-H. Chen (eds) *Stuart Hall: critical dialogues in cultural studies*, London: Routledge.
Hall, S. (1998) 'The great moving nowhere show', *Marxism Today*, Nov/Dec, pp 9 - 15.
Hall, S. (2002) 'Gramsci and us', in J. Martin (ed) *Antonio Gramsci: critical assessments of leading political philosophers*, London: Routledge.
Hall, S. (2003) 'New Labour's double-shuffle', *Soundings*, vol 24, pp 10 - 25.
Hall, S. and Jacques, M. (1989) *New times: the changing face of politics in the 1990s*, London: Lawrence & Wishart.

Hall, S., Critcher, C., Jefferson, T., Clarke, J. and Roberts, B. (1978) *Policing the crisis: mugging, the state and law and order*, Houndmills: MacMillan Education.
Hallsworth, S. (2005) 'Modernity and the punitiveness', in J. Pratt, D. Brown, M. Brown, S. Hallsworth and W. Morrison (eds) *The new punitiveness: trends, theories and perspectives*, Devon: Willan.
Hallward, P. (2002) 'Badiou's politics: equality and justice', *Culture Machine*, 2. Available at: http://www.culturemachine.net/index.php/cm/article/view/271/256
Hallward, P. (2008) 'Order and event', *New Left Review*, vol 53, pp 125-35.
Hanna, S. (2010) 'Call centres as sites of professional practice: "where old social workers go to die"?', *Australian Social Work*, vol 63, no 3, pp 266-80.
Hardt, M. (1999) 'Affective labor', *Boundary 2*, vol 26, no 2, pp 89-101.
Hardt, M. and Negri, A. (2000) *Empire*, Cambridge, MA: Harvard University.
Hardt, M. and Negri, A. (2006) *Multitude*, London: Penguin.
Hardt, M. and Weeks, K. (eds) (2000) *The Jameson reader*, Oxford: Blackwell.
Hare, I. (2004) 'Defining social work for the 21st century: the International Federation of Social Workers' revised definition of social work', *International Social Work*, vol 47, no 3 pp 407-27.
Harlow, E. (2004) 'Why don't women want to be social workers anymore? New managerialism, postfeminism and the shortage of social workers in Social Services Departments in England and Wales', *European Journal of Social Work*, vol 7, no 2, pp 167-79.
Harlow, E. and Webb, S. A. (eds) (2003) *Information and communication technologies in the welfare services*, London: Jessica Kingsley.
Harman, C. (2008) 'Theorising neoliberalism', *International Socialism*, vol 117, pp 25-49.
Harris, J. (1998) 'Scientific management, bureau-professionalism, newmanagerialism: the Labour process of state social work', *British Journal of Social Work*, vol 28, pp 839-62.
Harris, J. (2003) *The social work business*, London: Routledge.
Harvey, D. (2005) *A brief history of neoliberalism*, Oxford: Oxford University.
Harvey, D. (2006a) *Limits to capital*, London: Verso.
Harvey, D. (2006b) *Spaces of global capitalism*, London: Verso.
Harvey, D. (2010) *The enigma of capital*, London: Verso.
Hasan, M. (2011) 'How fear of criminalization forces Muslims into silence', *The Guardian*, 9 September, p 34.
Haugaard, M. (ed) (2002) *Power: a reader*, Manchester: Manchester University Press.
Hayes, D. and Houston, S. (2007) '"Lifeworld", "system" and family group conferences: Habermas's contribution to discourse in child protection', *British Journal of Social Work*, vol 37, no 6, pp 987-1006.
Haylett, C. (2001) 'Modernisation, welfare and "third way" politics: limits in "thirds"?', *Transactions of the Institute of British Geographers*, vol 26, no 1, pp 43-56.
Hayward, C.R. (2003) 'The difference states make: democracy, identity, and the American city', *American Political Science Review*, vol 97, no 4, pp 501-15.
Haywood, K. and Yar, M. (2006) 'The "chav" phenomenon: Consumption, media and the construction of a new underclass', *Crime, Media, Culture*, vol 2, no 1, pp 9-28.
Heller, A. (1982) 'Habermas and Marxism', in J. B. Thompson and D. Held (eds) *Habermas: critical debates*, London: Macmillan.
Hennessy, M. (2011) 'Englishman's council house may not always be his home', *The Irish Times*, 17 November, p 12.
Hewlett, N. (2004) 'Engagement and transcendence: the militant philosophy of lain Badiou', *Modern & Contemporary France*, vol 12, no 3, pp 335-52.
Hewlett, N. (2006) 'Politics as thought? The paradoxes of Alain Badiou's theory of politics', *Contemporary Political Theory*, vol 5, pp 371-404.
Hickman, M. J., Morgan, S., Walter, B. and Bradley, J. (2005) 'The limitations of whiteness and the boundaries of Englishness', *Ethnicities*, vol 5, no 2, pp 160-82.

Hietala, M. (1996) 'From race hygiene to sterilisation: the eugenics movement in Finland', in G. Broberg and N. Roll-Hansen (eds) *Eugenics and the welfare state*, East Lansing, MI: Michigan State University.

Hirschkop, K. (1999) *Mikhail Bakhtin*, Oxford: Oxford University.

Hirschkop, K. (2000) 'Its too good to talk: myths of dialogue in Bakhtin and Habermas', *New Formations*, vol 41, pp 83 – 94.

Hirschkop, K. (2004) 'Justice and drama: on Bakhtin as a complement to Habermas', *Sociological Review*, vol 52 (Supplement), pp 49 – 66.

Hirschkop, K. and Shephard, D. (eds) (2001) *Bakhtin and cultural theory*, Manchester: Manchester University.

Hoare, Q. (ed) (1988) *Antonio Gramsci: selections from political writings (1910 – 1920)*, London: Lawrence and Wishart.

Hoare, Q. and Nowell Smith (eds) (2005) *Antonio Gramsci: selections from prison notebooks* (10th reprint), London: Lawrence and Wishart.

Hobsbawm, E. (2007) 'Critical sociology and social history', *Sociological Research Online*, vol 12, no 4. Available at: http://www.socresonline.org.uk/12/4/2.html

Hobsbawm, E. (2008) 'The £500bn question', *The Guardian*, 9 October, p 28.

Hobsbawm, E. (2011) *How to change the world: tales of Marx and Marxism*, London: Little, Brown.

Hoggett, P. (2001) 'Agency, rationality and social policy', *Journal of Social Policy*, vol 30, no 1, pp 37 – 56.

Holland, T. (2010) 'Face to faith', *The Guardian*, 27 February, p 37.

Holt, S. (2003) 'Child protection social work and men's abuse of women: an Irish study', *Child and Family Social Work*, vol 8, pp 53 – 65.

Honneth, A. (1995) *The struggle for recognition*, Cambridge: Polity.

Hourigan, N. (ed) (2011) *Understanding Limerick: social exclusion and change*, Cork: Cork University.

Houston, S. (2002) 'Reflecting on habitus, field and capital: towards a culturally sensitive social work', *Journal of Social Work*, vol 2, no 2, pp 149 – 67.

Houston, S. (2003) 'Moral consciousness and decision-making in child and family social work', *Adoption & Fostering*, vol 27, no 3, pp 61 – 71.

Houston, S. (2008) 'Transcending ethnoreligious identities in Northern Ireland: social work's role in the struggle for recognition', *Australian Social Work*, vol 61, no 1, pp 25 – 41.

Houston, S. (2009) 'Jürgen Habermas', in M. Gray and S. A. Webb (eds) *Social work: theories and methods*, London: Sage.

Houston, S. (2010a) 'Further reflections on Habermas's contribution to discourse in child protection: an examination of power in social life', *British Journal of Social Work*, vol 40, no 6, pp 1736 – 53.

Houston, S. (2010b) 'Beyond Homo Economicus: recognition, self-realization and social work', *British Journal of Social Work*, vol 40, no 3, pp 841 – 57.

Houston, S. and Dolan, P. (2008) 'Conceptualising child and family support: the contribution of Honneth's critical theory of recognition', *Children & Society*, vol 22, no 6, pp 458 – 69.

Houston, S., Skehill, C., Pinkerton, J. and Campbell, J. (2005) 'Prying open the space for social work in the new millenium: four theoretical perspectives on transformative practice', *Social Work & Social Sciences Review*, vol 12, pp 35 – 52.

Howe, D. (1994) 'Modernity, postmodernity and social work', *British Journal of Social Work*, vol 24, no 5, pp 513 – 32.

Hudis, P. and Anderson, K. B. (eds) (2004) *The Rosa Luxemburg reader*, New York, NY: Monthly Review Press.

Hussein, A. A. (2004) *Edward Said: criticism and society*, London: Verso.

Hutton, W. (2011) 'In focus', *The Observer*, 7 August, pp 24 – 5.

Hutton, W. and Giddens, A. (eds) (2000) *On the edge: living with global capitalism*, London:

Jonathan Cope.
Iarskaia-Smirnova, E. and Romanoz, P. (2002) 'A salary is not important here: the professionalization of social work in contemporary Russia', *Social Policy & Administration*, vol 36, no 2, pp 123 - 41.
ICO (Information Commissioner's Office) (2006) 'A report on the surveillance society: for the Information Commissioner by the surveillance studies network'. Available at: http://www.ico.gov.uk/upload/documents/library/data_protection/practical_application/surveillance_society_full_report_2006.pdf
ICO (2010) 'Information Commissioner's report to Parliament on the state of surveillance'. Available at: http://www.ico.gov.uk/~/media/documents/library/Corporate/Research_and_reports/surveillance_report_for_home_select_committee.ashx
IFSW (International Federation of Social Workers) (2000) 'Definition of social work'. Available at: http://www.ifsw.org/f38000138.html
Imre, R. (2009) 'Badiou and the philosophy of social work', *International Journal of Social Work*, vol 19, pp 253 - 8.
Irish Prison Chaplains (2010) 'The Irish Chaplains' annual report'. Available at: http://www.catholicbishops.ie/2010/11/29/irish-prison-chaplains-annualreport-2010/
Irving, A. and Young, T. (2002) 'Paradigm for pluralism: Mikhail Bakhtin and social work practice', *Social Work*, vol 47, no 1, pp 19 - 29.
Ives, P. (2004a) *Language and hegemony in Gramsci*, London: Pluto.
Ives, P. (2004b) *Gramsci's politics of language: engaging the Bakhtin Circle and the Frankfurt School*, Toronto: University of Toronto.
Jackson, N. and Carter, P. (1998) 'Labour as dressage', in A. McKinley and K. Starkey (eds) *Foucault, management and organization theory*, London: Sage.
Jacques, M. (2008) 'Northern Rock's rescue is part of a geopolitical sea change', *The Guardian*, 18 January, p 23.
James, A. L. (2004) 'The McDonaldization of social work — or "come back Florence Hollis, all is (or should be) forgiven', in R. Lovelock, K. Lyons and J. Powell (eds) *Reflecting on social work — discipline and profession*, Aldershot: Ashgate.
Jameson, F. (1991) *Postmodernism, or the cultural logic of late capitalism*, London: Verso.
Jameson, F. (2000) 'Postmodernism, or the cultural logic of late capitalism', in M. Hardt and K. Weeks (eds) *The Jameson reader*, Oxford: Blackwell.
Jayaram, N. (2011) 'Caste, corporate disabilities and compensatory disabilities in India: colonial legacy and post-colonial paradox', in J. Midgley and D. Piachaud (eds) *Colonialism and welfare: social policy and British imperialism*, Cheltenham: Edward Elgar.
Jeffery, L. (2011) *Understanding agency: social welfare and social change*, Bristol: The Policy Press.
Jenkins, R. (2002) *Pierre Bourdieu*, London: Routledge.
Jeyasingham, D. (2011) 'White noise: a critical evaluation of social work education's engagement with whiteness studies', *British Journal of Social Work*, advanced electronic access from 7 August.
Jones, C. (1983) *State social work and the working class*, London: MacMillan.
Jones, C. (1996) 'Anti-intellectualism and the peculiarities of British social work education', in N. Parton (ed) *Social theory, social change and social work*, London: Routledge.
Jones, C. (2001) 'Voices from the front line: state social workers and New Labour', *British Journal of Social Work*, vol 31, no 4, pp 547 - 62.
Jones, C. (2011) 'The best and worst of times: reflections on the impact of radicalism on British social work education in the 1970s', in M. Lavalette (ed) *Radical social work today: social work at the crossroads*, Bristol: Policy Press.
Jones, O. (2011) *Chavs: the demonization of the working class*, London: Verso.
Jones, R. (2012) *Border Walls*, London: Zed Books.
Jones, S. (2006) *Antonio Gramsci*, London: Routledge.
Jordan, B., with Jordan, C. (2000) *Social work and the Third Way*, London: Sage.

Jordan, B. (2001) 'Tough love: social work, social exclusion and the Third Way', *British Journal of Social Work*, vol 31, pp 527 - 46.

Jordan, B. (2007) *Social work and well-being*, Lyme Regis: Russell House.

Jose, J. (2009) 'Rethinking social work ethics: what is the real question? ', *International Journal of Social Welfare*, vol 19, pp 246 - 52.

Joseph, J. (2006) *Marxism and social theory*, Houndmills: Palgrave Macmillan.

Joyce, P., Corrigan, P. and Hayes, M. (1988) *Striking out: trade unionism and social work*, London: Macmillan Education.

Kagarlitsky, B. (2009) *Back in the USSR*, London: Seagull.

Karakayli, N. (2004) 'Reading Bourdieu with Adorno: the limits of critical theory and reflexive sociology', *Sociology*, vol 38, no 2, pp 351 - 68.

Kendall, L. and Harker, L. (2002) *From welfare to wellbeing: the future of social care*, London: IPPR.

Kentikelenis, A., Karanikolos, M., Papanicolas, I., Basu, S., McKee, M. and Stuckler, D. (2011) 'Health effects of financial crisis: omens of a Greek tragedy', *The Lancet*, published online 10 October. Available at: http://www.thelancet.com/journals/lancet/article/PIIS0140-6736(11)61556-0/fulltext

Kitson, F. (1991 [1971]) *Low intensity operations: subversion, insurgency and peacekeeping*, London: Faber and Faber.

Klein, N. (2001) *No logo*, London: Flamingo.

Klein, N. (2007) *The shock doctrine: the rise of disaster capitalism*, London: Allen Lane.

Klein, N. (2011) 'If you rob people of the little they have, expect resistance', *The Guardian*, 18 August, p 35.

Krane, J. and Davies, L. (2000) 'Mothering and child protection practice: rethinking risk assessment', *Child and Family Social Work*, vol 5, pp 35 - 45.

Kunstreich, T. (2003) 'Social welfare in Nazi Germany', *Journal of Progressive Human Services*, vol 14, no 2, pp 23 - 53.

Laclau, E. and Mouffe, C. (1985) *Hegemony and socialist strategy*, London: Verso.

Landy, M. (1986) 'Culture and politics in the work of Antonio Gramsci', *Boundary 2*, vol 14, no 3, pp 49 - 70.

Landy, M. (1994) *Film, politics and Gramsci*, Minneapolis, MN: University of Minnesota.

Lane, J. (2000) *Pierre Bourdieu: a critical introduction*, London: Pluto.

Lane, T. (1987) *Liverpool: gateway of empire*, London: Lawrence and Wishart.

Langan, M. (2011) 'Rediscovering radicalism and humanity in social work', in M. Lavalette (ed) *Radical social work today: social work at the crossroads*, Bristol: The Policy Press.

Langman, L. and Ryan, M. (2009) 'Capitalism and the carnival character', *Critical Sociology*, vol 35, no 4, pp 471 - 92.

Lasdun, J. (2007) *Seven lies*, London: Vintage.

Lash, S. (1990) *Sociology of postmodernism*, London: Routledge.

Lau, R.W.K. (2004) 'Habitus and the practical logic of practice', *Sociology*, vol 38, no 2, pp 369 - 87.

Laurier, E. (2004) 'Doing office work on the motorway', *Theory, Culture & Society*, vol 21, nos 4/5, pp 261 - 77.

Lavalette, M. (ed) (2011a) *Radical social work today: social work at the crossroads*, Bristol: The Policy Press.

Lavalette, M. (2011b) 'Introduction', in M. Lavalette (ed) *Radical social work today: social work at the crossroads*, Bristol: The Policy Press.

Lazzarato, M. (1996) 'Immaterial labor', in P. Virno and M. Hardt (eds) *Radical thought in Italy*, Minneapolis, MN: University of Minneapolis.

Leggett, W. (2009) 'Prince of modernisers: Gramsci, New Labour and the meaning of modernity', in M. McNally and J. Schwarzmantel (eds) *Gramsci and global politics*, London: Routledge.

Le Grand, J. (2007) *Consistent care matters: exploring the potential of social work practices*,

London: Department for Education and Skills.

Lemert, C. (2000) 'The clothes have no emperor: Bourdieu on American imperialism', *Theory, Culture & Society*, vol 17, no 1, pp 97 – 106.

Lenin, V. I. (1981) *Left-wing communism, an infantile disorder* (8th printing), Moscow, USSR: Progress Publishers.

Levy, A. and Kahan, B. (1991) *The pindown experience and the protection of children*, Stafford: Staffordshire County Council.

Lewis, G. (2005) 'Welcome to the margins: diversity, tolerance, and the politics of exclusion', *Ethnic and Racial Studies*, vol 28, no 3, pp 536 – 58.

Lewis, G. and Neal, S. (2005) 'Introduction: contemporary political contexts, changing terrains and revisited discourses', *Ethnic and Racial Studies*, vol 28, no 3, pp 423 – 44.

Lindner, K. (2010) 'Marx's Eurocentrism: postcolonial studies and Marx scholarship', *Radical Philosophy*, vol 161, pp 27 – 42.

Liogier, R. (2010) 'The attack on the veil is a huge blunder', *The Guardian*, 27 January, p 30.

Llewellyn, A., Agu, L. and Mercer, D. (2008) *Sociology for social workers*, Cambridge: Polity.

Lombard, D. (2010) 'More councils likely to follow Suffolk in outsourcing services', *Community Care*, 24 September. Available at: http://www.communitycare.co.uk/Articles/2010/09/24/115418/more-councils-likely-to-follow-suffolkin-outsourcing-services.htm

Lopez, J. and Potter, G. (2001) *After postmodernism*, London: Athlone.

Lorenz, W. (1993) *Social work in a changing Europe*, London: Routledge.

Lorenz, W. (2005) 'Social work and a new social order — challenging neoliberalism's erosion of solidarity', *Social Work & Society*, vol 3, no 1. Available at: http://socwork.net/Lorenz2005.pdf

Lovell, T. (2000) 'Thinking feminism with and against Bourdieu', in B. Fowler (ed) *Reading Bourdieu on society and culture*, Oxford: Blackwell.

Lovell, T. (2004) 'Bourdieu, class and gender: "the return of the living dead"', *Sociological Review*, vol 53, no 2, pp 37 – 57.

Lovell, T. (ed) (2007) *(Mis)recognition, social inequality and social justice: Nancy Fraser and Pierre Bourdieu*, London: Routledge.

Loyal, S. (2003) 'Welcome to the Celtic Tiger: racism, immigration and the state', in C. Coulter and S. Coleman (eds) *The end of Irish history?*, Manchester: Manchester University.

Loyal, S. (2009) 'The French in Algeria, Algerians in France: Bourdieu, colonialism and migration', *Sociological Review*, vol 57, no 3, pp 406 – 28.

Lyon, D. (1994) *Postmodernity*, Buckingham: Open University Press.

Lyon, D. (2001a) *Surveillance society: monitoring everyday life*, Buckingham: Open University.

Lyon, D. (2001b) 'Surveillance after September 11', *Sociological Research Online*, vol 6, no 3. Available at: http://www.socresonline.org.uk/6/3/lyon.html

Lyon, D. (2003) *Surveillance after September 11*, Cambridge: Polity Press.

Lyon, D. (ed) (2006) *Theorizing surveillance*, Devon: Willan.

Lyotard, J.-F. (1984) *The postmodern condition: a report on knowledge*, Manchester: Manchester University.

MacCormaic, R. (2009) 'Four years after the riots, and little has changed in the French suburbs', *The Irish Times Weekend Review*, p 3.

MacGregor, D. (1996) *Hegel, Marx, and the English state*, London: University of Toronto.

MacKinnon, S. T. (2009) 'Social work intellectuals in the twenty-first century: critical social theory, critical social work and public engagement', *Social Work Education*, vol 28, no 5, pp 512 – 27.

Mancini Billson, J. and Fluehr-Lobban, C. (eds) (2005) *Female well-being: towards a theory of social change*, London: Zed Books.

Marcuse, H. (1991) *One-dimensional man*, Oxford: Routledge.
Marcuse, H. (2001) *Legacies of Dachau: the uses and abuses of a concentration camp, 1933 –2001*, Cambridge: Cambridge University.
Markell, P. (2003) *Bound by recognition*, Princeton, NJ, and Oxford: Princeton University.
Marthinsen, E. and Skjefstad, N. (2011) 'Recognition as a virtue in social work practice', *European Journal of Social Work*, vol 14, no 2, pp 195 – 213.
Martin, J. (1998) *Gramsci's political analysis*, Houndmills: Macmillan.
Martin, J. (2002) 'The political logic of discourse: a neo-Gramscian view', *History of European Ideas*, vol 28, pp 21 – 31.
Martin, J. (2006) 'Piero Gobetti's agonistic liberalism', *History of European Ideas*, vol 32, pp 205 – 22.
Marx, K. (1990) *Capital, volume 1*, London: Penguin.
Marx, K. and Engels, F. (1978) *The communist manifesto*, Harmondsworth: Penguin.
Massey, D. (2010) 'The political struggle ahead', *Soundings*, vol 45, pp 9 – 19.
Mathiason, N. (2007) 'Children's homes hit by buyout fears', *The Observer*, 14 October. Available at: http: //society. guardian. co. uk/children/story/0, 2191473, 00. html
Matthewman, S. and Hoey, D. (2006) 'What happened to postmodernism? ' *Sociology*, vol 40, no 3, pp 529 – 47.
May, T. (2005) 'Transformations in academic production', *European Journal of Social Theory*, vol 8, no 2, pp 193 – 209.
McClintock, A. (1995) *Imperial Leather: race, gender and sexuality in the colonial conquest*, London: Routledge.
McGregor, K. (2011a) 'Tenth of social care workers paid less than minimum', *Community Care*, 11 April. Available at: http: //www. communitycare. co. uk/Articles/2011/04/11/116645/tenth-of-social-care-workers-paid-less-thanminimum-wage. htm
McGregor, K. (2011b) 'Social work assistants asked to take complex cases', *Community Care*, 13 April. Available at: http: //www. communitycare. co. uk/Articles/2011/04/13/116673/social-work-assistants-asked-to-take-complexcases. htm
McGuignan, J. (2009) *Cool capitalism*, London: Pluto.
McKay, S. (1998) *Sophie's story*, Dublin: Gill & Macmillan.
McKinley, A. and Starkey, K. (eds) (1998) *Foucault, management and organization theory*, London: Sage.
McLaughlin, K. (2007) 'Regulation and risk in social work: the general social care council and the social care register in context', *British Journal of Social Work*, vol 37, no 2, pp 1263 – 77.
McLaughlin, K. (2008) *Social work, politics and society*, Bristol: Policy Press.
McLaughlin, K. (2010) 'The social worker versus the general social care council: an analysis of care standards tribunal hearings and decisions', *British Journal of Social Work*, vol 40, no 1, pp 311 – 27.
McLellan, D. (ed) (2000) *Karl Marx: selected writings* (2nd edn), Oxford: Oxford University Press.
McLennan, G. (2001) 'Can there be a "critical" multiculturalism? ', *Ethnicities*, vol 1, no 3, pp 389 – 422.
McLennan, G. and Squires, J. (2004) 'Intellectuals and tendencies', *Soundings*, vol 27, pp 86 – 95.
McNay, L. (1999) 'Gender, habitus and field: Pierre Bourdieu and the limits of reflexivity', *Theory, Culture & Society*, vol 16, no 1, pp 95 – 117.
McNay, L. (2008) *Against recognition*, Cambridge: Polity.
McRobbie, A. (2010) 'Reflections on feminism, immaterial labour and the post-Fordist regime', *New Formations*, vol 70, pp 60 – 77.
Mental Health Commission (2011a) 'The use of seclusion, mechanical means of bodily restraint and physical restraint in approved centres: activities report 2009'. Available at: http: //www. mhcirl. ie/Publications/Seclusion + Restraint_Report%20_2009. pdf

Mental Health Commission (2011b) 'The human cost: an overview of the evidence on economic adversity and mental health and recommendations for action'. Available at: http: //www. mhcirl. ie/News_Events/HCPaper. pdf

Merrill Lynch and Capgemini (2011) 'Merrill Lynch global wealth management and Capgemini release 15th annual world wealth report', Press Release, 22 June. Available at: http: //www. capgemini. com/news-and-events/news/merrilllynch-global-wealth-management-and-capgemini-release-15th-annual-worldwealth-report/

Mickel, A. (2011) 'Pain at the pumps for social workers as the value of their driving allowances fall', *Community Care*, 22 March. Available at: http: //www. communitycare. co. uk/Articles/2011/03/22/116509/rising-petrol-prices-putthe-squeeze-on-social-work-practitioners. htm

Midgley, J. and Piachaud, D. (eds) (2011) *Colonialism and welfare: social policy and British imperialism*, Cheltenham: Edward Elgar.

Miliband, E. (2011) 'Responsibility in 21st century Britain', Coin Street Neighbourhood Centre, 13 June.

Miller, J. (1993) *The passion of Michel Foucault*, London: Harper Collins.

Miller, P. and Rose, N. (2008) *Governing the present*, Cambridge: Polity.

Milne, S. (2011) 'The fallout from the crash of 2008 has only just begun', *The Guardian*, 10 March, p 33.

Milner, J. (1993) 'A disappearing act: the differing career paths of fathers and mothers in child protection investigations', *Critical Social Policy*, vol 13, no 2, pp 48 - 64.

Mirsepassi, A. (2000) *Intellectual discourse and the politics of modernization*, Cambridge: Cambridge University.

Modood, T. and Dobbernack, J. (2011) 'A left communitarianism? What about multiculturalism? ', *Soundings*, vol 48, pp 54 - 66.

Moi, T. (1991) 'Appropriating Bourdieu: feminist theory and Pierre Bourdieu's sociology of culture', *New Literary History*, vol 22, pp 1017 - 49.

Mooney, T. (2003) 'Celebrity chairs', *Education Guardian*, 20 August.

Morini, C. (2007) 'The feminization of labour in cognitive capitalism', *Feminist Review*, vol 87, pp 40 - 60.

Morton, A. D. (2003) 'Historicising Gramsci: situating ideas in and beyond their context', *Review of International Political Economy*, vol 10, no 1, pp 118 - 46.

Moss, J. (ed) (1988) *The later Foucault*, London: Sage.

Mottier, V. and Gerodetti, N. (2007) 'Eugenics and social democracy: or, how the European left tried to eliminate "weeds" from its national gardens', *Soundings*, vol 60, pp 35 - 50.

Mullaly, B. (1997) *Structural social work*, Toronto: Oxford University.

Munck, R. (2005) 'Neoliberalism and politics, and the politics of neoliberalism', in A. Saad-Filho and D. Johnston (eds) *Neoliberalism: a critical reader*, London: Pluto.

Munro, E. (2011) 'The Munro review of child protection: interim report — the child's journey'. Available at: http: //www. education. gov. uk/munroreview/downloads/Munrointerimreport. pdf

Murphy, F. D., Buckley, H. and Joyce, L. (2005) *The Ferns report*, Dublin: Stationery Office.

Murray, G. (2006) 'France: the riots and the Republic', *Race & Class*, vol 47, no 4, pp 26 - 45.

Nairn, T. (1964) 'The British political elite', *New Left Review*, vol 23, pp 19 - 26.

Negri, A. (2005a) *The politics of subversion: a manifesto for the twenty-first century*, Cambridge: Polity.

Negri, A. (2005b [1997]) *Books for burning: between civil war and democracy in 1970s Italy*, London: Verso.

Negri, A. (2009) *The labor of job*, Durham, NC: Duke University.

Neilson, G. (1995) 'Bakhtin and Habermas: towards a transcultural ethics', *Theory and Society*, vol 24, pp 803 - 34.

Neilson, G. (2002) *The norms of answersability: social theory between Bakhtin and Habermas*, Albany, NY: State University of New York.

Nickels, H. C., Thomas, L., Hickman, M. J. and Silvestri, S. (2011) 'De/constructing "suspect' communities", *Journalism Studies*, IFirst Article.

Noble, G. and Watkins, M. (2003) 'So, how did Bourdieu learn to play tennis? Habitus, consciousness and habitation', *Cultural Studies*, vol 17, nos 3/4, pp 520 - 38.

Norris, C. (2009) *Badiou's being and event*, London: Continuum.

NSWQB (National Social Work Qualification Board) (2006) *Social work posts in Ireland*, Dublin: NSWQB.

Ofsted, Healthcare Commission and HMIC (Her Majesty's Inspectorate of Constabulary) (2008) *Joint area review: Haringey children's services authority area*. Availab le at: http://www.ofsted.gov.uk/oxcare_providers/la_download/(id)/4657/(as)/JAR/jar_2008_309_fr.pdf

Oliver, K. (2004) 'Witnessing and testimony', *Parallax*, vol 10, no 1, pp 79 - 88.

Orzeck, R. (2007) 'What does not kill you: historical materialism and the body', *Environment and Planning D: Society and Space*, vol 25, no 3, pp 496 - 514.

Osborne, D. and Gaebler, T. A. (1992) *Reinventing government: how the entrepreneurial spirit is transforming the public sector*, Reading, MA: Addison Wesley.

Outhwaite, W. (1996) *The Habermas reader*, Cambridge: Polity.

Ovenden, K. (2000) 'The politics of protest', *Socialist Review*, vol 242. Available at: http://pubs.socialistreviewindex.org.uk/sr242/ovenden.htm

Parker, D. (2000) 'The Chinese takeaway and the diasporic habitus: space, time and power geometrics', in B. Hesse (ed) *Unsettled multiculturalisms*, London: Zed Books.

Parker, R., Ward, H., Jackson, S., Aldgate, J. and Wedge, P. (1991) *Looking after children: assessing outcomes in child care*, London: HMSO.

Parsloe, P. (1981) *Social services area teams*, London: George Allen and Unwin.

Parton, N. (1994) 'Problematics of government, (post)modernity and social work', *British Journal of Social Work*, vol 24, no 1, pp 9 - 32.

Parton, N. and Marshall, W. (1998) 'Postmodernism and discourse approaches to social work', in R. Adams, L. Dominelli and M. Payne (eds) *Social work, themes, issues and critical debates*, London: Macmillan.

Parton, N. and O'Byrne, P. (2000) *Constructive social work*, London: MacMillan.

Pease, B. and Fook, J. (eds) (1999) *Transforming social work practice: postmodern critical perspectives*, London: Routledge.

Peck, J. (2005) 'Struggling with the creative class', *International Journal of Urban and Regional Research*, vol 29, no 4, pp 740 - 70.

Peck, J. (2010) *Constructions of neoliberal reason*, Oxford: Oxford University.

Peillon, M. (1998) 'Bourdieu's field and the sociology of welfare', *Journal of Social Policy*, vol 27, no 2, pp 213 - 29.

Pemberton, C. (2010) 'Sterilise parents who abuse children', *Community Care*, 24 August. Available at: http://www.communitycare.co.uk/Articles/2010/08/24/115157/sterilise-parents-who-abuse-children-topprofessor-says.htm

Pemberton, C. (2011) 'Council seeks to close down its children homes', *Community Care*, 25 May. Available at: http://www.communitycare.co.uk/ Articles/2011/05/25/116879/council-seeks-to-close-down-its-childrenhomes. htm

Perelman, M. (2000) *The invention of capitalism*, Durham, NC, and London: Duke University.

Peters, T. (1997) 'The brand called you', *Fast Company*, 31 August. Available at: http://www.fastcompany.com/magazine/10/brandyou.html

Pileggi, M. S. and Patton, C. (2003) 'Bourdieu and cultural studies', *Cultural Studies*, vol 17, nos 3/4, pp 313 - 25.

Pine, L. (1995) 'Hasude: the imprisonment of "asocial" families in the Third Reich', *The Germany History Society*, vol 13, no 2, pp 182 - 98.

Pine, L. (1997) *Nazi family policy 1933 – 1945*, Oxford: Berg.

Pithouse, A. (1998 [1987]) *Social work: the social organisation of an invisible trade*, Aldershot: Avebury.

Platt, D. (2007) 'The status of social care — a review'. Available at: http://www.dh.gov.uk/en/Publicationsandstatistics/Publications/PublicationsPolicyAndGuidance/DH_074217

Polansky, N. A., Ammons, P. W. and Weathersby, B. L. (1983) 'Is there an American standard of child care? ', *Social Work*, vol 23, no 5, pp 341 – 7.

Pollard, R. (2008) *Dialogue and desire: Mikhail Bahktin and the linguistic turn in psychotherapy*, London: Karnac.

Pope John Paul II (1981) *Laborem exercens: encyclical letter of the Supreme Pontiff on human work*, London: Catholic Truth Society.

Poupeau, F. and Discepolo, T. (2005) 'Scholarship with commitment: on thepolitical engagements of Pierre Bourdieu', in L. Wacquant (ed) *Pierre Bourdieu and democratic politics*, Cambridge: Polity.

Powell, F. (1998) 'The professional challenges of reflexive modernization: social work in Ireland', *British Journal of Social Work*, vol 28, pp 311 – 28.

Pratt, J., Brown, D., Brown, M., Hallsworth, S. and Morrison, W. (ed) (2005) 'Introduction', in J. Pratt, D. Brown, M. Brown, S. Hallsworth and W. Morrison (eds) *The new punitiveness: trends, theories and perspectives*, Devon: Willan.

Price, V. and Simpson, G. (2007) *Transforming society? Social work and sociology*, Bristol: Policy Press.

Prideaux, S. (2005) *Not so New Labour: a sociological critique of New Labour's policy and practice*, Bristol: The Policy Press.

Prout, A. (2000) 'Children's participation: control and self-realisation in British late modernity', *Children & Society*, vol 14, pp 304 – 15.

Puwar, N. (2009) 'Sensing a post-colonial Bourdieu', *Sociological Review*, vol 57, no 3, pp 371 – 85.

Ramesh, R. (2010) 'The reluctant seer', *Society Guardian*, 3 November, pp 1 – 2.

Ransome, P. (2010) *Social theory for beginners*, Bristol: The Policy Press.

Reay, D. (2000) 'A useful extension of Bourdieu's conceptual framework? Emotional capital as a way of understanding mothers' involvement in their children's education', *Sociological Review*, vol 48, no 4, pp 568 – 86.

Reay, D. (2004) 'Gendering Bourdieu's concepts of capitals? Emotional capital, women and social class', *Sociological Review*, vol 53, no 2, pp 57 – 75.

Reisch, M. and Andrews, J. (2002) *The road not taken: a history of radical social work in the United States*, New York, NY: Brunner-Routledge.

Robbins, D. (2002) 'Pierre Bourdieu, 1930 – 2002', *Theory, Culture & Society*, vol 19, no 3, pp 113 – 16.

Roberts, A. (2000) *Fredric Jameson*, London: Routledge.

Roberts, J. M. (2004) 'The stylistic of competence: a Bakhtinian exploration of some Habermasian themes', *Theory, Culture & Society*, vol 21, no 6, pp 91 – 114.

Robinson, A. (2006) 'Towards an intellectual reformation: the critique of common sense and the forgotten revolutionary project of Gramscian theory', in A. Bieler and A. Morton (eds) *Images of Gramsci*, London: Routledge.

Robinson, G. (2003) 'Technicality and indeterminacy in probation practice: a case study', *British Journal of Social Work*, vol 33, no 5, pp 593 – 610.

Roets, G., Roose, R., Claes, L., Vandekinderen, C., Van Hove, G. and Vadnerplasschen, W. (2011) 'Reinventing the employable citizen: a perspective for social work', *British Journal of Social Work*, advance access published 7 April.

Rogers, C. (1980) *A way of being*, Boston, MA: Houghton Mifflin Company.

Rogowski, S. (2010) *Social work: the rise and fall of a profession*, Bristol: Policy Press.

Rose, N. (2000) 'Government and control', *British Journal of Criminology*, vol 40, no 2, pp 321 – 39.

Rosenau, P. M. (1991) *Postmodernism and the social sciences*, Chichester: Princeton University.

Ruch, G. (2011) 'Where have all the feelings gone? ', *British Journal of Social Work*, advanced electronic access from 5 October.

Rupert, M. (2006) 'Reading Gramsci in an era of globalizing capitalism', in A. Bieler and A. Morton (eds) *Images of Gramsci*, London: Routledge.

Rustin, M. (2007) 'What's wrong with happiness? ', *Soundings*, vol 36, pp 67 - 85.

Rutherford, J. (2007) 'New Labour, the market state, and the end of welfare', *Soundings*, vol 36, pp 40 - 56.

Said, E. W. (2002) 'Conversation with Neeladri Bhattacharya, Suvir Kaul, and Ania Loomba', in D. T. Goldberg and A. Quayson (eds) *Relocating postcolonialism*, Oxford: Blackwell, pp 1 - 15.

Said, E. W. (2003 [1978]) *Orientalism*, London: Penguin.

Sapey, B. (1997) 'Social work tomorrow: towards a critical understanding of technology in social work', *British Journal of Social Work*, vol 27, no 6, pp 803 - 14.

Saville, J. (1957) 'The welfare state: an historical approach', *The New Reasoner*, vol 3, pp 5 - 25.

Sayad, A. (2004) *The suffering of the immigrant*, Cambridge: Polity.

Sayyid, S. (2003) *A fundamental fear: Eurocentrism and the emergence of Islamism*, London: Zed Books.

269

Scambler, G. (ed) (2001) *Habermas, critical theory and health*, London: Routledge.

Schinkel, W. (2003) 'Pierre Bourdieu's political turn? ', *Theory, Culture and Society*, vol 20, no 6, pp 69 - 93.

参考文献

Schon, D. A. (1992) 'The crisis of professional knowledge and the pursuit of an epistemology of practice', *Journal of Interprofessional Care*, vol 6, no 1, pp 49 - 64.

Schultheis, F., Holder, P. and Wagner, C. (2009) 'In Algeria: Pierre Bourdieu's photographic fieldwork', *Sociological Review*, vol 57, no 3, pp 448 - 71.

Scott, J. (2006) *Social theory: central issues in sociology*, London: Sage.

Scourfield, P. (2007) 'Are there reasons to be worried about the "caretelisation" of residential care', *Critical Social Policy*, vol 27, no 2, pp 155 - 81.

Scourfield, P. (2012) 'Caretelization revisited and the lesson of Southern Cross', *Critical Social Policy*, vol 32, no 1, pp 137 - 49.

Secretary of State for Education and Skills (2006) *Care matters: transforming the lives of children and young people in care*, London: HMSO.

Secretary of State for Health and Secretary of State for the Home Department (2003) *The Victoria Climbié inquiry — report of an inquiry by Lord Laming*, Cm 5730, London: HMSO.

Seebohm, F. (1968) *Report of the Committee on Local Authority and Allied Personal Social Services*, Cmnd 3703, London: HMSO.

Showstack Sassoon, A. (1986) 'The people, intellectuals and specialized knowledge', *Boundary 2*, vol 14, no 3, pp 137 - 68.

Shusterman, R. (1999) 'Introduction', in R. Shusterman (ed) *Bourdieu: a critical reader*, Oxford: Blackwell.

Simpkin, M. (1983) *Trapped within welfare: surviving social work*, London: MacMillan.

Singh, G. and Cowden, S. (2009) 'The social worker as intellectual', *European Journal of Social Work*, vol 12, no 4, pp 1369 - 457.

Skeggs, B. (1997) *Formations of class and gender*, London: Sage.

Skeggs, B. (2004a) 'Exchange, value and affect: Bourdieu and "the self"', *Sociological Review*, vol 52, no S2, pp 75 - 95.

Skeggs, B. (2004b) *Class, self, culture*, London: Routledge.

Skeggs, B. (2004c) 'Context and background: Pierre Bourdieu's analysis of class, gender and sexuality', *Sociological Review*, vol 52, no S2, pp 19 - 33.

Skehill, C. (1999) *The nature of social work in Ireland: a historical perspective*, Lewiston: Edwin Mellen.

Skehill, C. (2004) *History of the present of child protection and welfare social work in Ireland*, Lewiston: Edwin Mellen.

Small, J. (1982) 'New black families', *Adoption & Fostering*, vol 6, no 3, pp 35 - 40.

Smith, A. L. (2004) 'Heteroglossia, "common sense", and social memory', *American Ethnologist*, vol 1, no 2, pp 251 - 69.

Smith, A. M. (1998) *Laclau and Mouffe: the radical democratic imaginary*, London: Routledge.

Smith, C. and White, S. (1997) 'Parton, Howe and postmodernity: a critical comment on mistaken identity', *British Journal of Social Work*, vol 27, no 2, pp 275 - 95.

Smith, H. (2012) 'A good man: tributes to Athens pensioner who killed himselfin protest at austerity', *The Guardian*, 6 April, p 22.

Smith, M. (2003) 'Gorgons, cars and the frightful fiend: representations of fear in social work and counselling', *Journal of Social Work Practice*, vol 17, no 2, pp 153 - 63.

Smith, R. (2008) *Social work and power*, Houndmills: Palgrave Macmillan. *Society Guardian* (2006) 'Forced entry', 6 September.

Sointu, E. (2005) 'The rise of an ideal: tracing changing discourses of wellbeing', *Sociological Review*, vol 53, no 2, pp 255 - 75.

Sointu, E. (2006) 'Recognition and the creation of wellbeing', *Sociology*, vol 40, no 3, pp 493 - 510.

Soper, K. (2007) 'The other pleasures of post-consumerism', *Soundings*, vol 35, pp 31 - 41.

Spensky, M. (1992) 'Producers of legitimacy: homes for unmarried mothers in the 1950s', in C. Smart (ed) *Regulating womanhood: essays on marriage, motherhood and sexuality*, London: Routledge.

Spinley, B. M. (1953) *The deprived and the privileged*, London: Routledge & Kegan Paul.

Stabile, C. A. and Morooka, J. (2003) 'Between two evils, I refuse to choose the lesser evil', *Cultural Studies*, vol 17, nos 3/4, pp 326 - 48.

Standing, G. (2011) 'Workfare and the precariat', *Soundings*, no 47, Spring, pp 35 - 44.

Steele, J. (2009) 'History is too important to be left to politicians', *The Guardian*, 20 August, p 33.

Steyaert, J. and Gould, N. (2009) 'Social work and the changing face of digital divide', *British Journal of Social Work*, vol 39, no 4, pp 740 - 53.

Swansen, G. (2007) 'Serenity, self-regard and the genetic sequence: social psychiatry and preventive eugenics in Britain, 1930s - 1950s', *Soundings*, vol 60, pp 50 - 66.

Swanson, J. (2000) 'Self help: Clinton, Blair and the politics of personal responsibility', *Radical Philosophy*, vol 101, pp 29 - 39.

Sweetman, P. (2009) 'Revealing habitus, illuminating practice: Bourdieu, photography and visual methods', *Sociological Review*, vol 57, no 3, pp 491 - 512.

Taylor, C. (1992) *Multiculturalism and 'the politics of recognition'*, Princeton, NJ: Princeton University.

Taylor, K. (2009) *Cruelty: human evil and the human brain*, Oxford: Oxford University.

Tester, K. (2004) *The social thought of Zygmunt Bauman*, Houndmills: Palgrave.

Tester, K. and Jacobsen, M. H. (2005) *Bauman before postmodernity*, Aalborg, Denmark: Aalborg University.

The Guardian (2008) 'Cameron wants charities paid market rate for public services', 4 June, p 11.

The Guardian (2010a) 'Minister calls for more child protection volunteers', 30 October, p 21.

The Guardian (2010b) 'Pressure to sack peer who thinks cuts will encourage the poor to "breed"', 26 November, pp 1 - 2.

The Guardian (2011a) 'Minister blames feminism over lack of jobs for working men', 2 April, p 6.

The Guardian (2011b) 'A nation unified in tolerant scepticism', 25 April.

The Guardian (2011c) 'Editorial: state of emergency', 5 August.

The Independent (1993) 'The Pope decries "savage" effects of all-out capitalism', 3 November.

Therborn, G. (2007) 'After dialectics: radical social theory in a post-communist world', *New Left Review*, vol 43, pp 63 – 117.

Therborn, G. (2011) *The world: a beginner's guide*, Cambridge: Polity.

Thomas, R. and Davies, A. (2005) 'What have the feminists done for us? Feminist theory and organizational resistance', *Organization*, vol 12, no 5, pp 711 – 40.

Thompson, G. (2008) 'Are we all neoliberals now? "Responsibility" and corporations', *Soundings*, vol 39, pp 67 – 75.

Thompson, N. (1997) *Anti-discriminatory practice*, London: Macmillan.

Thompson, N. (2010) *Theorizing social work practice*, Houndmills: Basingstoke.

Thompson, S. (2006) *The political theory of recognition*, Cambridge: Polity.

Tomanovic, S. (2004) 'Family habitus as the cultural context for childhood', *Childhood*, vol 11, no 3, pp 339 – 60.

Tormey, S. and Townshend, J. (2006) *Key thinkers from critical theory to post-Marxism*, London: Sage.

Toynbee, P. (2010a) 'The "big society" is a big fat lie — just follow the money', *The Guardian*, 7 August, p 27.

Toynbee, P. (2010b) 'Loyal, public service merits more than this cold trashing', *The Guardian*, 24 August, p 27.

Toynbee, P. (2011a) 'This benefit bonanza is more big Serco than big society', *The Guardian*, 5 April, p 29.

Toynbee, P. (2011b) 'Chav: the vile word at the heart of fractured Britain', *The Guardian*, 31 May, p 29.

Tregeagle, S. and Darcy, M. (2008) 'Child welfare and information and communications technology: today's challenge', *British Journal of Social Work*, vol 38, no 8, pp 1481 – 98.

Trotsky, L. (1971) *Revolution betrayed*, New York, NY: Pathfinder.

Trotsky, L. (1972) *The struggle against fascism in Germany*, Harmondsworth: Pelican.

Trotsky, L. (1979) *Problems of everyday life and other writings on culture and science* (3rd edn), New York, NY: Pathfinder.

Tucker, R.C. (1972) *The Marx – Engels reader* (2nd edn), London: Norton.

Turney, D. (2000) 'The feminizing of neglect', *Child and Family Social Work*, vol 5, pp 47 – 56.

Tyler, I. (2008) 'Chav mum chav scum: class disgust in contemporary Britain', *Feminist Media Studies*, vol 8, no 1, pp 17 – 35.

United Nations Development Programme (2005) *Human development report: international cooperation at a crossroads*, New York, NY: Oxford University.

Vice, S. (1997) *Introducing Bakhtin*, Manchester: Manchester University.

Wacquant, L. (1998) 'Pierre Bourdieu', in R. Stones (ed) *Key sociological thinkers*, Houndmills: Palgrave.

Wacquant, L. (2001a) 'The penalisation of poverty and the rise of neo-liberalism', *European Journal on Criminal Policy and Research*, vol 9, pp 401 – 12.

Wacquant, L. (2001b) 'Further notes on Bourdieu's "Marxism"', *International Journal of Contemporary Sociology*, vol 38, no 1, pp 103 – 10.

Wacquant, L. (2002) 'Slavery to mass incarceration', *New Left Review*, vol 13, pp 41 – 61.

Wacquant, L. (2005a) 'The penal leap backward: incarceration in America from Nixon to Clinton', in J. Pratt, D. Brown, M. Brown, S. Hallsworth and W. Morrison (eds) *The new punitiveness: trends, theories and perspectives*, Devon: Willan.

Wacquant, L. (2005b) 'Pointers on Pierre Bourdieu and democratic politics', in L. Wacquant (ed) *Pierre Bourdieu and democratic politics*, Cambridge: Polity.

Wacquant, L. (2009) *Punishing the poor: the neoliberal government of social insecurity*, Durham, NC, and London: Duke University.

Wade, R. (2008) 'Financial regime change', *New Left Review*, vol 53, pp 5 – 23.

Wagner, P. (2008) *Modernity as experience and interpretation*, Cambridge: Polity.

Walker, R. and Buck, D. (2007) 'The Chinese road', *New Left Review*, vol 46, pp 39 - 69.
Walsh, T., Wilson, G. and O'Connor, E. (2010) 'Local, European and global: an exploration of migration patterns of social workers into Ireland', *British Journal of Social Work*, vol 40, no 6, pp 1978 - 95.
Walters, J. (2003) 'Fame academies', *Guardian Education*, 12 August. Available at: http://www.guardian.co.uk/education/2004/sep/14/highereducation.accesstouniversity1
Ward, H. (ed) (1995) *Looking after children: research into practice*, London: HMSO.
Wardhaugh, J. and Wilding, P. (1993) 'Towards an explanation of the corruption of care', *Critical Social Policy*, vol 13, no 1, pp 4 - 32.
Waterhouse, R. (2000) *Lost in care: report of the Tribunal of Inquiry into the abuse of children in care in the former county council areas of Gwynedd and Clwyd since 1974*, London: The Stationery Office.
Watkins, S. (2010) 'Blue Labour', *New Left Review*, vol 63, pp 5 - 17.
Webb, S. (2006) *Social work in a risk society*, Houndmills: Palgrave.
Webb, S. (2009) 'Against difference and diversity in social work: the case of human rights', *International Journal of Social Welfare*, vol 18, pp 307 - 16.
Webb, S. (2010) '(Re)assembling the left: the politics of redistribution and recognition in social work', *British Journal of Social Work*, vol 40, no 8, pp 2364 - 79.
Weinstein, J. (2011) '*Case Con* and radical social work in the 1970s: the impact of the revolutionaries', in M. Lavalette (ed) *Radical social work today: social work at the crossroads*, Bristol: The Policy Press.
Werbner, P. (2000) 'Who sets the terms of the debate? Heterotopic intellectuals and the clash of discourses', *Theory, Culture & Society*, vol 17, no 1, pp 147 - 56.
White, S. (2009) 'An ideological map', *New Statesman*. Available at: http://www.newstatesman.com/uk-politics/2009/09/society-guiding-progressive
White, S., Fook, J. and Gardner, F. (eds) (2006) *Critical reflection in health care and social care*, Maidenhead: Open University.
White, S., Hall, C. and Peckover, S. (2009) 'The descriptive tyranny of the common assessment framework: technologies of categorization and professional practice in child welfare', *British Journal of Social Work*, vol 39, no 7, pp 1197 - 217.
White, V. (2006) *The state of feminist social work*, London: Routledge.
Williams, F. (2001) 'In and beyond New Labour: towards a new political ethics of care', *Critical Social Policy*, vol 21, no 4, pp 467 - 94.
Williams, F. (2005) 'A good-enough life: developing the grounds for a political ethic of care', *Soundings*, vol 30, pp 17 - 33.
Williams, R. (1973) 'Base and superstructure in Marxist cultural theory', *New Left Review*, Nov - Dec, pp 3 - 17.
Williams, R. (1983 [1976]) *Keywords: a vocabulary of culture and society* (2nd edn), New York: Norton.
Winnicott, D.W. (1965) *The family and individual development*, London: Tavistock.
Wolfreys, J. (2000) 'In perspective: Pierre Bourdieu', *International Socialism Journal*, vol 87.
Wolfreys, J. (2002) 'Pierre Bourdieu: voice of resistance', *International Socialism Journal*, vol 94, pp 97 - 102.
Woodwiss, A. (1997) 'Against "modernity": a dissident rant', *Economy & Society*, vol 26, no 1, pp 1 - 22.
Worsley, P. (2002) *Marx and Marxism*, London: Routledge.
Wright, E. and Wright, E. (eds) (1999) *The Žižek reader*, Oxford: Blackwell.
Wright Mills, C. (2000) *The sociological imagination: 40th anniversary issue*, Oxford: Oxford University.
Young, I.M. (2007) *Global challenges: war, self-determination and responsibilities for justice*, Cambridge: Polity.
Young, R.J.C. (2001) *Postcolonialism: an historical introduction*, Oxford: Blackwell.
Yuval-Davis, N., Anthias, F. and Kofman, E. (2005) 'Secure borders and safe haven and

the gendered politics of belonging: beyond social cohesion', *Ethnic and Racial Studies*, vol 28, no 3, pp 513 - 35.

Žižek, S. (2000) *The fragile absolute — or, why is the Christian legacy worth fighting for?* , London: Verso.

Žižek, S. (2002) *Revolution at the gates: selected writings of Lenin from 1917*, London: Verso.

Žižek, S. (2004) *Iraq: the borrowed kettle*, London: Verso.

Žižek, S. (2008) 'Use your illusions', *The London Review of Books*, 14 November. Available at: http: //www. lrb. co. uk/2008/11/14/slavoj-zizek/use-your-illusions

中英文术语对照①

accumulation by dispossession 掠夺性积累
Adam B. 亚当
Adkins L. 阿德金斯
Adorno T. 阿多诺
affirmative postmodernists 绝望的后现代主义
social work training 社会工作训练
Agency 能动性
Allen Amy 埃米・艾伦
Americanism 美国精神
Anderson J. 安德森
Anderson K. B. 安德森
Anderson P. 安德森
asylum seekers 寻求避难者
autonomism 自治主义
autotelic self 本身具有目的的自我
Badiou A. 巴迪欧
Bailey R. 贝利
Baines D. 贝恩斯
Baker Joanne 乔安妮・贝克
Bakhtin Mikhail 米哈伊尔・巴赫金
banking crisis 银行业危机
Bassett K. 巴西特
Baudelaire Charles 查尔斯・波德莱尔
Bauman Zygmunt 齐格蒙特・鲍曼
liquid modernity 液态现代性
solid modernity 固态现代性

① 排序遵照原著英文索引。

children 儿童
care services 照料服务
mother-child relationship 亲子关系
in the post-traditional order 在后传统秩序
in the prison system 在监狱系统中
welfare of 福利
choice 选择
Chopra R. 乔普拉
cities 城市
Clarke J. 克拉克
class power 阶级权力
Coalition government 联合政府
Cohen Stanley 斯坦利·科亨
colonial modernity 殖民现代性
colonialism 殖民主义
common sense 常识
communication 沟通
communist hypothesis 共产主义的假说
Conservative-Liberal Democrat Coalition 保守党-自由民主党联合
Cooper M. 库珀
corruption of care 关怀事业的堕落
Coward R. 考沃德
custodial institutions 托管机构
Cree V. E. 克里
Crehan K. 克里恩
Crew D. F. 克鲁
critical intellectuals 批判性知识分子
critical reflection 批判性反思
criticisms 批评
cultural capital 文化资本
cultural imperialism 文化帝国主义
cultural studies 文化研究
Dant T. 丹特
Deacon A. 迪肯
dementia patients 痴呆症患者
dialogue 对话
diaspora habitus 流散惯习
division of labour 劳动分工
do-it-yourself 自己创作
Dolan P. 道伦
Dominelli L. 多米内利
doxa 信念
Dyer-Witheford N. 戴尔-维兹福德
Eagleton Terry 特里·伊格尔顿
Ebert Teresa 特里萨·艾伯特

econmic capital 经济资本
economic crisis 经济危机
education 教育
elective biography 选择性的传记
emancipatory politics 解放政治
embedded liberalism 镶嵌型自由主义
emotional captial 情感资本
employment conditions 雇佣情境
Enlightenment 启蒙
ethnicity 族群性
eugenics 优生
Eurocentrism 欧洲中心主义
families 家庭
Family Group Conferences(FGC)家庭小组会议
fascism 法西斯主义
Federici S. 费德里西
feminism 女性主义
Ferguson H. 弗格森
Ferguson I. 弗格森
field 场域
financial crisis 金融危机
Finlayson A. 芬利森
Finsbury Health Centre 芬斯伯健康中心
Flint Caroline 卡罗琳·弗林特
Fook J. 福克
Fordism 福特主义
Forgacs D. 弗加斯
Foucault M. 福柯
Fowler B. 福勒
Frankfurt School 法兰克福学派
Fraser N. 弗雷泽
Friedmann J. 弗里德曼
Games Abram 亚伯兰·盖姆斯
Gardiner M. E. 加德纳
Garrett P. M. 盖瑞特
Garvey T. G. 加维
gender 性别
genocide 种族屠杀
Giddens A. 吉登斯
Gill R. 吉尔
Gilroy P. 吉尔罗伊
Goffman I. 戈夫曼
Goldman E. 戈德曼
Goldman R. 戈德曼
Goldson B. 戈德森

Good Goodrich Luann 卢安·古德·古德里奇
Gordon L. 戈登
Gould N. 古尔德
Gramsci A. 葛兰西
Americanism 美国精神
common sense 常识
Fordism 福特主义
hegemony 霸权
Taylorism 泰勒主义
Grandin G. 葛兰汀
Gray M. 格雷
Guru Surinder 苏林德·古鲁
Habermans Jürgen 尤尔根·哈贝马斯
habitus 习惯
Hall Stuart 斯图尔特·霍尔
Hallsworth S. 霍尔斯沃思
Hallward P. 哈尔伍德
Hardt M. 哈尔特
Harlow E. 哈洛
Harman Chris 克里斯·哈曼
Harris J. 哈瑞斯
Harvey D. 哈维
Hayes D. 海因斯
Hayward C.R. 海沃德
health and capitalism 健康与资本主义
Hegel G.W.F. 黑格尔
hegemony 霸权
Heller Agnes 阿格尼丝·海勒
Hennessy M. 亨尼西
Hewlett N. 休利特
Hobsbawm Eric 艾瑞克·霍布斯鲍姆
Holocaust 大屠杀
Holt S. 霍尔特
Honneth Axel 阿克塞尔·霍耐特
Houston S. 休斯敦
Howe D. 豪
Hudis P. 休迪斯
human agency 人类的能动性
Hussein Abdirahman 阿布迪拉曼·侯赛因
Husserl Edmund 埃德蒙·胡塞尔
Hutton W. 哈顿
Iarskaia-Smirnova E. 斯米尔诺娃
ICT 信息和通信技术
identity 身份
identity politics 身份政治

Mann K. 曼恩
Marcuse H. 马尔库塞
Markell P. 马克尔
Marshall W. 马歇尔
Marx Karl 卡尔·马克思
Marxism 马克思主义
maternalism 母性主义
McClintock A. 麦克林托克
McGuignan J. 麦圭根
McNay Lois 洛伊斯·麦克内伊
McRobbie A. 麦克罗比
media 媒体
mental health 精神健康
Mickel A. 米克尔
migrants 移民
Miliband Ed 米利班德
mobility 流动性
modernity 现代性
criticisms 批评
definition 定义
Modernity and the Holocaust (Baumann) 现代性与大屠杀(鲍曼)
Morton A. D. 莫顿
mother-child relationship 亲子关系
motherhood 母性身份
Mullaly B. 马拉利
multiculturalism 多元文化主义
multidisciplinary work 多学科著述
Munro E. 蒙罗
nationalisation of banks 国家银行
Negri A. 内格里
neoliberalism 新自由主义
New Labour 新劳动
new social theory resources for social work 社会工作的新社会理论
new spirit of capitalism《资本主义的新精神》
Noble G. 诺布尔
Nowotny E. 诺沃特尼
Oliver K. 奥利弗
one world politics 一个世界的政治
open dialogue 开放对话
Papson S. 帕普森
Parker D. 帕克
Parker R. 帕克
Parton N. 帕顿
Pease B. 皮斯
Pemberton C. 彭伯顿

Saint Paul 圣保罗
salaries social workers 薪水，社会工作者
Salomon Alice 爱丽丝·索罗门
Saville John 约翰·萨维尔
Sayad Abdelmalek 阿卜杜勒·萨义德
sceptical postmodernists 怀疑论后现代主义者
Schon D. A. 舍恩
Scourfield P. 斯库菲尔德
second modernity 第二现代性
segregation 种族隔离
self-confidence 自信
self-respect 自尊
services of proximity 接近服务
Shaw M. 肖
simple modernity 简单现代性
singular modernity 单一现代性
Skeggs Beverley 贝弗利·斯凯格斯
Small J. 斯莫尔
Smith C. 史密斯
social capital 社会资本
social class 社会阶级
social exclusion 社会排斥
social factory 社会工厂
social fields 社会场域
social theory, definition 社会理论，界定
social theory resources for social work 社会工作的社会理论资源
social work during National Socialism 国家社会背景下的社会工作
social work education 社会工作教育
social workers, Bourdieu on 社会工作者，布尔迪厄
social workers' pay 社会工作者的薪水
socialist-collective perspective 社会主义-集体主义视角
solid modernity 固态现代性
Solon 索伦
space 空间
spatial dimension 空间维度
spending cuts 开支缩减
spirit of capitalism 资本主义精神
St. Patrick's Institution 圣帕特里克机构
standardisation of social work 社会工作标准化
Standing G. 斯坦丁
state welfare 国家福利
sterilisation 绝育
Steyaert J. 斯泰亚特
structuralism 结构主义
symbolic capital 符号资本

Worsley P. 沃斯利
Young R. Y. C. 杨
Young T. 杨
young offenders 青年犯规
Youth Offending Teams (YOTs) 青年犯规队
Žižeck 齐泽克

译后记

本书是我进入社会工作行业以来的第一份答卷。坦率地说，虽然颇用了些心思，也较为勤勉，但最后成稿的译作终究还是不太令人满意。个中原因在于：第一，本人虽有过研读社会理论之经历，但书中所涉之概念、观点、人物皆精深义阔，诸多专业术语颇费思量，要准确驾驭和把握挑战极大；第二，自2014年10月接手翻译以来，我虽有心为每一个语词斟酌再三，无奈琐事缠身，借同修之力，又各人言语风格各异，为译稿留下了太多的遗憾。

本书的翻译具体分工如下：第一、五、七、十、十一章、索引、致谢，黄锐；第二、三、四章，邱晓婷、陈曦樂；第六章，孙斐；第八、九章，江盼盼。最后由黄锐逐一统稿校对，再反馈译者，最终由黄锐定稿。

感谢何雪松教授，是他向我引介了本书；感谢刘军先生从中穿针引线，极力促成了本书的出版。限于个人学识，书中错误在所难免，期待诸位读者批评指正。

黄　锐

2015年7月20日于京

内容提要

本书分为两个部分。第一部分将社会工作置于现代性的演变过程之中，检讨现代主义、后现代主义以及新自由主义的演进脉络；第二部分通过与葛兰西、布尔迪厄、哈贝马斯、霍耐特、弗雷泽、博尔坦斯基、希亚佩罗、内格里、巴迪欧等人的对话，探究社会工作之“社会”的真意，进而批判性地重构社会工作的社会理论基础。